中國大學生的就業與職業問題

China's Colleg

姚裕群 著

前　言

　　幾年前，聽到有學者談到印度的博士在工廠開機器、在農場開拖拉機，也還算是「可以」（指一般、能夠接受）的職業，作為大學教授的我，確感到亞洲國家教育過度和浪費人力資本的問題，也對我身邊青年學子們的就業給予了更多的關注。

　　就業是各國經濟社會發展中受到高度重視的重大問題，青年就業是其中重要的領域，青年之中的大學生就業則是當今中國的熱點問題。1999 年中國大陸地區高校開始大規模擴招，近十年來大陸高等教育得到了快速發展，由過去同齡大學生稀少的「精英教育」狀態已經進入到現在的「大眾教育」階段，2003 年以來大學畢業生的總量每年以 60－80 萬人的規模迅速遞增，目前的大學生入學率已經達到 23%。在這種進步的同時，畢業生供給持續大量增加，在快速步入市場經濟和加入WTO 與國際全面接軌的情況下，大陸出現了「大學生就業難」的巨大社會壓力，這就要求人們努力和從多方面來研究和解決大學生就業問題。幫助大學生順利就業，不僅是高等院校教育流程「進、教、出」工作的一項重要環節，而且是對大陸高等院校教育成果的綜合檢驗。一直處於市場經濟體制下的臺灣、香港高等教育模式和大學生就業工作的不少經驗，值得大陸參考和借鑒。

　　我是大陸「文化大革命」結束後恢復高考第一年就有幸考入大學讀書的大學生。在讀大學期間和畢業後在大學任教以來，我一直致力於對就業問題、職業問題、教育與就業關係問題的研究。我在 80 年代中期即參加了大陸最早的職業指導課題研究，而後我主持了國家自然科學基金和教育部基金關於中國真實失業率與失業風險等專案的研究，本世紀

初即開始了對北京市人文社會科學基金和國家社會科學基金的大學生就業問題研究工作。在我對大學生就業與職業問題研究的過程中，正遇大陸大規模擴招學生 2003 年畢業高峰的到來，這對我的研究又提出了新的命題與任務。為此，我和研究同仁、助手們進行了更多的努力，最後完成了有關的研究。本著作即我對中國大陸地區大學生就業與職業生涯、職業指導多方面研究及教學成果的一個總結。

我欣慰地看到，10 多年前像摩托羅拉這樣出色的外資企業都難於關注中國區的職業生涯規劃，而現在「職業生涯規劃」已經成為大陸白領、高校學子和企業家們耳熟能詳的內容；我更欣慰地看到，接受了我們職業指導課程教育和職業諮詢輔導的大學本科生、研究生們大有收穫，陸續走出校門就了業，進入了新的人生天地，開拓著自己的職業生涯。有學者形象地指出，大學生就業有如蟬的蛻皮，是一個成長的過程，是要經歷艱辛的。大學生的就業環境，需要解決供求總量的均衡和結構的均衡等問題；大學生在職業定向、就業選擇、入職發展方面，需要學校職業指導工作的介入和社會各方面的。

「發展是硬道理」。在中華民族進一步騰飛的形勢下，大學生們的今天就業是能夠解決好的，大學生的明天職業發展將是美好的，大學職業指導事業的明天也是會興旺繁榮的。讓我們為促進海峽兩岸大學生的就業、職業發展和大學的職業指導事業進一步發展做出更多的努力。

中國人民大學教授、博士生導師、博士後合作導師
中國人民大學大學生就業研究所副所長

姚裕群

2008 年元旦於北京世紀城

目　次

中國的大學生就業問題

第一章 中國的社會就業背景

第一節 中國就業的發展歷史

一、計劃經濟時期的就業問題

中國是人口大國、也是人力資源大國，經濟水平尚不發達，勞動力人口持續增加，長期處於勞動供給過剩的局面。計劃經濟時期，中國靠計劃調配、屯墾戍邊、上山下鄉等措施，透過政治動員和行政手段，緩解了幾次就業壓力。但由於計劃經濟時期的二十多年間未能做到大幅度地持續發展經濟和擴大就業需求，因而未能從根本上解決社會就業問題。

（一）建國初和「一五」時期的就業問題

中華人民共和國建國初的 1949 年，面對以前遺留的 474.2 萬人失業、失業率高達 23.6%的問題。政府採取了一系列的安置措施，隨著「一五」計劃時期國民經濟建設事業的順利推進，逐步吸收了就業。到 1957 年末，全國城鎮累計就業人數為 273.8 萬人，失業人數下降到 200.4 萬人，失業率下降到 5.9%[1]，大大緩解了失業問題。

1956 年國家對手工業和私營工商業進行「公私合營」的生產資料所有制的社會主義改造，勞動力配置逐步向單一化的「公營」，形成了與當時所有制形式相適應的勞動力統一調配和固定工制度為主的狀態。

---

[1]　資料來源：《中國勞動工資統計資料（1949～1985）》，北京：中國統計出版社，1987。

（二）「大躍進」和經濟調整時期的就業問題

　　1958 年全國各地、各行業開展了「大躍進」，國家放鬆了招工審批的管理許可權，勞動力招收失控，農業第一線的勞動力急劇減少，大量農村勞動力進入城鎮。僅處於高峰的 1958 年下半年，全國的職工人數就增加了 2083 萬人，相當於前 8 年增加職工人數總和的 1.2 倍，就業的增量恰恰符合了當時的「一年等於二十年」的經濟發展願景。「大躍進」3 年的經濟冒進，職工人數達到 5969 萬人，大大超過工業生產的實際需要量。結果導致全國性的經濟困難。大躍進開始後，就業大量增加，公開失業於 1958 年末從統計資料上被消滅，但在其後的經濟困難時期，出現一定數量的相當於失業的社會待分配青年。

　　「大躍進」以後，中國開始經濟調整並恢復嚴格的勞動力指標控制。1961 年國家採取縮短工業建設戰線、精簡職工和減少城鎮人口的措施[2]，1961～1963 三年時間內精簡職工 2000 萬以上，主要是返回農村。上述措施減少了城鎮過剩勞動力，增加了短缺的農村勞動力，使勞動力配置嚴重失調的問題得到一定程度的糾正。

（三）「文化大革命」時期的就業問題

　　「文化大革命」開始後，為避免「大躍進」時期的進城勞動力失控局面，勞動力計劃由中央統一管轄，城市戶口和新增勞動力的控制得非常嚴格。在「文化大革命」之中，大量集體企業升格為類似國營企業的行業管理，限制和取消個體經濟，也有相當數量的城市臨時工轉為正式工，國營企業用工制度基本上成為單一的固定工制度，城鎮勞動力資源配置方式基本上形成只有「計劃分配」一條途徑。

---

[2]　何光主編，《當代中國的勞動力管理》，第 123 頁，北京：中國社會科學出版社，1990。

　　與此同時，為了解決城鎮畢業學生的就業出路，國家組織大規模上山下鄉，把城市就業的壓力轉移到農村。據統計，從 1966 年到 1976 年的 10 年間，城鎮初高中畢業生 1600 多萬人上山下鄉（包括到農場）。但是，上山下鄉的青年未能有效地被安置在農村，反而形成農民、知識青年與家長、對口單位、政府「四不滿意」的局面，而後國家允許上山下鄉青年逐步返城。「文化大革命」結束時，上山下鄉青年返城規模很大，全國的就業壓力轉移回到城市，上山下鄉運動實際上以失敗而告終。

二、改革前期的就業問題

　　中國改革前期就業問題的時間，包括「文化大革命」結束後的過渡時期和經濟改革的前期。該時期就業的基本格局是：大規模上山下鄉青年返城後形成待業問題，而後很快得到解決，較長時期維持低失業水平。

（一）「文化大革命」結束期的就業問題

　　70 年代末期，中國改變了上山下鄉政策，大批上山下鄉的城鎮青年返回城市，僅 1977～1979 年三年時間從農村調離進城的人數，扣除招生和徵兵的人數，就達到 665.49 萬人。但是，城市在短時期不能提供足夠的就業崗位，因而出現嚴重的待業問題。中國的待業實際上是在計劃經濟統包統配安排就業體制下的失業。1979 年，全國的城鎮待業人數達到 567.6 萬人，城鎮待業率達到 5.4%，是 1958 年消滅公開失業後至 20 世紀 90 年代深化改革前的最高失業率。

　　為解決上山下鄉返城青年的待業問題，國家實行了多渠道就業的「三結合就業方針」，其核心是發展集體經濟和個體經濟，大力組建勞動服務公司，解決城市就業問題。經過數年的努力，在 20 世紀 80 年代

中期基本上解決了這次待業問題，失業率下降到 2%左右的低水平，並一直維持到 20 世紀 80 年代末。

（二）改革開放初期的就業問題

改革開放以來，中國的體制逐步走上市場經濟軌道，中國的就業也逐步走向公民自由選擇、企業等單位自主用人的「雙向選擇」模式。在中國人口眾多、勞動供給長期過剩的條件下，社會就業問題開始逐步凸現出來。

改革開放初期，政府加強了職工調配和勞動力流動，而後開始了各項改革措施，包括搞活固定工制度、進行工資制度改革、恢復和發展勞動保險事業。

這一時期，中國的勞動市場[3]出現萌芽並開始得到恢復，它不僅是配置勞動力的新途徑和新體制，而且對解決城市就業問題也有一定的積極作用。

1986 年國務院頒佈「實行勞動合同制」的四項決定，第二年建立了勞動爭議處理制度。上述措施旨在塑造新的就業體制。

在這一時期，國家還注意發展鄉鎮企業和促進農村勞動力的轉移。

（三）治理整頓時期的就業問題

20 世紀 80 年代末期是中國又一次新成長勞動力的高峰期，當時恰逢國家進行經濟剎車、治理整頓，下馬了大量建設專案，又一次強化勞動力的計劃管理，嚴格控制招工，甚至「自然減員不補」（即離退休、調動、病亡等減少的勞動力也不補充）。在新成長勞動力高峰與治理整頓並

---

[3]　「勞動市場」即「勞動力市場」，對於這兩個概念的提法有著一定的學術爭議，國際勞工組織則反對把勞動力商品化而不同意使用「勞動力市場」的用法。在本書中將二者等同看待和使用。

存的形勢下，城鎮失業率上升，出現了一定規模的企業停工待工人員，大批農村勞動力流入城市尋找工作，形成每年春節之後的「民工潮」。

三、深化改革以來的就業問題

（一）深化改革時期的就業狀況

從 20 世紀 90 年代初中國深化改革以來，社會就業局面發生著重大的變化。從就業格局方面看，過去長期被計劃經濟體制所包容和掩蓋的勞動力嚴重供過於求的局面已經逐步公開化；從就業體制方面看，經過 10 年多的時間已經基本上完成了由計劃模式向市場模式的過渡，基本上建立起雙向選擇、市場就業的框架。

1992 年以後，中國的治理整頓結束，經濟環境逐步寬鬆，市場經濟體制成為中國發展的主旋律，勞動力市場成為中國勞動力資源配置的主要途徑。1993 年開始，國家明確提出推行「全員勞動合同制」的任務，實現用人體制的全面轉換，對傳統體制的就業體制和勞動人事管理制度實行「打破三鐵」（鐵飯碗、鐵工資、鐵交椅）的措施。而後進一步推動各種相關的就業改革措施，如建立現代企業制度、實行國家公務員制度和事業單位職務聘任制。

從社會的角度看，中國的國有經濟進行調整，國家機關、事業單位和國有企業都大量精簡人員，許多集體企業也精簡人員以至關閉，而各類非公有制經濟發展迅速，成為吸納社會就業的主渠道。

針對中國的就業壓力局面，1993 年末國家開始實施「再就業工程」和「有序化工程」。在 20 世紀 90 年代的經濟發展和經濟結構調整中，中國將發展第三產業作為擴大就業的主方向。此外，國家還把發展中小企業和促進靈活就業作為重要內容。

1998 年，國家提出「勞動者自主就業、市場調節就業、政府促進就業」的新就業方針，旨在形成就業公平競爭、勞動關係法制化、風險有社會保障的勞動力市場新格局。為此，政府進行了有關的法制建設、社會保障體系建設和市場服務機構的建設。

從總體上看，中國的就業隨著所有制結構的變化而變化，在 20 世紀 90 年代走過了從計劃到市場的轉變過程，在這一過程中也解決著所遇到的就業問題。隨著總體上的市場經濟體制的確立和完善，中國的就業正在完成向市場體制的全面轉換，這將有利於經濟社會的進一步發展和就業問題的較好解決。

（二）深化改革時期的下崗問題

20 世紀 90 年代以來，在深化體制改革、經濟結構調整和市場競爭加劇的情況下，中國的國有企業受到巨大的經營壓力，相當多的企業不景氣，出現了大量國有企業以及集體企業職工下崗的問題。下崗問題成為 20 世紀 90 年代中後期中國最重大的經濟問題和社會問題。

1993 年末，國家開始實施「再就業工程」，其目的是解決長期「就業轉失業人員」的就業難問題。但是，下崗問題比就業轉失業人員的問題嚴重得多，於是再就業工程的物件很快就調整到下崗職工上。1998 年 5 月，中共中央、國務院召開「全國國有企業下崗職工基本生活保障與再就業工作會議」，決定在所有存在下崗職工的國有企業都建立再就業服務中心，負責解決下崗職工的生活來源、下崗職工管理、就業培訓、為下崗職工繳納社會保險，並負責組織其再就業工作。

經過數年的努力，下崗職工的生活困難問題已經基本得到解決。在這種情況下，解決再就業的出路就成了就業工作的重點。2002 年中共中央、國務院再次召開下崗職工再就業工作會議，進一步落實再就業的各項政策。

（三）深化改革時期的民工潮問題

　　中國的農村勞動力嚴重過剩，據農業部等方面的資料，過剩數量一直在 1 億多以上。基於這一國情，國家從促進農村就業、發展鄉鎮企業、發展小城鎮和適度向大中城市轉移多種途徑，引導其實現合理配置。

　　「民工潮」是貫穿整個深化改革時期的重大就業問題。為解決民工潮帶來的負面影響，國家在 1993 年末與再就業工程一起提出了「有序化工程」，即對民工的跨地區進城流動實行了定向就業和證卡管理制度，並採取了多種措施加以實現。經過多年努力，儘管 21 世紀初農村進城就業的人數比 20 世紀 90 年代的前期、中期還要多，但民工潮的社會壓力已經緩解。

　　20 世紀 90 年代以來，政府對城市戶籍的控制在逐步弱化。進入 21 世紀，國家提出以城鎮化促進農業剩餘勞動力的轉移，旨在逐步形成城鄉統一的勞動力市場，實現城鄉勞動力資源的合理配置。進入 21 世紀以來，許多省份已經取消了城鄉戶口的差異和農村人口、勞動力進城的限制。目前，成都與重慶地區正在試行城鄉人口社會保障一體化的制度。

第二節　中國的就業政策

　　中國實行計劃經濟的 30 年，歷史久遠，當時的就業政策與現在有著本質的區別。本書只闡述中國自 20 世紀 70 年代末改革開始至今的就業政策。

一、改革前期的就業政策

　　從 20 世紀 70 年代末「文化大革命」結束開始至 20 世紀 90 年代初期，是中國的改革前期。該時期的就業政策主要包括以下內容：

（一）結束上山下鄉

1978 年 10-12 月，全國知識青年上山下鄉工作會議召開，會議確定了「調整政策」的原則，縮小上山下鄉範圍，不再搞分散插隊而舉辦集體所有制的農、工、林、牧、副、漁場隊與到企事業機關單位生產基地。而後，國務院知青領導小組下發文件提出「能夠做到不下鄉的，可以不下」，意味著上山下鄉政策的終止[4]。國家重新安排在農村插隊的知青，對其中上山下鄉較早的老知青要限期解決。

（二）多方面解決城鎮待業問題

面對上山下鄉青年返城形成的大規模待業問題，為了從深層次解決問題、開創勞動就業新局面，1980 年 8 月召開全國勞動就業會議，確定了新時期就業工作的基本原則。中共中央轉發了會議文件《進一步做好城鎮勞動就業工作》，要求各級黨委和政府解放思想，從實際出發，結合經濟發展規劃制定就業計劃，把解決當前就業問題同加速現代化建設結合起來。具體政策包括：

1. 搞活勞動體制

搞好勞動體制，是中國當時的新的指導思想。就此，該會議文件提出，在控制大城市人口的前提下，逐步做到允許城鎮勞動力在一定範圍內流動；逐步推行公開招工、擇優錄用的辦法，使企業與勞動者有一定的選擇權；允許在組織合作社或合作小組來進行生產經營，允許從事個體工商業和服務業勞動；國家逐步舉辦社會保險和社會救濟事業。上述勞動體制搞活的目的，是拓寬中國的社會就業渠道。

---

[4]　顧洪章、馬克森主編，《中國知識青年上山下鄉大事記》，第 160-172 頁、192 頁，北京：中國檢察出版社，1997。

2. 實行「三結合」就業方針

「三結合」就業方針是新時期就業政策的指導思想，其內容是「在國家統籌規劃和指導下，實行勞動部門介紹就業，自願組織起來就業和自謀職業相結合」。這一方針的實質，是「以生產資料公有制為主體、多種經濟成份並存」的新體制在勞動就業領域的體現，是政府就業政策的突破，即允許和鼓勵非公有制經濟的就業出現，這對中國的就業工作有著長期的指導作用。

3. 廣開門路、搞活經濟

1981 年 10 月，中共中央、國務院頒佈 42 號文件《關於廣開門路，搞活經濟，解決城鎮就業問題的若干規定》，指出要透過調整產業結構和所有制結構，在發展經濟和各項建設事業的基礎上，擴大勞動力需求，有計劃有步驟地解決城鎮勞動力的失業問題。《規定》要求，積極採取有利措施，廣開門路、搞活經濟，促進集體經濟和個體經濟發展；政府提倡和指導失業者到集體經濟單位就業或從事個體經營，自謀職業；建立健全勞動服務公司機構，大力加強技術培訓工作；嚴格控制農村勞動力流入城鎮，以避免增加城鎮就業壓力。

為了進一步發展經濟、拓寬就業渠道，1983 年 4 月國家下發了《國務院關於城鎮勞動者合作經營的若干規定》、《〈國務院關於城鎮非農業個體經濟若干政策性規定〉的補充規定》和《關於城鎮集體所有制經濟若干政策問題的暫行規定》。這些文件進一步放寬了對集體經濟、合作經營和個體經濟的限制，促進其恢復與發展，為自謀職業打開了大門，緩解了城鎮待業的壓力。

4. 就業逐步走向市場

上述各種政策措施反映出國家在著手改變就業模式，嘗試透過市場就業途徑擴大就業，而後一些地方還舉辦了勞務市場。

（三）開展就業服務

就業服務是政府勞動就業服務部門以及其他機構對求職者謀求職業所提供的各項服務總稱。1978 年以來，中國組建了大量名為「勞動服務公司」的待業青年就業管理機構，組織吸納了約 3000 萬人的就業，這種「勞動服務公司」安置青年就業的做法，得到國際勞工組織等國際社會的肯定。此外，一些勞動部門的技工交流機構也從事就業工作和管理。20 世紀 80 年代中期以來，各地的政府勞動部門相繼建立了職業介紹所，成為公共就業服務（PES）工作的主要組織機構。此外，各地的政府人事部門也興辦了一大批人才交流中心或人才市場，旨在從事行政幹部、管理人員和科技人員等白領層次人員的就業服務。

中國興辦的勞動服務機構中，還有大量具有生產經營自救特點的新辦集體所有制經濟單位——勞動就業服務企業。這是運用社會力量分擔就業壓力的「雙效益」組織（即經濟效益和就業安置效益）。

（四）治理整頓時期的就業緊縮

1988 年中國出現經濟過熱，一年內發生幾次通貨膨脹。從第四季開始，國家進行經濟緊縮式的治理整頓。相應的就業緊縮政策有：控制全民所有制單位勞動力指標、停止計劃招工、城市清退農民工勞動力（主要是對下馬的建設專案）。

二、深化改革以來的就業政策

一般來說，改革會出現提高效率、減少用人的格局，也往往是產業結構調整的反映，這些都需要就業政策予以配合。在中國，改革還是所有制結構的調整，即國有單位、集體單位在大規模縮小，非公有制經濟在較迅速地擴大，其間出現的諸多問題也需要一定的就業政策予以保證。深化改革以來中國的就業政策主要有：

（一）廣開門路、拓寬就業渠道

1990 年 4 月國務院下發了《關於做好勞動就業工作的通知》，提出繼續實行「三結合」就業方針，除全民所有制單位按計劃安排就業外，更多的要靠發展集體經濟和發揮個體經濟、私營經濟的作用，廣開就業門路，積極拓寬就業渠道。

20 世紀 90 年代中國深化改革以來，在所有制方面，國有部門吸納就業的能力逐漸下降，1995 年達到最高峰的 10955 萬人後出現絕對數量的下降，個體、私營、外資企業吸納就業的能力大大增加，國家把非公有制部門的就業作為就業的主要渠道。在產業方面，擴大第三產業的就業一直是國家的就業政策；20 世紀 90 年代後期，在第三產業的一些部門已經飽和以致人員過剩的情況下，國家把發展社區服務業作為就業的主要方向。在用工制度方面，國家鼓勵靈活就業和自謀職業、自我創業。

（二）強化就業服務

在中國多年就業服務工作的基礎上，勞動部提出建立和發展「具有中國特色的勞動就業服務體系」的任務，要求建立健全勞動就業法律規章制度，加強就業服務工作機構建設，運用各種工作手段為求業者提供

服務。20 世紀 90 年代以來，公立職業介紹機構進行正規化建設，獲得較大的進展。

由於企業職工下崗問題突出，就業服務除面向社會失業人員外，也面向企業下崗職工，擔負其再就業的各項服務工作。

（三）開展就業教育培訓

中國實行「先培訓後就業」的政策，大力發展職業技術教育和就業培訓事業，以提高求職者的就業能力。1997 年以來在全國城鎮實行勞動預備制，凡普通初高中畢業生，均參加 1～3 年的就業技能教育。1999 年開始，實行職業資格證書制度，作為就業和上崗的資格。

為了促進下崗職工的再就業，中國對下崗職工實行免費培訓的制度。

（四）合理控制企業裁員

在 20 世紀 80 年代末推行固定工優化勞動組合的基礎上，20 世紀 90 年代前期中國進行了「打破三鐵」的嘗試。1993 年國家發佈了《全民所有制工業企業轉換經營機制條例》，給予企業自主招工和依法辭退職工的權力。隨著企業經營機制的轉換，國有企業勞動制度改革逐步深化。1994 年 8 月，勞動部發佈全面推行勞動合同制的通知，標誌著中國勞動制度的全面搞活。1994 年 11 月，勞動部頒佈了《企業經濟性裁減人員規定》，對用人單位的經濟性裁員做出一些限制和要求。

1998 年全國國有企業下崗職工基本生活保障與再就業工作會議決定，凡有下崗職工的國有企業，必須建立再就業服務中心，由企業承擔排出富餘人員的第一步工作，對其進行分流安置和下崗後的管理。1998 年 8 月，勞動和社會保障部發佈通知，規定職工下崗的程式，並規定夫妻一方已經下崗、省部級以上勞模、軍烈屬、殘疾人幾類人為不得下崗的人員。

（五）引導農村剩餘勞動力就業

解決農村剩餘勞動力的就業出路，是一個既重大又緊迫的問題。中國的政策主要有：

1. 在農村就地轉移

農村剩餘勞動力的就地轉移政策，包括大力發展農村工副業和養殖業、大力發展鄉鎮企業等政策。1992 年以後，中國在鄉鎮企業就業的人數（除 1997 年外）一直保持在上億人[5]，實現了大規模「離土不離鄉」的非農就業。

2. 大力發展小城鎮

國家允許和鼓勵農民進入小城鎮投資、務工、經商，參與和推動小城鎮的經濟發展。2001 年以後國家對縣鎮的戶口限制已經放開，這有利於農村勞動力進一步到小城鎮就業。

3. 有序化進入大城市

20 世紀 90 年代以來，由於農村剩餘勞動力在春節以後集中、盲目地大量湧入大城市，出現了「民工潮」，造成龐大的就業壓力。1993 年末開始，勞動部提出《農村勞動力跨地區勞動有序化──「城鄉協調就業計劃」第一期工程》，即「有序化工程」。

有序化工程的目的是解決農村剩餘勞動力流動的盲目性和它所導致的各種問題，政策的立足點是根據城市的需要，有限度地接納農村轉移的勞動力就業。其主要內容為：在全國範圍內建立起農村勞動力跨地區

---

[5]　國家統計局人口和社會科技統計司、勞動和社會保障部規劃財務司，《中國勞動統計年鑒 2000》，第 404 頁，北京：中國統計出版社，2000。

流動就業的「證卡」制度，輸出地區發放流動卡作為農民進城就業的資格，輸入地區憑流動卡辦理就業證；強化輸出地區和輸入地區間的計劃與協調，有需求方向才辦理流動卡；加強鐵路交通運輸的控制與管理等。20 世紀 90 年代對民工潮的流動監測，也構成實現有序化目標的手段。

（六）推行市場就業

中國共產黨十四大提出建立社會主義市場經濟，國家勞動部與人事部致力於培育發展勞動力市場與人才市場。根據就業發展的新形勢，1998 年國家又提出「勞動者自主就業、市場調節就業、政府促進就業」的新就業方針。市場就業需要良好的市場設施，10 餘年來，中國各個省市都建立了職業介紹所和人才交流中心，勞動部和人事部在全國各大區建立了區域性的勞動力市場和人才市場，如設在天津的中國北方勞動力市場、設在廣州的中國南方人才市場等。

世紀之交，中國在研究和推動如何將舊體制的「中人」[6]盡快「導向市場就業」的體制，以完成與國有經濟戰略性調整和國有企業改革相伴隨的人員調整任務[7]，全面解決國有企業富餘人員分流下崗和再就業問題的任務，過渡到全面的市場就業格局。

（七）再就業工程

1. 建立和推進階段（1993 年～1998 年 5 月）：

中國的再就業工程是在 1993 年底提出，其主要內容是透過提供及時有效的就業服務、興辦勞服企業組織開展生產自救、透過政策扶持鼓

---

[6] 「中人」指以前按計劃經濟做法國家分配工作、享受「鐵飯碗」的國有單位在職工人和幹部。

[7] 于法鳴主編，《建立市場導向就業機制》，第 10 頁，北京：中國勞動社會保障出版社，2001。

勵組織起來就業和自謀職業等措施，幫助長期失業者和國有企業富餘人員實現再就業。最初的內容顯然不是主要針對下崗職工、而是針對勞動合同制到期後被辭退而失業的人員的。1986 年中國頒佈實行勞動合同制，實行這一制度以來，合同到期時就會有一部分人因未繼續簽約而辭退出來、出現了計劃經濟結束後的第一批失業。90 年代初以來，這批失業人員累積成為新的就業難點，也就成為失業以後的「再就業」工作物件，由此出現了「再就業工程」。

當時的再就業工程具體政策為：（1）對失業 6 個月及 12 個月以上者，要求其參加職業指導和轉業訓練、參加求職面談和工作試用以及生產自救；（2）對關停企業中經勞動部門批准發放救濟金的困難職工，一般發放三個月救濟金，並要求他們參加上述活動；（3）政府有關部門在資金、場地和稅收等方面支援和鼓勵失業人員和廠內待業人員自願組織起來就業和自謀職業。

1995 年國務院轉發了勞動部[8]《關於實施再就業工程的報告》，將再就業工程的範圍擴大到企業富餘人員與下崗職工，這時「再就業工程」的新的含義是：綜合運用政策扶持與就業服務手段，充分發揮政府、企業、勞動者和社會各方面的作用，實行企業安置、個人自謀職業和社會安置相結合，重點幫助失業 6 個月以上的職工和生活困難的企業富餘職工，使其儘快實現再就業。

1996 年在濟南召開全國 200 個城市再就業經驗交流會，推動再就業工程的發展。1996 年末中國在 111 個試點城市推進嚴重虧損企業的破產與兼併工作，1997 年 3 月針對工作中出現的新問題，國務院發佈了《關於在若干城市試行國有企業兼併破產和職工再就業有關問題的補

---

[8]　現為人力資源和社會保障部。

充通知》，調整了相關政策措施，把搞好國有企業富餘職工的再就業工作作為進一步推進經濟改革、使企業順利實現轉軌的根本保證。

上海、青島、大連等城市建立了「再就業服務中心」，由產業部門如上海市紡織控股集團、上海儀錶電子集團分別搞本行業的企業排出富餘人員的「託管」，這一經驗在全國若干城市借鑒推廣[9]。

2.制度化建設階段（1998 年 5 月～2002 年 9 月）：

1998 年 5 月，中共中央、國務院聯合召開「全國國有企業下崗職工基本生活保障和再就業工作會議」，並於 6 月份發佈了《關於切實做好國有企業下崗職工基本生活保障和再就業工作的通知》，對下崗職工基本生活保障和再就業工作進行了全面部署和安排，並提出一系列明確的方針政策。1998 年 8 月，勞動和社會保障部根據會議精神和再就業工作形勢，發佈了《關於加強國有企業下崗職工管理和再就業服務中心建設有關問題的通知》。

上述會議和通知確定了以下政策：第一，存在下崗職工的國有企業，全部建立再就業服務中心，擔負對下崗職工的身份認定、培訓、分流和管理；第二，規範企業安排職工下崗的程式；第三，對下崗職工實行基本生活保障制度，從而形成「社會保障三條線」[10]；第四，企業為下崗職工繳納各項社會保險費；第五，再就業經費由財政、社會（主要為失業保險基金的結餘）、企業三方面負擔，即實行「三三制」；第六，提高失業保險金的繳費比例，由職工工資總額的 1%提高到 3%。

此後，中國的再就業工程走上制度化建設的順利發展道路，為解決下崗職工的再就業問題起了相當大的作用。

---

[9]　楊光、路德主編，《再就業工程大全》，第 160-163 頁，北京：中國言實出版社，1998。

[10]　對下崗職工的另外兩條「社會保障線」，是下崗結束後的失業保險金和失業保險領取期滿後的城市居民貧困救濟金。

3. 全面落實政策階段（2002 年 9 月以來）：

1998 年全國下崗職工基本生活保障和再就業工作會議以後的 4 年間，從國家到地方都制定了大量再就業政策。2002 年 9 月，中共中央、國務院為全面完成國有企業改革和進一步落實促進再就業的政策，召開了全國再就業工作會議。基於這一會議的精神，發佈了《關於進一步做好下崗失業人員再就業工作的通知》，對進一步開展再就業工作提出了明確要求，在下崗職工基本生活保障制度即「保生活」基本到位的基礎上，將再就業的崗位開發作為黨和國家工作的重點，推出了稅費減免、社會保險補貼等多方面的具體政策，扶持鼓勵下崗職工再就業。

隨著市場就業機制步伐的加快，一些經濟發達地區已取消了再就業服務中心，「下崗」正在退出歷史舞臺。北京市自 1998 年開展再就業工作以來，建立再就業服務中心 1067 家，累計接收下崗職工 30.03 萬名，2002 年 11 月完成了「下崗職工全部出中心」的工作而取消。上海、廣東等省市也已完成了向市場導向就業機制的過渡，企業有富餘人員就直接辭退，進入勞動市場就業。

（八）促進大學生就業政策

中國從計劃經濟向市場經濟轉軌，包括大學生就業制度的轉變，90 年代中期以來中國的大學生就業處於計劃分配工作與自主擇業的雙軌制並存局面，逐步向「雙向選擇、自主擇業」的單軌制轉換。世紀之交之時，全球處於高科技迅速發展並出現一定泡沫的時期，這時中國的大學生就業也處於比較容易的狀態。2002 年以來，中國出現了大學生就業難問題，國家實行了多項政策。大學生就業政策是本書的主題，下文有大量說明和分析，這裏不贅述。

第三節　中國當前的就業格局

一、巨大的就業供給壓力

（一）人口與人力資源嚴重供過於求

中國基本國情的一個顯著特點是人口眾多、勞動力數量豐富。從中國目前的情況看，全國人口總數已經達到 13 億，人力資源數量達到 8 億多，這既為經濟發展提供了非常豐富的人力資源，也對中國的社會就業局面構成巨大壓力。在未來年代，中國的人口和人力資源供給數量還會有較大增加，人口峰值在 2030 年代將達到 16 億，人力資源峰值比現在淨增約 1 億。在未來的若干年內，中國每年新增適齡勞動人口不會低於 1000 萬。

（二）城鎮公開失業繼續攀升

20 世紀 80 年代中期至 1996 年，中國大陸的城鎮登記失業率一直在 3%以下，處於穩定的低水平。1997 年首次突破 3%後，而後逐步攀升。據最新統計資料，中國城鎮登記失業率在 2007 年達到 4.3%的水平。

如上一章所述，中國現行公開發表的失業率數位是行政統計來源的，是有進行了行政「登記」與否的限制，其數量小於同地區的全口徑失業率的。實際上，中國城鎮的全部失業率資料在 2000 年已經達到 7%的較高水準[11]。據一些學者的估計，目前中國的城鎮全部失業率水平在 6～10%之間。

---

[11] 國家自然科學基金規劃專案──《失業率測量與失業風險控制研究》課題總報告暨分報告三。

（三）現有城鎮就業存量將大幅度減少

中國再就業工程的已經推行了 14 年，下崗職工的「出中心」也推行了 5 年。根據國家勞動保障部的最新資料，中國企業的下崗職工中現在仍然有 1000 多萬難於出中心、再就業的「硬核」，此外機關和事業還有一定數量的冗員。近年來全球經濟競爭加劇，許多國企、私企、外企都壓縮用人、進行裁員，目前中國頒佈和開始實行《勞動合同法》，也使不少企業進一步減少用人。

（四）農村勞動力轉移壓力巨大

據農業部杜鷹等人的資料，中國農村剩餘勞動力的數量大約有 18 億，這需要在一定時期內轉移出來。這種轉移必然會對中國的就業全局和城市就業造成衝擊。據國務院發展研究中心的測算，中國加入 WTO 後由於農產品價格的「放開」，將會使得農村增加 1000 萬人失業。國外的有關研究（美國高盛公司）也得出相同的結論。這一「放開」的趨勢在維持了多年的控制以後，今天已經初露端倪。

（五）大學畢業生就業增量繼續加大

中國 1999 年以來高等院校持續擴招，所招收的學生在 2002 年以後進入畢業期，形成持續擴大的人才供給，使畢業生就業壓力持續加大。2007 年全國大學畢業生數量增加到 595 萬人，達到 2001 年畢業生數量的 5 倍。這一趨勢還在延續。大學生的一部分來自農村，他們畢業以後幾乎百分之百地留在城市，即增加了城市就業市場的供給。

幾者相加，可得出中國人力資源過剩約 2 億的結論。由此可以看出，中國的就業供給會在相當長時期內維持壓力巨大的局面，這構成大學生就業的宏觀背景。

二、增長緩慢的就業需求

（一）就業需求的一般狀況

　　一個社會的就業需求總量，取決於多種因素，包括經濟需求總量、消費水平、經濟結構與發展水平、經濟增長速度、技術結構、資本—勞動比、企業的雇用行為和社會的經濟預期。

　　眾所周知，中國經濟還將在十年以上的時間維持 8% 左右的高增長水平。但從總體上看，就業需求的增長極其緩慢，難於滿足上述巨大的就業供給。就業需求增長緩慢，與規模龐大、呈現過剩狀態、並持續增長的就業供給二者結合在一起，無疑表明中國的就業艱難局面可能進一步擴大。

（二）就業需求的宏觀分析

　　從宏觀的角度看，改革開放至今的 20 多年間，中國的經濟增長保持了舉世罕見的持續高增長狀態，並將在若干年內維持在 8% 左右的水平。但就業需求的彈性從總體上呈現逐年下降的趨勢：20 世紀 80 年代，中國國內生產總值每增加 1%，平均可以增加 200 萬個就業機會；90 年代和進入 21 世紀，經濟每增長 1%，卻僅能提供約 80 萬個就業機會。這反映了經濟增長對就業增長的貢獻越來越弱。

（三）就業需求的微觀分析

　　從微觀的角度看，各企業事業機關用人單位在結構調整、深化改革和加入 WTO 的情況下，其行為反應是：精簡裁員、減少招聘、內部挖潛、努力節約人工成本、提高招聘條件、慎重用人。這些行為意味著，在同等生產經營規模的情況下，企業的選擇必然是壓縮對人力要素的需求數量。

三、當前面對的就業問題

　　從目前的情況看，中國的就業問題主要有四大方面。其一，城鎮新成長勞動力的就業問題；其二，企業排出過剩職工的再就業問題；其三，農村勞動力轉移進城就業問題；其四，大學生就業問題。有學者指出：前面三個就業問題已構成「三峰疊加」的局面，這就增加了大學生就業的難度[12]。

　　隨著中國全面完成結構調整和改革任務，隨著加入 WTO 全面與國際經濟接軌，我們將面對著更加複雜和嚴峻的競爭局面，在社會就業問題上也將面臨諸多新的問題。

第四節　中國的公共就業服務

一、公共就業服務的重要性

　　公共就業服務，也稱勞動服務或就業服務，它是政府勞動管理部門對於求業人員提供各項幫助和服務工作的總和。公共就業服務是就業體制市場化的產物。在市場經濟體制下，企業和個人都具有擇業權，這就需要有一定的社會組織作為仲介，為雙方服務，使他們的雙向選擇得以實現。

　　由於人力資源寄託在人的身上，是「活」的、有意識的資源，具有主體性、自主選擇性、個體差異性和多種人文社會特性，因而不能等同於其他生產要素的供求實現方式，而需要有特殊的仲介組織加以實現。

---

[12] 範明，〈社會經濟轉型期大學生就業問題探討〉，《揚州大學學報（高教研究版）》，2003 年 6 期。

幫助社會成員就業，就成為各級政府的工作任務。作為社會公眾代表和「公僕」的政府，必須把就業服務工作作為自己的職責。一般來說，政府要在各個地區設置專職就業服務機構，為社會成員就業提供一個可靠、免費、資訊廣、公正無私和方便及時的服務場所，為解決就業問題、促進充分就業服務。

中國正在進行政府職能的轉變，由運用權力分配資源向政策引導、利益協調和為社會服務的方向轉變。「服務」是政府職能的新特徵，公共就業服務恰恰適應這種政府職能的轉變，是市場經濟體制下政府工作應有的重要內容。

二、公共就業服務的指導思想

就業問題是涉及面很廣的經濟社會發展重大問題，公共就業服務則是其中非常關鍵的實體性工作。在中國，就業服務工作是由政府勞動保障部門所屬的就業管理局或就業服務局、勞動服務公司、職業介紹所和政府人事部門所屬的人才交流中心等機構承擔的。

對於政府就業服務機構來說，搞好公共就業服務工作應當依據以下四個指導思想：

（一）公共就業服務要立足於社會

就業工作、勞動工作，其本身的性質就是社會性的。從中國經濟體制改革與政府職能轉變的角度看，勞動部門、就業工作部門越來越顯現出其重要性，它們不再是簡單地執行勞動要素分配任務的工具性部門，而開始恢復其社會性質，擔負起研究宏觀形勢、解決就業問題的重要社會職能。具體來說，就業服務系統在國家就業政策制定、各地就業工作重點選擇等大局方面和從事職業介紹、職業培訓、舉辦勞動服務網點、

保障失業者生活等具體工作方面，都體現出其重要性。隨著中國向市場體制轉軌措施的推進和經濟社會生活與國際接軌，社會越來越感覺到就業部門的作用，就業服務也就體現出極其重要的社會價值。

由就業問題是重大的社會問題，各個國家一般都把「充分就業」作為最重要的經濟政策與社會政策目標。中國市場經濟的社會主義性質決定了必須要從根本上保證公民的勞動權，實現充分就業。這就需要透過就業服務部門的工作來實現。

（二）公共就業服務要立足於經濟

就業問題的根本是經濟問題，一個國家的就業狀況歸根結底是由經濟發展水平及勞動供求關係所決定。過去我們把就業工作僅僅作為計劃配置勞動力的經濟執行工作，對就業的經濟性缺乏真正的認識和重視。如前文所述，就業由經濟活動所引致，是一種派生需要。因此，就業服務工作要從經濟發展和經濟體制改革的需要出發，立足於經濟需求和企事業單位用人需求，立足於勞動市場機制的培育，立足於雙向選擇的實現。

就業與經濟體制改革有著緊密的聯繫。就業制度與勞動制度的一系列改革都說明了這一點。十年來，中國對「國家政策指導下的勞動力市場機制」的培育和發展，及進入新世紀以來中國對「建立市場導向就業機制」的考慮和國家下大力解決下崗問題，都是基於經濟的考慮，是與在建立市場經濟體制密切相關的。原國家經貿委與原勞動部共同負責「下崗與再就業」工作，正反映了國民經濟對於就業服務的需求。

（三）公共就業服務要立足於人

「就業服務」是一個國際性的範疇，該辭彙本身也正反映了其為了「人」的屬性。在有著長期民主傳統和人本主義思潮的西方經濟發達國家，政府的就業服務是相當重視「人」的。

　　中國實行社會主義市場經濟，這種體制應當包含人民屬性，即應當包括保證勞動人民實現充分就業的內容。這樣，公共就業服務機構就成為介於用人單位和勞動者個人雙方中間的協調者、服務者，成為為勞動者服務、保護勞動者權益的組織。就業服務工作立足於人，就是要注重搞好人力資源的開發利用，使得人盡其才，使人的競爭思想、創造意識、創業精神得以形成和發揮，促進人的主體地位的形成與確立。

　　具體來說，就業服務要為人的自由擇業、自強創業、自主勞動、自由流動和個性充分發展，提供良好的場所、資訊、手段以及制度等方面的服務。進一步來說，就業服務工作還應當為解決好人的職業生涯服務，為此要對人們進行合理的職業指導，幫助他們搞好職業生涯設計、搞好職業選擇、搞好就業後的職業轉換，為勞動者的發展創造更好的條件。

（四）公共就業服務要立足於科學

　　為了解決好中國的就業問題，為了使就業服務提高工作水平、增強自覺性，應當注意使就業服務立足於科學。在就業服務的業務工作和研究中，可以運用多種學科的理論和方法，主要學科有宏觀經濟學與就業理論、公共政策學、管理學、行政管理、職業社會學、職業指導理論與方法、心理學、心理測驗、心理諮詢、社會工作等及各種技術方法。

三、中國的公共就業服務體系

　　中國公共就業服務體系的主要內容包括：進行失業登記、開展職業介紹、提供職業技能培訓、組織生產自救、發放失業救濟、開展職業技能鑒定、農村進城勞動力就業管理等。下面介紹其中四項主要內容。

（一）進行職業介紹

　　職業介紹是就業服務體系中的核心與主要部分。在中國，政府勞動部門設立公立職業介紹所（區縣級以上為中心）、技工交流中心、勞動力市場等機構，政府人事部門設立人才交流中心、人才市場等機構，開展職業介紹的各項工作，組織各種供求見面活動（如洽談會），為求業人員、轉業人員尋找職業牽線搭橋，提供就業機會。政府除自己直接進行職業介紹外，還管轄民間的各種非官辦職業介紹活動。

　　鑒於職業介紹問題在就業服務中的特殊地位，這裏進一步做出分析。

　　公立職業介紹是政府勞動就業服務部門的一項重要工作內容，也是個人進入職業崗位的一條重要途徑，是對政府對社會勞動者進行管理的一項重要制度。公立職業介紹的原則是：

1. 客觀性

　　職業介紹作為個人擇業和用人單位擇員的中間紐帶，要為雙方的選擇服務，使二者能夠得以結合。這就必須要求職業介紹工作從客觀實際出發，瞭解和掌握雙方的真實材料，實事求是地向雙方傳遞對方的資訊，從而保證個人擇業的正確性和用人單位擇員的滿意。

2. 合理性

　　職業介紹工作所面對的是具有自身特點和獨立擇業意識的諸多個人以及具有不同用人要求的各種用人單位。個人與用人單位選擇對方的要求，有些是不符合實際的，也有些是不合理的。在職業介紹工作中，應當對個人和用人單位的選擇方向與條件進行適當的引導，幫助他們明智地進行選擇，使選擇結果趨於合理。

3.科學性

職業介紹的科學性，在於既符合個人的能力、意願又符合用人單位的需要，並有利於個人未來職業生涯的順利發展和用人單位的效益。為了達到職業介紹的科學性，要運用就業需求預測技術、職業心理測定技術、心理諮詢技術、電腦管理資訊系統和職業分類等科學方法。

4.服務性

服務是現代政府的職責，職業介紹作為政府就業服務的一項內容和一專案社會性的事業，更應當強調搞好服務。

要搞好職業介紹方面的服務，必須依靠職業介紹機構工作人員的職業道德精神、認真努力的工作態度、熱心助人的良好品格和社會責任感。此外，豐富的職業知識和淵博學識、靈敏的職業資訊和科學的工作方法也有利於搞好服務。這就要求職業介紹人員具有良好的職業道德水平和多方面素質。

在中國向市場經濟體制過渡的形勢下，適應改革深化、用工形式多樣化與勞動要素大規模流動的形勢，各地公立職業介紹所和人才交流機構還辦理調動存檔、出國存檔、為民辦企業科技人員評定職稱等業務，這也體現了它們的服務性。

5.無償性

按照國際慣例，公立職業介紹業務工作應當不收費，公立的職業介紹機構的性質應當是非營利性組織。中國的改革中，許多地方政府「甩包袱」，不少職業介紹機構謀利的作法，與國際上的無償性原則是格格不入的，也違背社會主義市場經濟的根本思想。上述做法必須禁止。從中國的體制角度看，職業介紹部門應當納入全額撥款單位，經費開支均由政府的財政預算中加以解決。

（二）提供職業培訓

職業培訓包括就業前培訓、轉崗訓練和下崗後再就業培訓。開展就業訓練是各國解決失業問題的通行做法。20 世紀 80 年代初期，中國為解決就業問題實行「先培訓後就業」的政策，為此勞動就業機構在各地設立就業培訓中心，開辦短期技能訓練。而後，中國由主要解決社會的就業前培訓發展到對中學生（尤其是高職學生）進行職業資格教育培訓和對於失業人員、富餘職工的就業能力培訓。

中國現行職業培訓機構可以分為就業服務部門的培訓機構、勞動保障部門與人事部門的培訓機構、各類社會力量辦學培訓機構和近年興辦的再就業培訓機構四種類型。解決下崗職工再就業的培訓機構，又包括就業服務部門認定的再就業免費培訓機構、教育部門的再就業免費培訓學校和企業再就業中心三部分。

（三）發放失業救濟

失業救濟是政府對符合救濟條件的失業人員在一定期限內發放一定數額的生活救濟款項，透過失業救濟來維持社會失業人員的基本生活。

中國實行的是失業保險制度，即對失業者採取了投保繳費、享受保險的做法。1986 年，國務院發佈勞動合同制的四項規定中，對勞動合同制工人實行待業保險，開始了中國的失業救濟制度。1993 年 4 月國務院發佈《國有企業職工待業保險規定》，作出一系列具體規定。按照規定，享受待業保險的人員為：依法宣告破產的企業的職工、按照國家有關規定被撤銷、解散企業的職工、終止或者解除勞動合同的職工、企業辭退、除名或者開除的職工等。1994 年以後，中國把「待業」的概念改為「失業」，由此待業保險也就更名為失業保險。根據改革形勢、尤其是中國社會保障制度的推進，1998 年中國又頒佈實行了《中華人民共和國失業保險規定》。

　　在中國，領取失業保險的對象是「就業以後失業」並且是已經投保繳費、符合給付條件者。中國改革中出現的大量下崗職工，他們喪失了工作崗位也喪失了工資收入，很多人處於生活困難的境地。為此，中國對下崗職工實行了基本生活保障制度，對其發放基本生活費和繳納社會保險，實際上，下崗職工基本生活費的性質是變相的失業救濟。

（四）組織生產自救

　　生產自救是透過政策扶持和就業服務部門的直接組織，安排失業人員從事臨時性的生產自救勞動，或者幫助建立與失業者自己組織「就業性企業」，使失業者有一定的短期或長期工作崗位。中國在建國初期就採取過生產自救、以工代賑的政策，在這方面有一定的歷史經驗。20世紀80年代以來，中國發展了一大批名為「勞動服務公司」的就業服務企業，安置了大量待業人員。20世紀90年代後期以來，中國在促進下崗職工再就業方面也實行了發展就業服務企業、組織生產自救、促進社區就業等措施。

　　中國20世紀80年代以來勞動就業服務企業的發展，比歷史上的和國外的「生產自救」有了明顯的提高，二十多年來安置了2000多萬人就業，對解決社會就業問題起了重要作用。很多勞動就業服務企業的效益很好，有的蓋大樓、分住房，有的成長為出口生產企業，有的發展為上市公司。中國舉辦勞動服務企業的經驗，也受到國際專家的重視。

　　除上述四個方面外，近年職業技能鑒定也得到一定的發展。

　　中國的就業服務體系建設，不論是對於擴大社會就業，還是對於促進大學生就業，都有著積極的作用。2003年以前，中國的就業服務體系基本上是面對藍領層次的求職者的。2003年以來，國家從多方面解決大學生就業難問題，將傳統上對於藍領的就業服務工作擴大到大學畢業生，進行各方面的就業服務，並對畢業半年尚未找到就業崗位的人進行失業登記。

第二章　中國的教育發展背景

第一節　教育的功能

一、教育的基本功能

　　教育是人類傳授知識、開發能力、促進發展的活動，具有極其重要的社會功能。筆者認為，教育在人類社會中具有以下五大功能：

（一）生產人力資源的經濟功能

　　生產力是人類改造自然的能力，它對人類社會的發展面貌起著決定性的作用。生產力一般分為三要素或二要素，其中最重要的是人力資源、特別是高層次的人才資源，物質資源和資本要素則是相對次要的。人力資源的生產需要具備諸多條件，透過多種途徑達到，教育則是這種生產的最基本條件和最重要途徑。透過教育，人具備了從事社會勞動所必需的智力、知識和技能，轉化為經濟資源，特別是生產高質量的人力資源。

（二）傳授知識的文化功能

　　教育使得人類的精神財富得以擴散、得以保存、得以延續、得以發展，即具有傳授知識的文化功能。人類區別於其他群體動物的一個標誌，就是人類生活經驗的積累與傳授。教育正是大範圍、正規、成體系地進行這種傳授的唯一途徑。在知識經濟時代，教育成為社會成員終身的活動，尤其對於高層次人力資源而言，教育的重要性更加明顯。

（三）促進科學技術進步的認識功能

　　教育使得人們能夠透過自身智力的發展，作用於積累的知識，進行理論思維，產生科學理論，進而生成新技術，從而擴大人們認識客觀世界的能力。因此，教育也成為推動科學技術發展的力量。教育認識世界的社會功能也是以科學技術為媒介，透過科學技術實現的。從國際與國內的情況看，高等教育不僅在生產高層次人力資源，而且也生產著科學技術本身。

（四）培養社會管理者的組織功能

　　人類社會是一個複雜的機體。人類社會要存在、要正常運轉，必須要有一部分人從事以社會為對象的管理活動。教育培養了各種社會管理人員，使他們具備從事局部社會管理以至管理全社會、管理國家的能力，保證社會的正常運轉，使得人類能夠自覺地調控社會運動。現代社會的運轉極為複雜，社會管理的內容也繁多。隨著管理科學和多種學科的發展，社會管理逐步科學化、技術化和現代化，政府決策者與智囊團都必須是接受過高級教育、具備較高學識之士。教育作為培養現代社會管理者的重要手段，因而也就成為科學地管理社會的基礎。

（五）促進人的全面發展的進步功能

　　教育使人們掌握了知識技能、發展了智力和多種能力、培養了人的良好性格與情操、提高了人們自我認識的程度和自我調控的能力，即人的個性得到全面發展，對於外界的適應能力大大加強。不僅如此，教育還使人的積極性增強，對外部條件和環境的選擇能力加強，從而擴大個人獲得發展的機會；教育還透過促進經濟發展，提高人們的工作生活質量。總之，教育從多方面促進人的發展、促進社會的進步。

教育的上述功能在高等教育中體現更加明顯，作用更加重大。正確和全面認識教育的功能，有利於從根本上解決教育問題與政策制定的科學性和可行性，從而也有利於解決大學生的就業問題。

二、教育的目的──塑造人

（一）教育思想的反思

教育思想集中體現在教育目標上。中國大陸現行的教育目標包括「德智體美」四項，這種目標的設定存在著一定的局限性。可以說，社會所認識的上述目標僅僅是就教育看教育，沒有真正反映教育的社會價值。社會上諸多的學校、教師與學生在現行的大部分教育活動中，脫離市場需求，放棄了「培養勞動者」這一中心，在實際上的學校教育中普遍存在著以智育為中心、以高考為中心的誤區，墮入片面追求升學率和追求高學歷的怪圈！在諸多的人發現其局限性、並定位於「素質教育」以代替之以後，仍然不能全面地認識問題和有效地解決問題、起到實效。現在，大學錄取的學生已經數量眾多，而且出現了大學生就業困難的問題，值得我們的反思。

中國目前教育領域存在的重要問題之一，是教育與「人」的需要、與社會發展的需要之間仍然存在著一定的脫節。在社會經濟迅速發展、科學技術日益更新的情況下，在知識的含金量越來越得到體現的局面下，人們熱衷於接受高等教育，有其必然性與一定的合理性。作為教育上面層次、進行學術教育和高級技能教育的高等教育，其出路也應當符合人的意願、符合社會需求。但「為上大學而上大學」、盲目專業報考、（專業與學生的個性條件不匹配）和盲目擴招專業人才而造成培養過剩的局面，顯然與教育目標定位不正確有很大關係。

進一步來說，社會需求是變化的，在世界進入科技社會、資訊社會、學習社會的形勢下，社會對於教育的需求更大、要求更高，現行的教育體制、教育形式、教育手段受到諸多挑戰，解決好教育目標的設置問題就更為必要、更加緊迫。

（二）「生涯」教育理念

社會發展的歷史與邏輯告訴我們，教育的根本目標不僅是塑造人，而且是為了人。教育目標在宏觀方面的內容是適應社會經濟需要，為社會提供各類崗位所需的人力資源；教育目標在微觀方面的內容是人本教育，是「職業教育」或者「生涯教育」，是為了使人力資源個體具有獲得各種就業機會、職業適應與獲得生涯發展的能力。我們說全面的教育目標應當包括「德智體美職」五項內容，「職」包括人的職業技能、職業意識和職業精神，即從事專業性工作所需的理論與技能、市場體制下的職業生涯意識與創業精神、從事各種工作所需的職業道德與敬業精神。在各個層次的教育中，特別是在「升學」和「就業」這兩種不同方向的高中和以專業知識＋學習為任務的學生身上，都要體現和貫徹這一理念。

樹立職業生涯理念，有利於適應快速發展的經濟、劇烈調整的產業結構、日新月異的科技進步形勢，培養適應社會和市場需要的，具有自主創業能力、發展能力、創新理念和技能的高質量人力資源，並維持持久的效用。

目前中國社會生活的各個方面都在與國際逐步接軌，在教育領域，這種接軌除學習國外的教材、教學方法和專業設置外，更應當全面借鑒其教育體制和教育流程。具體來說，對成熟的市場經濟國家在辦學市場導向、學生本位和主體地位、學生的學業管理和職業指導、教師的學術自由度、校董會管理模式、私立大學模式、畢業證書與職業專業資格

證書的社會雙證書制度等多方面的體制和運作方式，都應當進行研究和借鑒。

第二節　中國教育事業的發展

一、確立教育的戰略地位

（一）教育地位的確立

　　20 世紀 80 年代，中國走上改革開放道路以來，對教育事業給予了較大的重視。中國共產黨的十二大、十三大、十四大都把發展教育作為國家的根本大計和戰略任務。

　　1982 年中國共產黨十二大，提出「全面開創社會主義現代化建設的新局面」的任務和 20 世紀末「在不斷提高經濟效益的前提下工農業總產值翻兩翻」的工作目標，並指出解決好教育、科學問題是實現上述經濟目標的最重要方面[1]，對教育和科學事業的發展給予了高度重視。這一重要思想是中國的改革開放與經濟建設具有根本方向性和長期指導意義的方針。

　　而後的中國共產黨十三大報告中提出：把發展科學技術和教育事業放在首要位置，使經濟建設轉到依靠科技進步和提高勞動者素質的軌道上，必須堅持把發展教育事業放在突出的戰略位置，加強智力開發。中國共產黨十四大報告中也提出：要切實將教育擺在優先發展的戰略地位，這是實現中國社會主義現代化的根本大計。中國共產黨十四屆三中

---

[1]　見 1982 年 9 月 1 日中國共產黨十二大報告「全面開創社會主義現代化建設的新局面」。

全會通過的《關於建立社會主義市場經濟體制的若干問題的決定》進一步強調，各級黨委和政府都要把優先發展教育事業作為戰略任務來抓，為此要加強對教育工作的領導，切實落實《中國教育改革和發展綱要》，加快教育體制改革步伐，確保教育投入，提高教育質量和辦學效益。

（二）科教興國戰略

　　1995 年在中共中央、國務院召開的全國科技工作大會，提出要實施「科教興國」的發展戰略，進一步明確了中國發展教育事業的意義和根本性定位。中國共產黨十四屆五中全會提出了國家「九五」計劃的國民經濟和社會發展目標和到 2010 年的 15 年遠景規劃目標。為了全面實現中國的現代化建設目標，必須完成經濟建設指導思想和經濟增長方式的戰略性、歷史性轉變，經濟增長要從追求總產值、依靠增加投入轉移到以提高經濟效益為中心和依靠科技進步、依靠提高勞動者素質的軌道上，由外延式、粗放的擴大再生產轉移到內涵式、集約經營為主的軌道上來。「加速科技進步和全面提高勞動者素質，是顯著提高整個經濟素質和效益、提高生產力質量和水平的根本途徑和動力源泉。今後 15 年，必須把科教興國戰略真正落實到實處，收到實效。……力爭今後 15 年的科技進步對整個經濟增長的貢獻率，由 28%左右提高到 50%以上。」而「大力提高全民族的科學文化和思想道德水平，對於提高經濟整體素質和效益具有全局性和根本性意義。必須堅持把教育放在優先發展的戰略地位。」[2]

　　1997 年中國共產黨十五大召開，又再一次強調要「實施科教興國戰略，……使經濟建設真正轉到依靠科技進步和提高勞動者素質的軌道上來」，並提出要「深化科技和教育改革，促進科技、教育和經濟的結

---

[2]　曾培炎主編，《加快轉變經濟增長方式》，第 11-13 頁，北京：中國計劃出版社，1995。

合」,「有條件的科研機構和大專院校要以不同的形式進入企業或同企業合作,走產學研結合的道路,解決科技和教育體制存在的條塊分割、力量分散的問題」,「要建立一套有利於人才培養和使用的激勵機制」的任務和方向[3]。

從 20 世紀 90 年代中期以來,尤其是第九屆全國人民代表大會以來,中國大大強化了發展教育事業的力度和加快了發展教育事業、促進科技進步的速度。

(三)人才強國戰略

2003 年 11 月中國共產黨第十六次全國代表大會召開,十六大報告再一次強調「教育是發展科學技術和培養人才的基礎,在現代化建設中具有先導性、全局性的作用,必須擺在優先發展的戰略地位」。十六屆三中全會進一步提出「營造實施人才強國戰略的體制環境」,「培養、吸引和用好各類人才」,並提出「深化教育體制改革。構建現代國民教育體系和終身教育體系,建設學習型社會,全面推進素質教育」和「推進教育創新,優化教育結構,改革培養模式,提高教育質量,形成同經濟社會發展要求相適應的教育體制」等任務[4]。

在人才強國戰略中,高級人才尤其是精英人才、技能人才是國家關注的最重要的兩個方面。

---

[3] 見中國共產黨十五大報告「高舉鄧小平理論偉大旗幟,把建設有中國特色社會主義事業全面推向二十一世紀」。

[4] 見中國共產黨十六屆三中全會,《中共中央關於完善社會主義市場經濟體制若干問題的決定》。

二、中國教育事業的發展

20 世紀 80 年代以來、特別是 90 年代後期以來，中國在發展教育方面主要實行了以下措施：

（一）教育經費的多渠道增加

改革開放以來，中國的教育經費有了非常大的增加。1978 年國家用於教育的支出僅為 81.24 億元，1991 年增加到 557.39 億元，該年教育經費總額為 731.50 億元。20 世紀 90 年代以來教育經費的絕對量有更大增加，2002 年教育經費支出總額達到 5480.03 億元，是 1991 年的 7.49 倍，1991～2002 年教育經費以年平均 20% 多的速度增長，2002 年財政性教育經費占 GDP 的比重為 3.41%，自 1996 年以來保持了連續 7 年的增長[5]。90 年代末期以來中國高等院校大規模擴招，由此也帶來教育經費的增加。教育經費的大幅度增加，對中國教育事業的迅速發展起到了保證和推動作用。

在教育經費的投入方面，中國自 20 世紀 80 年代以來，逐步建立了由單一的政府投資體制到多渠道經費投入的體制，已經形成「財、稅、費、產、社、基」六渠道籌措教育經費的局面。上述渠道使中國教育經費的投入總量有了迅速的增加，大大改善了辦教育的物質條件，對中國教育事業的發展起了巨大的作用[6]。中國的國家財政撥款是教育經費來源的主體，在全部教育經費中國家財政性教育經費的支出占據 2/3 的比例。1998 年以來，由於擴招和較高的學校收費，居民對於教育的投入

---

[5]　國家統計局，〈專題分析：從數位看奇迹〉，中華人民共和國國家統計局網；教育部，〈中國教育改革與發展情況〉，中國教育科研電腦網。

[6]　教育部副部長張保慶，〈關於中國教育經費問題的回顧與思考〉，中國教育科研電腦網。

（即家庭交納的學費）有大幅度的增加，成為支撐高等教育發展的一個重要支柱。

（二）政府財政教育投入不足

但是，儘管中國努力發展教育，但財政支出用於教育的數量一直欠缺，十多年前的 1993 年《中國教育改革和發展綱要》中明確提出，要逐步提高國家財政性教育經費支出占 GDP 的比例，在上個世紀就要達到 4%，但至今仍未能實現這個目標，教育經費和其中的高等教育資金投入的增加明顯不足，社會投入的資金則占據很大的比例。例如，2002 年中國教育經費共占 GDP 的 5.35%，這是近年來所占 GDP 份額最大的一年，其中社會資金占 GDP 的 1.94%，即政府的財政投入占 3.41%。

據北京理工大學教授、高等教育專家楊東平的介紹，全世界 200 個國家和地區中，社會資金超過 2%的極少，這意味著，中國的社會教育經費幾乎達到世界的「天花板」水平，老百姓為支撐著教育、為子女們上大學付出了極高的經濟代價。而後教育經費占 GDP 比例還有所下降，2004 年下降到 2.79%[7]。

（三）高等教育快速發展

經濟競爭的核心在於科學技術，科技競爭的根源在於人才，人才競爭的基礎在於教育。高等教育是正規地、大規模地培養高質量人力資源的途徑，大力發展高等教育，已經成為世界各國的共識和共同的戰略措施。

改革開放以來，中國的高等教育持續快速發展。1977 年全國恢復高考，全國共招生 20 萬人。目前的全國高考統一招生以及民辦大學的招生總量已經達到 500 萬人的規模，從高等教育的總體狀況來看，2006

---

[7]　季譚：「教育經費占 GDP 比重連續下降，百姓支撐已近極限」，第一財經日報，2006-1-26。

年全國高等教育毛入學率達到同齡人口的 23%，已進入「高等教育大眾化」數年。近年來，教育部開始控制大學招生增量，比較嚴格限制本科生擴招，而研究生教育發展較快。

中國在強化高水準大學、重點學科建設和高層次人才培養工作的同時，加大了高等教育實施質量工程的力度；加強了對高校科技創新和哲學社會科學研究的規劃和指導；高教管理體制和佈局結構調整取得新進展，促進了已合併高校的實質性融合。

近年來，中國在高等教育領域實行了建國以來最大的高等教育投資專案──211 工程（重點建設面向 21 世紀的 100 所左右的高校和一批重點學科）、調整縮減專業目錄、大規模擴大招生、後勤管理社會化、合併重組大學、建設世界先進水平的一流大學和類似於 211 工程「提高版」的 985 工程等措施，促進了高等教育事業的進一步發展和總體水平的提高。

三、中國教育體制的改革

（一）教育體制的改革

改革是 20 世紀後 20 年中國社會生活的主旋律。為了適應經濟社會發展對於高素質勞動者隊伍的需求，1985 年中共中央《關於教育體制改革的決定》頒佈，提出了教育體制改革的原則和一系列的內容，教育體制改革成為中國當時四大改革之中的一項。而後，中國從多方面對教育體制進行了改革，實行了大力推動高等教育發展、擴大學校的辦學自主權、調整中等教育結構、用人單位委託培養、利用社會力量辦學、高等教育國家文憑自學考試、教育部門與外部聯合辦學、發展繼續教育、發展 MBA 和 MPA 管理教育、研究生學位考試制度、發展遠端教育尤其是網路教育、在企業設立博士後工作站等諸多改革措施。

從目前的情況來看，中國實行的是以政府辦學為主體、社會各界共同辦學的體制，具體來說，基礎教育以地方政府辦學為主，高等教育以中央（尤其是教育部主管）和省級政府辦學為主，社會各界廣泛參與辦學，職業教育和成人教育則是在政府統籌管理下主要依靠行業、企業、事業單位辦學和社會各方面聯合辦學。

高質量、高效能的人才隊伍，是教育事業迅速發展的主要保證。中國在教育部門實行了教師等專業技術職務聘任制；對於學校管理幹部試行職員制度，強化教育部門的內部競爭機制；全面進行高校後勤社會化的改革，將後勤服務經營人員、相應資源及操作運行，都成建制地剝離出教育行政管理部門，使其成為獨立的經營實體。20世紀90年代末期以來，在一些大學實行了特聘教授和教師崗位津貼制度，較大幅度地提高教師的工資待遇和進一步強化競爭和激勵機制。

上述各項改革措施，對於增加教育的經費投入、改善教育資源的使用效率和提高總體教育質量起了重要作用，對於大批量生產中國經濟社會發展需要的高素質人力資源具有積極作用，對於發揮高等院校人才隊伍的效能也具有重大的作用。

（二）大學生就業的總體政策

教育體制改革的重要內容之一，是大學生就業制度的改革。20世紀80年代後期，中國的大學生就業制度開始由指令性計劃分配向畢業生自主擇業、用人單位擇優錄用的「雙向選擇」方向改革。在中國經濟體制全面走向市場化、人才需求變動迅速和非義務教育實行收費制的情況下，1997年實行大學生全部繳費上學的制度，從而完成了大學生就業全部實行「不包分配、雙向選擇」體制的改革，已形成「國家宏觀調控、各級政府和學校推薦、學生和用人單位雙向選擇」的模式，在就業政策方面實行「加強重點、兼顧一般、學以致用、人盡其才」的原則。

上世紀末，高等學校的畢業生就業，透過學校就業工作機構、用人單位的校園招聘、人才招聘大會、人才市場等多方面的渠道實現，大學畢業生的就業市場化局面已經形成[8]。

2002 年以來，中國出現了大學生就業困難的問題，國家也實行了資訊化建設、就業指導、支援西部、納入公共就業服務體系等多方面的政策。這一方面的問題後面有大量介紹，這裏不贅述。

第三節　高等教育與畢業生

一、中國高等教育發展概況

（一）高等教育體系

從辦學部門與形式的角度看，中國大陸的高等教育體系包含以下內容：

1.普通高等院校的學歷學位教育

普通高等院校是中國高等教育的最主要部分，是大批、正規地進行高等級人力資源生產的部門。培養對象為專科、本科、碩士研究生、博士研究生四個層次的學生，不少院校還設置了博士後工作站，培養更高等級的人才。許多高等院校舉辦夜校和函授部，擴大了正規高等教育的培養對象規模，進一步發揮了高等院校的教育資源潛力。

---

[8]　王路江主編，《大學生就業指導》（第二版），第 19-22 頁，高等教育出版社，1998。

(1)高等院校學歷教育。從中國的高等教育管理角度看，在本科、專科學歷教育中一般實行按計劃下達招生名額的模式，研究生學歷教育中對達到錄取水平者可實行計劃外擴大培養的辦法。

(2)高等院校學位班。許多院校舉辦在職不脫產形式的碩士學位研究生班。學員在一定限期內全部完成學業、透過綜合考試並學位論文答辯合格，能夠獲得碩士學位。

2. 函授大學、廣播電視大學

中國的教育部門也擔負一定的社會教育職能，舉辦面向社會的函授大學、廣播電視大學等。上述教育，有的是大學的附屬機構，有的由教育系統、尤其是成人教育部門所建立的機構單獨舉辦，還有的則由行業、部門或規模較大的用人單位舉辦。

許多普通高等院校、成人院校還採取與有關方面聯合辦學、接受外部委託培養、舉辦短期培訓班等方式進行非學歷教育。

3. 民辦高等院校

民辦高等院校一般從事非學歷教育。在中國的民辦高等院校中，一些學校獲准發放大專文憑、從事學歷教育。國家支援社會力量興辦教育機構。

從全國的情況來看，2003 年民辦高等教育機構有 1277 所（包括具有學歷教育資格的 173 所民辦普通高校），各類註冊學生為 181.4 萬人[9]。多數民辦高等院校沒有學歷教育權，許多民辦高等院校以「國家高等教育自學考試」為目標組織教學。

---

[9] 教育部，〈中國教育改革與發展情況〉，中國教育科研電腦網。

4. 職工大學和管理幹部學院

中國的各部門、系統、單位，舉辦各種職工教育，包括職工大學、管理幹部學院、繼續教育和短期培訓。該類教育因內容、對象、時間和舉辦目標的不同而不同，可分為學歷提高性的教育、無學歷的知識更新性培訓教育。各級黨校和行政管理學院系統的教育，也屬於此類別。

5. 國家高等教育自學考試

中國從 20 世紀 80 年代初開始舉辦高等教育自學考試，為大批沒有機會進入大學讀書的有為人士，尤其是青年廣開學路，培養了大批人才。2004 年，全國參加考試的人數達到 1200 萬人。

在上述體系中，普通高等院校學歷學位教育是大批量培養人才的第一途徑，其人數眾多，也是構成就業問題的人群。其本科生、專科生和一部分研究生缺乏社會生活閱歷，又都即將進入社會就業崗位，因而他們今成為職業指導的對象。

（二）中國高等教育發展格局

中國在 20 世紀 80 年代改革開放以來重視發展高等教育，1995 年提出「科教興國」戰略以進一步加大發展高等教育的力度，在高等教育規模穩步發展的同時，逐步確定了「規模、結構、質量、效益協調發展」的方針[10]，取得了較大的成績，為中國經濟社會發展培養了一大批人才。

經過 20 多年的發展，尤其是近年實行高校擴招以來，中國高等院校入學率大幅度的提高。至 2002 年底，全國共有高等學校 2003 所，各類高等教育在校生規模達 1600 萬人，已經達到 15% 的「大眾型高等教

---

[10]　周遠清，〈為 21 世紀準備：中國高等教育的改革與發展〉，《中國大學教學（教學與教材研究）》，1999 年 6 期。

育」[11]的水平，比 20 世紀後期所計劃的「2010 年達到」的時間期限提前了 8 年。

按照「共建、調整、合作、合併」的方針，經過 8 年多的持續努力，高等教育管理體制實現了深刻的變革，教育資源得到了優化配置。有 597 所高校合併組建為 267 所高校，原國務院有關部門直接管理的 367 所普通高校中，有近 250 所劃轉省級政府管理，實行地方與中央共建的體制，克服了部門和地方條塊分割、重覆辦學、資源浪費的弊病，形成了中央和省級政府兩級管理，以省級政府管理為主的高等教育管理新體制，調動了地方政府發展高等教育的積極性，亦密切了高校與區域經濟社會發展的聯繫。高等學校教學質量和辦學水平進一步提高，科研實力增強，對國家經濟建設和社會發展的貢獻力度日益加大[12]。

二、中國高等教育存在的問題

隨著知識經濟時代的到來和中國經濟的高速發展，國家需要大批高素質、富有創造性並適應時代要求的人才資源。高等教育是人才培養的主要陣地，理應積極主動適應社會對人力資源需求的變化，擔負起為國家培養人才的歷史責任。然而，長期以來中國在高等教育方面仍然存在一些極待解決的問題。其主要表現是：

（一）教育經費投入不足

從一定意義上講，人才是「靠錢堆起來的」。為培養人才，發達國家政府和眾多企業投入了大量資金。中國是「窮國辦大教育」，依靠政

---

[11] 美國教育社會學家馬丁・特羅提出，適齡青年進入大學的比例，在 15%以下時為精英教育，在 15～50%之間為大眾教育，達到 50%以上為普及教育。

[12] 教育部，〈中國教育改革與發展情況〉，中國教育科研電腦網。

府財政投資的比例大於發達國家。隨著經濟和社會的快速發展，隨著社會收入差距的大幅度拉開，隨著改革和競爭加劇的局面，人們接受高等教育的需求日益增長。在這一格局下，中國教育需求的迅速增長與政府辦教育財力不足之間的矛盾十分突出。

中國不僅存在著高等教育經費投入不足的問題，而且存在著教育成本分擔機制不合理的問題。世界銀行專家 20 世紀 60 年代以來對教育收益率的研究表明，高等教育的個人收益率高於社會收益率，因此「高等教育成本補償」（cost-recovery）──受教育者透過繳納一定的學雜費承擔一定比例的教育成本，早已成為各國多渠道籌措高等教育經費的一個重要手段。中國推行學費制度、學生資助制度後，學雜費收入已成為僅次於國家撥款的第二大經費渠道。2001 年，高等教育學費收入占教育總投入的比例為 25.04%，比 1995 年增加 12%，明顯超過高收入國家美國 1995～1996 年 19%的學費收入水平。據有的調查顯示，目前居民消費中教育開支占據第一位，達到 40%的高水準。

對於教育成本的補償模式，有的學者認為可按負擔者特徵的不同劃分三種補償模式：（1）由成績較差的學生負擔，如日本；（2）由成績優秀者作為分擔成本的主要角色，如美國私立大學；（3）平均分擔模式，如中國並軌後的收費模式[13]。眾所周知，中國現處於貧富差距明顯拉開的時期，地區、城鄉居民收入水平、消費結構存在很大差異，普通高校如此高的成本要居民個人來承擔是不合理的，而且也是不可能的。在居民收入不能很快提高的話，就應該下大力降低人均教育成本。

---

[13] 哈巍，〈誰來為高等教育付費──高等教育成本補償的國際比較〉，《教育發展研究》，2002 年第 3 期。

（二）教育資源嚴重不足

在計劃經濟年代，中國高校的師生比過低，使寶貴的高等教育資源浪費。近年來大學持續擴招，除教育經費明顯不足外，師資力量、教學設施等未能相應跟上，高等教育的硬體、軟體條件明顯存在著不足。尤其是師資嚴重短缺，而且使用不合理，不少大學的教授不僅講課，而且連碩士也不帶，只是作為指導博士生，嚴重浪費高質量的師資。

對此，北京師範大學教授、教育經濟學專家賴德勝估算認為：「與我們當前的教育容量相匹配的合適的擴招比例在 5%左右」。無疑地，低水平的培養能力與高速度的擴招發生在一起，其結果必然是降低教育質量。這也是在大學擴招以來出現就業困難的一個原因。

（三）教育思想和方法落後

中國的大學教育注重對學生進行知識的灌輸，強調學術性和規範性，缺乏對學生實踐能力和創新精神的培養。「上課記筆記，下課看筆記，考試背筆記」成為許多大學生的通病，在校學習期間，能夠提出科研成果的人很少。而且，中國現行的不少大學教材水平低、距離社會實踐很遠。

現代社會的發展對應用技能和創新能力提出了很高的要求。對於這種要求而言，中國現行的教育內容與方法遠遠落後於需求，不能適應社會的要求，有些方面甚至還是背道而馳，與中國共產黨十六大提出的「造就數以億計的高素質勞動者、數以千萬計的專門人才和一大批拔尖創新人才」要求有較大的差距。

（四）畢業生不適應市場需要

其一，中國的高等教育實行統一報考、按計劃招生、按專業錄取的模式。但是，企業、事業、機關單位招用人員是按照自身需要進行的，

從市場上招收人員，而不是由上級下達指標、到學校接收國家統一規劃的畢業生。市場經濟從本質上講是一種變化的經濟，在中國經濟結構迅速調整、管理體制正在迅速與國際接軌，需求變化是比較快的。而許多學校的專業設置與就業市場脫節，僅僅從當時自己感受的「熱門」出發申報和獲准招生專業名額，缺乏科學性和對市場變化的應變措施，招生4年以後的畢業生大量成為不符合就業市場專業需求的過剩供給。

其二，學生缺乏綜合素質。在高等教育培養模式上，長期以來中國受蘇聯教育思想的影響進行「專才」教育，培養的學生只掌握狹隘的本科專業知識，缺少應有的科學素養，缺乏深厚的文化底蘊，也缺乏對市場的適應力。這樣的畢業生越來越不適應科技進步和經濟社會現代化的需要。

三、高等教育產品──大學畢業生

做為各高等院校的教育產品，大學畢業生具有以下的特點：

（一）在人力資源增量中占主導地位

2001年以前，中國的大學畢業生數量在100多萬左右，近年畢業生數量達到每年500多萬，以後還會達到600萬以上的水平。這樣的規模構成中國高等級人力資源增量供給的絕大部分，而且已經構成城市勞動市場新增供給的主體。因此，他們在中國經濟社會發展主要方向和國民經濟重點專案資源配置中，都具有重要作用。

（二）質量層次高

由於大學生在高等院校接受了數年的最新專業理論教育，在其畢業時往往掌握了比較先進的知識和技能，其供給在人才市場上是質量較高、內容較新的。因此，他們也有較高的職業崗位期望，其選擇性較強。

（三）供給方向性強

大學生接受了數年的專業教育，具有專業特長，許多專業的畢業生成為他人不可替代的定向供給，具有就業競爭的優勢。也有一些專業畢業生的就業適應面比較廣。

（四）初次就業

大學畢業生的年齡輕，基本上都是初次就業。這一特點使他們在走上社會時，具有適應性強、可塑性大、開發潛力大和使用週期長的優點，但也存在著就業的盲目性和崗位的暫時性（即他們可能因主觀和客觀原因很快流動）的缺陷。

（五）供給的批量性

大學畢業生是具有批量性的供給。一般來說，成百萬的大學畢業生在每屆畢業的頭年 10 月至當年的 5、6 月間確定就業方向、簽訂就業協定，7 月至 8 月畢業離校、到用人單位報到。這種人力資源供給的批量性強，時間集中。由此，為其進行就業服務和相關管理的工作量大，任務集中，時間緊迫。

第三章　對於大學生就業的理論認識

第一節　大學生就業問題的性質認識

一、大學生是否「就業困難」

（一）對於「大學生就業困難」的三種看法

對於中國是否存在著大學生就業困難的問題，社會存在著不同的看法。總體上看，可以分為「存在就業困難」、「不存在就業困難」和「不是『大學生就業』的特定問題」（學者稱之為「偽問題」）三種不同的意見。

第一種意見「存在就業困難」是比較普遍的看法，大部分學者、許多大學生就業機構和政府員工部門均持這種看法。經濟學家汪丁丁認為，高等院校擴招的人數成倍增長，對勞動力市場造成「衝擊」[1]。大學生就業困難的現象說明，與中國經濟發展水平的需求相比，目前高等教育的規模已經較大，高等教育的展速度應放緩，使供需矛盾有緩衝的機會[2]。高等教育研究專家楊東平認為：「連續多年的高等教育大規模擴招，產生了可以預料的諸多問題，當前最突出的是大學生就業困難。」[3]高校擴招建議的提出者、亞洲開發銀行湯敏也認為，現今的擴招規模之

---

[1]　汪丁丁，〈教育、人力資本和大學生失業〉，《財經》，2006 年 4 月 25 日。

[2]　王效仿，〈大學生就業困難問題應急性對策探討〉，《理工高教研究》，第 13-15 頁，2004 年第 12 期。

[3]　楊東平，〈高教的問題不僅僅在於擴招〉，《中國新聞周刊》，2006 年 06 月 08 日。

大、增加之快是自己提出時始料未及的[4]。全國人大常委鄭功成指出，就業難的大學生「已經成為中國城鎮就業的主要目標群體」，「大學生就業形勢在『十一五』期間更為嚴峻」[5]。高等教育學權威專家潘懋元等人運用國外學者採用的「教育過度三種表現」的方法進行測量，判斷出中國的高等教育「目前的確存在著一定的教育過度現象」[6]，正是對大學生存在總量過剩判斷的證明。

　　第二種意見「不存在就業困難」的認為，不存在大學生就業困難的問題。持這種觀點的人的一般看法是，大學畢業生不能就業的原因是他們的就業觀念存在問題，也就是說，大學生對於工資、崗位、就業地點的挑剔造成其不能順利就業。除一些學者持此種觀點外，調查顯示，許多用人單位都持此觀點。進一步，有的觀點還認為：「我們的大學生不是多了，而是少了」，高校擴招不是要停下來，而是要堅持下去[7]。

　　第三種意見「大學生就業困難是『偽問題』」，它不是存在於大學生群體的特殊性的失業問題，而是整個國家勞動力就業問題的一部分，解決大學畢業生「過剩」問題的實質是解決知識型勞動力的「結構性」問題[8]。

---

[4]　湯敏在中國社會科學院人口與勞動經濟研究所、清華大學世界與中國研究中心「高校畢業生就業與中國勞動力市場一體化」討論會上的發言，2006 年 6 月 24 日。

[5]　鄭功成，〈大學生就業難於政府的政策導向〉，《中國勞動》，第 17 頁，2006 年第 4 期。

[6]　潘懋元、吳玫，〈從高等教育結構看大學生就業問題〉，《中國大學生就業》，第 5 頁，2004 年 6 期。

[7]　馮澤永，〈大學生就業困難的原因及其對高等教育的啟示〉，《醫學教育探索》，第 9-12 頁，2004 年 4 月 3 卷。

[8]　鄧微，〈大學畢業生人力資源開發與保障〉，《面向小康社會的人力資源開發與就業促進》，第 216 頁，中國勞動社會保障出版社，2007 年 7 月；劉文，〈大學畢業生相對過剩的經濟學解析〉，《現代教育科學》，第 15-17 頁，2004 年第 3 期。

存在就業困難，是政府早就認識和致力於解決的問題。2002 年 3 月 2 日，國務院辦公廳發佈 19 號文件，轉發教育部、公安部、人事部、勞動保障部《關於進一步深化普通高等學校畢業生就業制度改革有關問題的意見》，就指出「一些地方高校畢業生就業出現困難」，明確了對大學生就業格局的基本判斷。

（二）總量性問題還是結構性問題

第一種意見「存在就業困難」的人當中，也有明顯的觀點分歧，主要分歧是中國存在的大學生就業困難究竟是基本屬於供求總量的差距問題（即供給大於需求的大學畢業生過剩問題），還是基本屬於結構性的問題（即失業與空位並存的供求結構不匹配問題），抑或是二者「並存」和更多因素的問題。許多人認為，就業市場的供大於求是就業困難的基本原因。

研究中國就業問題的美國加州大學教授蘇黛瑞（Dorothy Solinger）指出：出現大學生就業困難問題的一個原因就是中國高校擴招，而經濟的發展還沒有快到能夠吸納這些畢業生就業的水平和沒有創造出適合這些大學生的就業機會[9]。鄧微認為，大學畢業生「過剩」問題的實質是知識型勞動力的「結構性」不匹配問題（包括專業結構、知識結構、能力結構）[10]。北京市高校畢業生就業指導中心的調查也顯示：「畢業生供需矛盾突出」，加之企業接收畢業生存在政策性障礙、就業市場不適應大學生的需要等，是導致首都大學生就業困難的主要因素。

---

[9]　博克網，〈中國大學生為什麼過剩〉，http://news.bokee.com/social/baixing/ 2006-06-27/701208。

[10]　鄧微，〈大學畢業生人力資源開發與保障〉，《面向小康社會的人力資源開發與就業促進》，第 216-217 頁，中國勞動社會保障出版社，2007 年 7 月。

　　在政府的不同管理部門，對大學生就業困難的認識，實際上也是有差異的。國家發改委發佈的美季就業形勢分析報告指出，今年二、三季就業形勢趨向嚴峻，問題最突出的首先是高校畢業生，原因是就業總量大，並且結構性矛盾突出。教育部認為，目前的大學生就業困難在社會就業困難的大背景下，首位是結構性的問題，包括地區結構和專業結構。據勞動和社會保障部方面的調查和人事部的預測，在大學生供給增加（2006、2007 年均增加 22%）的同時，大學生需求下降（22%和19.9%），這種嚴峻的就業寒流還將持續，2007 年約 100 多萬大學生無法實現當期就業[11]。這可以說明總量問題是主要矛盾。

二、經濟學的分析

　　從經濟學的視角對大學生就業問題進行研究非常重要。在中國出現了大學生就業困難的情況下，不少學者對大學生就業問題進行了經濟分析和制度分析。這些研究有的從經濟學理論角度分析大學畢業生需求、供給以及大學生就業市場的均衡問題；有的運用人力資本理論及相關的信號理論、投資理論、產權理論研究大學生就業問題的原因；有的進行教育經濟學和家庭經濟學等研究；還有的延伸到發展經濟學，從經濟增長與就業彈性關係角度對大學生就業展開研究。

（一）總體勞動力市場的供求失衡

　　中國總體的勞動力供大於求局面在短期內無法改變，供求失衡的嚴峻局面構成大學生就業困難的基本背景。具體來說，供給與需求的結構錯位構成大學生就業中的結構性矛盾，進而影響其就業，這種錯位主要

---

[11] 原人力資源和社會保障部部長田成平 2006 年 11 月 16 日在中國科學院研究生院「科學與人文論壇」的講話。

表現在對就業地域及行業的選擇上。陳岩松認為目前國內勞動力市場供給與需求的總體不平衡是造成大學生就業困難的主要外部因素，中國勞動力市場上的供給出現了建國以來從未有過的「三峰疊加」的態勢，即應屆大學畢業生、農村剩餘勞動力轉移以及下崗職工再就業共同構成了勞動力市場上的龐大供給流，這些集中到來的供給在短時間內給中國的就業市場帶來了較大的壓力[12]。

丁元竹認為，當前大學生就業難的問題是中國目前就業三大問題之一，但大學生就業問題是全球性的普遍現象，是一種正常現象，存在一定程度的大學生失業是合理和必然的現象，不值得大驚小怪，不必過分渲染大學生失業的後果[13]；牛金虎認為現行大學生就業統計由於統計物件範圍過寬、統計口徑太窄、統計指標太粗，造成就業統計縮水，人為誇大了就業難度[14]。

（二）高等教育的有效供給不足與結構性失衡

中國高等教育方面存在的問題已經不再是一般性地需要擴大供給的問題，而是如何擴大有效供給的問題。一個有效的市場是可以透過價格機制來調節某種商品的供求平衡的，而在高等教育市場上出現了結構性矛盾，價格機制很難奏效，其基本原因在於供應是由政府控制的。劉宇舸認為，政府壟斷高等教育造成「市場失靈」與結構失衡，高等教育的個人投資回報率沒有達到均衡點，私人高等教育投資收益率過高，致

---

[12] 陳岩松，〈大學生就業影響因素調查與分析〉，《南京理工大學學報》（社會科學版），第 85-90 頁，2004 年第 8 期。

[13] 丁元竹，〈正確認識當前「大學生就業困難」問題〉，《宏觀經濟研究》，第 3 頁-6 頁，28 頁 2003 年第 3 期。

[14] 牛金虎，〈透視大學生就業統計〉，《中共山西省委黨校學報》，第 42 頁-43 頁，2004 年第 8 期。

使高等教育有效供給不足，大學生內在質量下降（公立高校發放的文憑
存在名不符實的問題），這是大學生就業困難的根本原因[15]。

對於高等教育的直接需求是學生或學生家長，但學生和家長們的個
體教育投資決策行為的總和形成了群體行為的非理性。這表現為人們考
慮的是先占據一份高等社會資源，而不管什麼專業、什麼學校，結果導
致許多專業在近期內都人滿為患，形成高等教育賣方市場的格局。高等
教育供求難以求得平衡，即造成大學生就業困難的現實[16]。

（三）人力資本存量的信號功能反映

根據人力資本信號理論，教育只是一種篩選裝置，它起著信號的作
用。在高等教育逐漸步入大眾化階段的時候，大學文憑的信號作用慢慢
變弱，一個人想在逐漸擁擠的人才市場上搶眼，只有再進一步提高自己
的學歷層次[17]。

在大學文憑的信號作用變弱的情況下，就業選擇具有衡量人力資本
存量信號的作用。楊偉國將大學生就業選擇行為用「大學生就業選擇矩
陣圖」表示，認為大學生偏好於選擇行政級別高和大城市的單位就業，
原因之一就是就業選擇充當了衡量人力資本存量的信號功能[18]。

（四）高等教育投資收益率下降

根據人力資本投資理論，上大學是一種非常重要的人力資本投資行
為，它受到投資預期收益率的影響，正如貝克爾指出的：「唯一決定人

---

[15] 劉宇舸，〈高校畢業生就業困難的經濟學分析〉，《現代經濟探討》，第 20 頁
-22 頁，2003 年第 6 期。

[16] 李麗霞，〈大學生就業困難的經濟學分析〉，《學海》，第 169-171 頁，2004 年
第 5 期。

[17] 賴德勝，〈大學畢業生就業困難的人力資本投資效應〉，《北京大學教育評
論》，第 13-15 頁，2004 年第 4 期。

[18] 楊偉國，〈大學生就業選擇與政策激勵〉，《中國高教研究》，第 83-85 頁，2004
年第 10 期。

力資本投資量的最重要因素，是這種投資的有利性或收益率。」對於任何一個理性的人而言，如果預期收益率降低，人力資本投資力度也就會降低；如果預期收益率降低到低於其他形式投資的預期收益率，就會放棄人力資本投資，轉而選擇其他形式的投資。

多數觀點認為高等教育投資收益率處於不斷下降狀態，與擴招後的就業困難同時出現的畢業生工資水平下降就是最直接的反映。馬揚和張玉璐認為，無論哪個國家、無論其經濟狀況如何，高等教育都存在較高的收益率，高等教育的個人收益率基本上都高於其社會收益率；但隨著國家經濟狀況的提高，高等教育的個人收益率與社會收益率均呈現出遞減的趨勢[19]。唐鑛認為，大學生就業困難的實質是人力資本投資回報率下降的過程，教育投資回報率的下降趨勢在中國才剛剛開始，大學生就業困難將是一個長期和必然的正常現象[20]。

也有觀點認為高等教育投資收益率呈上升趨勢。吳克明認為，中國大學生和高中生收入水平差距自 20 世紀 90 年代以來一直呈擴大趨勢；大學生與高中生的就業概率差距也呈現擴大趨勢，就業困難並沒有導致大學教育收益率降低，大學教育收益率一直呈上升趨勢正是大學生就業冷背景下依然存在上大學熱現象的根本原因，大學熱反映了人們在人力資本投資決策上的理性特點[21]。

（五）大學生人力資本產權未得到充分保障

人力資本產權是指人力資本所有者在社會經濟活動中運用自身人力資本的權利，它是由人力資本的所有權、經營權、收益權、發展權、

---

[19] 馬揚、張玉璐，〈高等教育收益率研究〉，《比較教育研究》，第 37-40 頁，2001 年第 9 期。

[20] 唐鑛，〈關於用人單位對大學畢業生需求行為的研究報告〉，《經濟問題探索》，第 34-37 頁，2004 年第 11 期。

[21] 吳克明，〈大學生就業冷背景下大學熱的經濟學分析〉，《河北師範大學學報》（教育科學版），第 62-65 頁，2004 年第 7 期。

處置權等一系列人力資本權利所組成的權利束。承認大學生的人力資本
產權是中國大學生就業制度變革的重要反映。

　　計劃經濟時期「國家統一分配」的制度下，大學生就業完全沒有擇
業自主權，這嚴重限制了其人力資本產權的實現，結果導致整個社會效
益的損失。中國大學生就業制度改革後，大學生的人力資本產權雖然在
很大程度上得以實現，但還受到很多制度方面的約束，其中戶籍管理制
度是大學生就業面臨的最大體制性障礙。戶籍制度因素主要表現在三個
方面：一是非國有單位使用大學生仍然有進人和戶口指標的限制，二是
高校畢業生的跨省市流動受到限制，三是派遣的時間限制問題[22]。

（六）就業彈性對就業吸納能力存在差異

　　經濟增長的就業彈性與就業效應[23]在不同地區和不同行業存在著
差異，對高校畢業生就業吸納能力也就有所不同。近年來，國內一些學
者透過研究就業彈性與就業效應來分析中國高等教育就業狀況。岳昌
君、丁小浩（2003）的研究結果表明：高等教育就業彈性與一般的就業
彈性密切相關，但其水平大於一般就業彈性；行業間高等教育「相對密
集程度」的差異比地區之間的差異大；勞動力價格差異是造成受高等教
育從業人員行業分佈不均的重要原因；對高校畢業生就業吸納能力較強
的幾個行業屬於第三產業，中、西部地區對高校畢業生就業有潛在的吸
納能力。同時考慮就業彈性和就業效應，對高校畢業生就業吸納能力較
強的幾個行業則是金融保險業、國家機關政黨機關和社會團體、交通運
輸倉儲和郵電通信業、房地產業。該研究進而提出，為促進大學生就業，

---

[22] 羅雙發，〈從人力資本產權看中國大學生就業制度的變革〉，《青年探索》，第
　　 16-20 頁，2004 年第 3 期。

[23] 就業彈性是指經濟增長每變化一個百分點所對應的就業數量變化的百分
　　 比，等於就業數量增長率除以經濟增長率。就業效應是指相應行業增加值增
　　 長一個百分點時帶來的從業人員人數的增加。

應適當調整工資收入結構；促進高等教育就業彈性高、就業效應大的行業發展；鼓勵和引導高校畢業生去生產領域，去中西部地區工作，同時放低沿海地區的就業門檻[24]。

（七）大學生自願失業是理性選擇

自願失業是一種不滿足於已有的工作機會而繼續尋找工作的失業現象。吳克明、賴德勝（2004）從二元勞動力市場、職業搜尋和保留工資的角度進行了分析，認為大學生自願性失業的實質是一種理性選擇。

其一、大學生自願失業的重要原因在於中國分割的二元勞動力市場。由於高等教育水平的勞動力市場上的工作崗位對求職者有著較強的專用性人力資本要求，而大學生所具有的人力資本並不會自然保值，如果他就業時選擇了中初等教育水平的勞動力市場，其專用性的人力資本就長時期處於閒置狀態，最終將逐漸貶值。當將來市場需求形勢變化，對其原有的專業需求旺盛時，他卻已喪失原本擁有的專用性人力資本，因此，大學畢業生選擇自願失業是一種理性選擇。

其二、從職業搜尋的角度看，勞動力市場訊息是不完全的，為尋找工作而採取的失業時間越長，勞動者就越能找到滿意的工作；但尋找到的工作崗位報酬提高幅度遞減，職業搜尋成本增加，職業搜尋時間的邊際成本遞增。對於到底「先就業，再擇業」合理還是搜尋到理想工作才就業合理，在根本上取決於在職搜尋和失業搜尋的利弊。

其三、從保留工資的角度看，在勞動力市場尋找職業的人，在搜尋職業開始時就對工資水平有一個起碼的心理價位，即保留工資。按照保留工資理論，大學生自願性失業的原因在於其預期的保留工資高於實際的市場均衡工資。簡單地批評大學生「就業預期偏高」是不理性的、批

---

[24] 岳昌君、丁小浩，〈受高等教育者就業的經濟學分析〉，《高等教育研究》，第21-27頁，2004年第6期。

評是大學生受「學而優則仕」等傳統思想影響，往往失之偏頗。其實，大學生保持偏高的期望值並非不理性，相反，保持偏高的保留工資正符合預期利益最大化的理性假設[25]。

三、社會學的分析

（一）中國社會轉型中的社會結構缺陷

　　中國處於「社會解組」或「社會轉型」過程中，對大學生來說是機遇與挑戰並存、希望與困難同在。

　　苗芊萍、王漢林（1999）從五個方面分析了中國社會轉型中的社會結構缺陷。第一、產業結構缺陷。傳統產業對大學畢業生的需求量減少，高新技術產業成為經濟增長點，一些專業面窄、基礎理論研究類的畢業生就業就顯得不景氣；大多數地區產業結構雷同，對人才的需求沒有特色，沒有層次性，畢業生的就業面窄；產業結構調整的「裁員」造成大量企業富餘人員流入社會，加大了大學生的就業難度。第二、地區結構缺陷。中國的地區結構極為不平衡，東南部發展快，西北部發展慢，所以人才流動呈現「孔雀東南飛」的格局。第三、人口素質結構缺陷。社會需求的是質效型人才，非質效型人才則就業難，中國目前的人口素質結構是高新技術人才少、創新人才少、創業人才少。第四、教育結構缺陷。表現為「重理論輕實踐，重知識輕能力」，教育的方式較為落後，教學的條件設備較差，教材老化，培養模式陳舊。第五、組織結構缺陷。傳統的組織是垂直的、計劃性的，存在大量隱性失業。現代社會組織結

――――――――――
[25] 吳克明、賴德勝，〈大學生自願性失業的經濟學分析〉，《高等教育研究》，第38-41頁，2004年第3期。

構則尚不完善，社會化的人才仲介組織、規範化的人才就業市場等十分匱乏[26]。

（二）社會資本的影響

方竹蘭認為，西方人力資本研究的成果缺乏對個體人力資本之間關係的結構性研究，即缺少對群體人力資本的研究，忽視了人運用其他物質資源時獨特的主體地位[27]。而社會資本理論彌補了人力資本理論研究的不足，對中國大學生就業制度改革具有重要的借鑒意義。

陳成文、鄺小軍認為，隨著中國就業制度市場化程度的加深，社會資本對大學畢業生就業的作用加大。原因是：第一、中國人辦事以關係為取向，已經形成了對關係網絡根深蒂固的依賴和信任。關係運用與作用滲透到日常生活中，社會資本是幫助大學畢業生謀取職業的一大重要因素。第二、高校就業制度改革造成計劃分配淡出和市場機制作用增大，社會資本作為非正式制度成為填補制度真空的一種替代物。即使在市場經濟高度發達的社會中，社會資本對於求職過程和結果的作用亦相當明顯，有時甚至超過了人力資本的作用。第三、勞動力市場中的資訊不對稱影響勞動力的合理配置，而社會資本在一定程度上可以彌補這種不足。大學畢業生借助人際關係網路來找工作，有時會更有效率[28]。

---

[26] 苗芊萍、王漢林，〈大學生就業的社會學透視〉，《南京理工大學學報（社會科學版）》，第 82-84 頁，1999 年 12 月。

[27] 方竹蘭，〈從人力資本到社會資本〉，《學術月刊》，80-87 頁，2003 年第 2 期社會資本是指在一個國家或地區內，透過民眾自由地將個體人力資本進行橫向的社會結合，而生成的能夠促進一個國家經濟和社會持續發展的社會關係結構和社會心理結構。大致可包括：合作性企業和自願性社團組織、暢通和諧的橫向交往網路、民主自治的社會契約、互相信任的心理認同、互學共進的合作創新心態。

[28] 陳成文、鄺小軍，〈就業制度改革過程中社會資本與大學生地位獲得研究〉，《黑龍江高教研究》，第 47-50 頁，2004 年第 10 期。

　　李強對中國最近一些就業方面的資料分析發現,在影響地位和收入
變化的因素中,憑個人本領的作用明顯上升,非個人努力的因素作用下
降,這是非常重要的積極因素。但是,從中國目前的資料來看,在總體
上還是非個人努力因素的作用大一些,諸如「是城市人還是農村人」的
身份,和「在北京、上海、廣州等大城市工作,還是在小城鎮工作」的
地點因素等[29]。

(三) 社會網路和社會資源的應用

　　社會學的觀點認為,社會網路和社會資源在大學生職業選擇和職業
流動中有重要作用,但在究竟透過何種關係網絡方面有著不同的看法。

　　一種觀點認為,大學畢業生要更重視培養和利用親屬和朋友之外的
社會關係網路進行職業搜尋。美國社會學家格蘭諾維特(Granovetter,
1973)認為:社會關係網路可以彌補勞動力資訊不對稱的不足;透過「相
識」(弱關係)得到資訊的人往往流動到一個地位較高、收入較豐的職
位,而透過「親屬」和「朋友」(強關係)得到資訊的人向上流動的機
會則大大減少了。格氏將這一現象解釋為「弱關係的強度」,提出了著
名的「弱關係假設」[30]。林南擴展和修正了弱關係假設,提出了社會資
源理論(Lin, 1982)。該理論的出發點是,在一個分層體系中,相同階
層的人們在權力、財富、聲望等資源方面相似性高,他們之間往往是強
關係,而不同階層的人們的資源相似性低,他們之間往往是弱關係。當

---

[29] 李強,〈社會分層與社會發展〉,《中國特色社會主義研究》,第 29-34 頁,2003
年第 1 期。

[30] 在格氏看來,強關係是群體內部的紐帶,由此獲得的資訊重覆性高,而弱關
係是群體之間的紐帶,它提供的資訊重覆性低,充當著資訊橋的角色。格氏
的弱關係假設就是指弱關係發揮著提供非重覆性資訊的橋樑作用。使用弱關
係謀求職業流動的人,正是由於瞭解到非重覆的更有價值的資訊,才獲得了
向上流動的機會。

人們追求工具性目標時，弱關係就為階層地位低的人提供了連接高地位人的通道，從而獲得社會資源。

　　另一種觀點認為，職業流動的社會網路主要是由親屬和朋友兩類強關係構成，社會網路發揮作用的形式以提供人情為主、以傳遞資訊為輔，大學生職業搜尋要重視強關係網絡。邊燕傑的天津調查結論指出，社會網路的作用不是傳播和收集職業資訊，而是待分配的擇業者透過人際關係，得到工作分配主管部門和分配決策人的照顧（Bian, 1994, 1997），換言之，社會網路不再是資訊橋，而是人情網。人情關係的強弱與獲得照顧正相關，資訊的獲得只是人情關係的副產品。邊燕傑為此提出「強關係假設」[31]。

（四）社會意識的影響

　　社會意識對大學生就業有較大影響。第一、傳統文化重視人際關係和權力等級，「學而優則仕」的觀念對就業選擇還是有很深的影響力，計劃經濟時期遺留的「幹部意識」加上新經濟時代的「白領情結」，影響了大學生的就業期望值和擇業取向[32]。第二、社會缺乏創業氛圍。社會缺乏創新意識和創新輿論，優秀人才不能在商界脫穎而出。第三、用人單位以「物」為中心；缺乏以「人」為中心的發展觀。許多用人單位都只看到人才使用的短期耗費，而不願作長期投資。第四、畢業生缺乏創業觀。如果轉換思維，將能開闢就業的嶄新天地[33]。

---

[31] 邊燕傑、張文宏，〈經濟體制、社會網路與職業流動〉，《中國社會科學》，第71-90頁，2001年第2期。

[32] 陳愛娟、廉永傑、薛偉賢，〈西部大學生就業問題探討〉，《人口與經濟》，第45-49頁，2004年第4期。

[33] 苗芊萍、王漢林，〈大學生就業的社會學透視〉，《南京理工大學學報（社會科學版）》，第82-84頁，1999年第12期。

（五）社會人格的缺陷

　　大學生就業困難的問題除了外部的社會因素外，還有大學生自身人格缺陷的問題。在大學生就業問題上不僅要關注其職業人格，還要注重建立健全其個體的社會人格，才能符合社會發展的要求和擺脫「就業難」的困境。

　　從大五人格[34]的角度看，目前大學生就業環節和職業生涯中主要存在的問題是：（1）外傾性不夠，缺乏人際溝通和社會資訊的收集能力；（2）責任感嚴重缺乏，想的只是待遇和條件；（3）宜人性不夠，與新的組織內的人員幾乎沒有聯繫；（4）情緒控制不良，愛發低級牢騷；（5）開放性不夠，不願意也不善於學習新知識和新技術[35]。

（六）職業社會化的問題

　　對於大學生的就業困境問題，除了從大學生自身素質和就業觀念外，還要從大學生職業社會化方面找原因。首先，缺乏大學生職業社會化的目標，大學生就業觀念的培養和職業道德教育長期以來很少受到關注。其次，大學生職業社會化過程的執行者方面存在著偏差，亟待做出相應調整，包括父母的偏差、學校的偏差和大眾媒體的偏差[36]。

---

[34] 所謂「大五」就是五個維度的人格特徵：外傾性、宜人性、責任感、情緒性、開放性。

[35] 丁立平，〈大學生「就業困難」的關鍵是人格與社會不適應〉，《山西財經大學學報》，第 7-11 頁，2004 年第 3 期。

[36] 杜蕾，〈大學生職業社會化淺析〉，《南昌高專學報》，第 14-15 頁，2004 年第 2 期。

第二節　大學生就業問題的原因認識

一、宏觀層面的分析

對於大學生就業困難的問題，人們從多方面尋找原因，進行分析。本書從宏觀和微觀兩個方面進行分析。宏觀層面原因的研究，有教育體制、大學生就業制度、政府宏觀政策等諸多角度。

（一）政府壟斷高等教育體制不適應社會需要

劉宇舸認為，政府壟斷高等教育造成「市場失靈」與結構失衡，高等教育的個人投資回報率沒有達到均衡點、私人高等教育投資收益率過高，致使高等教育有效供給不足，大學生內在質量下降，這是大學生就業困難的根本原因[37]。

彭劍鋒認為，政府主導高等教育投資教育目標的設置，往往不是市場驅動，而是來自官員的政績需求，其結果必然與社會需求出現偏差、脫節，造成人才投資的回報率降低。

（二）政府對大學生就業的引導不足

中國大學生就業出現了供求矛盾困境：一方面，大學生越來越多，就業越來越困難；而另一方面，大學畢業生又不願意到艱苦地區就業。戴樹根透過實證調查研究，認為政府缺乏引導高校畢業生流向艱苦地區、艱苦行業、非公有制企業就業的有效機制，影響了高校畢業生到這部分地區和行業工作的主動性和積極性[38]。楊偉國認為，從人力資本投

---

[37] 劉宇舸，〈高校畢業生就業困難的經濟學分析〉，《現代經濟探討》，第 20 頁 -22 頁，2003 年第 6 期。

[38] 戴樹根，〈大學生人力資源與社會需求的碰撞〉，《華中科技大學學報》，第 107

資收益的角度看，大學生就業選擇主要基於直接收益水平、市場選擇對人力資本存量的信號作用、人力資本單向流動以及人力資本退化等因素，由此國家政策應透過人力資本投資收益補償機制為大學生就業選擇調整提供外部激勵。目前政府針對大學生就業人力資本投資收益的政策激勵還不完善，引導大學生到西部地區和艱苦行業就業的補償機制存在問題[39]。

（三）高校擴招的影響

對於中國 1999 年以來的高校擴招政策是否造成了目前大學生就業困難的問題，以及高校擴招政策是否要堅持下去，有著較多的分歧。

持高等教育發展速度應當放緩的觀點認為，要合理規劃高等教育規模，減輕大學畢業生的供給總量性壓力。中國 1999 年後的高校擴招，社會發展對於人才的需求趕不上畢業生數量的高速增長是造成大學生近幾年就業形勢緊張的重要誘因。大學生就業困難的現象說明，與中國經濟發展水平的需求相比，目前高等教育的規模已經較大，高等教育的發展速度應放緩，使供需矛盾有緩衝的機會[40]。

持高校應當擴招觀點的學者認為：「我們的大學生不是多了，而是少了」，高校擴招不是要停下來，而是要堅持下去。高校擴招是高等教育大眾化的表現，高等教育大眾化是人類社會發展到今天的必然選擇，當前大學生就業難的原因不在於他們是大學生，而在於他們畢業於中國安排就業比較困難的時期。如果他們不讀大學，他們同樣會加入待業的大軍[41]。

頁-110 頁，2004 年第 5 期。

[39] 楊偉國，〈大學生就業選擇與政策激勵〉，《中國高教研究》，第 83-85 頁，2004年第 10 期。

[40] 王效仿，〈大學生就業困難問題應急性對策探討〉，《理工高教研究》，第 13-15頁，2004 年第 12 期。

[41] 馮澤永，〈大學生就業困難的原因及其對高等教育的啟示〉，《醫學教育探

　　還有觀點認為，高校擴招確實增加了大學畢業生就業安置的工作量和複雜性，但並沒有也不會加劇社會就業的矛盾，相反地還有助於促進全社會就業問題的解決。就業問題從來就是一個社會熱點和難點的問題，高校擴招所引發的對大學生就業問題的討論只不過是人們對社會就業問題關注的一個新的視點[42]。張車偉認為中國大學生就業困難的問題，是大學生在人生發展轉換中的蛻變過程。

　　也有觀點認為，純粹地爭論「擴招」是沒有意義的，因為對於擴招的爭論是一個假問題。大學畢業生就業是整個國家勞動力就業問題的一部分，解決大學畢業生「過剩」問題實際上就是解決「知識型勞動力過剩」的問題[43]。

（四）配套政策的缺失

　　中國高校畢業生就業制度處於變遷時期，大學畢業生就業的配套政策缺失，就業市場還不完善、不成熟，這也是導致中國大學生就業困難的重要原因。

　　從社會就業環境角度來看，大學生就業市場還不夠完善、不夠成熟，公平、競爭、擇優、有序的就業市場尚未形成，必要的資訊、網路、服務、保障體系尚未建立，地域、學校方面的歧視依然存在。上述這些現象與市場就業體制是極不相稱的，它們之間的矛盾衝突影響著大學生健康就業心理的形成和就業目標的實現[44]。

索》，第 9-12 頁，2004 年 4 月第 3 卷。

[42] 羅明空、周貴發，〈高校擴招與大學生就業問題研究〉，《貴陽金築大學學報》，第 76-79 頁，2004 年第 6 期。

[43] 劉文，〈大學畢業生相對過剩的經濟學解析〉，《現代教育科學》，第 15-17 頁，2004 年第 3 期。

[44] 張穎，〈淺析大學生就業困難的原因及其對策〉，《河南機電高等專科學校學報》，第 7-8 頁，2004 年第 11 期。

　　高校畢業生就業制度方面的問題主要表現有：戶口限制、就業協定與勞動合同的抵觸、對非正規就業及自主創業等的配套政策缺失等，它們阻礙了勞動力資源的有效配置。國外的就業制度建立在成熟的勞動力市場上，而中國目前正處於制度變遷時期，就業環境處於變革中，還需要逐步完善就業制度，創造公平就業環境[45]。

二、微觀層面的分析

（一）學校方面的問題

1.高等教育及其「產品」的問題

　　高等院校存在的問題有：教師知識陳舊，專業設置與社會需求之間存在的矛盾，培養目標的「精英」定位與社會對高等教育的「大眾化」需求之間存在錯位，「產品」（大學畢業生）的廣泛同質性、無差異性削弱了其產品在就業市場的競爭力等。學者們的主要觀點有：

　　其一，高校師資力量不足。一些高校的專業設置陳舊、教材陳舊、教師的知識陳舊，與社會嚴重脫節。特別是最近幾年，高校連續擴招，教師工作量增大，整天忙於應付上課，沒有時間補充新知識；人們強調建設學習型社會，卻又忽略最需要學習的正是高校教師[46]。

　　其二，高校專業設置不合理。高校專業設置與社會需求存在的結構性矛盾表現為：第一，長線專業社會需求減少但高校專業設置與招生規模未作調整，使高校整體專業設置與社會發展對人才的需求存在一定

---

[45] 曾湘泉，〈變革中的就業環境與中國大學生就業〉，《經濟研究》，第 87-95 頁，2004 年第 6 期。

[46] 于向英，〈大學生就業新思路：構建社會、學校、家庭、大學生四聯互動機制〉，《鄭州大學學報》，第 60-63 頁，2004 年第 5 期。

程度上的結構性矛盾，在實際操作中要撤掉或調整一個老專業困難相當大[47]。第二，急需學科重點不突出。一些高等學校的專業設置與調整沒有適應人才市場的需求和變化，職業教育缺乏特色與適應性。2001 年教育部發佈的《關於做好普通高等學校本科學科專業結構調整工作的若干原則意見》指出，中國高等教育對「國家未來發展急需的高新技術類專業人才、高層次經營管理人才供給不足；面向地方經濟建設的應用性人才培養薄弱；新興、邊緣、交叉學科的建設和發展重視不夠；一些學校重專業外延發展、輕專業內涵建設的傾向嚴重；高等學校主動適應社會變革需要的自我發展、自我調整的專業管理機制有待形成」[48]，上述問題至今明顯存在。

其三，高校定位偏差。高校的「精英」定位與社會的「大眾」需求之間存在錯位，一些普通本科院校盲目追求研究型大學、綜合型大學；一部分高等專科學校盲目攀高、升格（劉宇舸）。如果高校有正確的人才培養定位，對各層次的大學生也有明確的質量評價，用人單位就可以根據各自的需求和價格選擇畢業生，從而降低大學生和用人單位之間的交易成本，有利於大學生的順利就業。

其四，高校「產品」低層次撞車。現在許多高校培養的學生同質性太強，比如金融專業，從北大到一般地方院校幾乎都開設，不僅教學內容大同小異，連招生簡章對學生就業渠道的描述也是千篇一律[49]。高校「產品」（大學畢業生）的廣泛同質性、無差異性大大削弱了其產品在

---

[47] 張雄，〈導致高校畢業生就業困難的四大結構性矛盾與對策〉，《改革與戰略》，第 29 頁-32 頁，2004 年第 3 期。

[48] 董澤芳、李曉波，〈試析中國高等教育分流中的結構失衡問題〉，《教育研究》，第 25-30 頁，2003 年第 10 期。

[49] 周大平，〈失去特色的大學〉，《瞭望新聞周刊》，第 52-54 頁，2004 年 4 月 12 日第 15 期。

就業市場的核心競爭力。大量的同質教育產品在幾乎同一時間擠入同一勞動力市場，必然產生產品供過於求的結構性矛盾[50]。

2.高等教育辦學層次結構的問題

中國高等教育辦學層次結構[51]存在專科層次獨立性不強和研究生層次較為薄弱的問題。專科層次高等教育的問題是：辦學定位不明，相當一部分高等專科學校盲目攀高、升格；辦學特色不明，畢業生往往「理論水平不如本科，動手能力不如中專和職業高中」，對社會的適應性缺乏導致就業的困難。研究生層次高等教育相對薄弱體現為：研究生教育在高等教育系統中所占的比例明顯偏低；近年來研究生連續擴招，在師資力量未得到強化的前提下，一些學校的某些專業研究生培養已出現學生入學「批量化」、導師授課「班級化」趨勢，這給研究生教育造成了質量薄弱的新問題[52]。

3.文憑管理混亂

中國高等院校非國民教育文憑頒發管理混亂的問題，造成了勞動力市場中學歷資訊的混亂及不對稱，導致人才錄用制度中的逆向選擇，進而影響了正規大學畢業生的就業。從理論上講，人力資本可透過全日制

---

50 俞毅，〈論大學畢業生就業中的現實困頓與未來出路〉，《浙江統計》，第 20-21 頁，2004 年第 9 期。

51 董澤芳、李曉波將高等教育辦學層次結構稱為「高等教育流層結構」，是指不同層次高校及學生的構成狀態及比例關係，它反映著高等教育的發展水平，在很大程度上是由國民經濟的技術結構、產業結構與社會結構所決定。隨著社會生產力的發展以及技術結構、產業結構與社會結構的變化，高等教育流層結構的多樣化也成為必然的趨勢，必然要由單一本科教育向研究生層次教育與專科層次教育兩端擴展。

52 董澤芳、李曉波，〈試析中國高等教育分流中的結構失衡問題〉，《教育研究》，第 25-30 頁，2003 年第 10 期。

的國民教育、大量的在職培訓以及實際工作中的「幹中學」等多種途徑加以培育，各類在崗學習是技術溢出和技術傳遞的重要途徑。但目前中國各類在職學位班中，還存在著「作業別人做、文章他人寫、文憑自己拿」的不合理現象，這種狀況若不加以改變就會造成「檸檬化」[53]的人力資本市場，使該市場在文憑基礎上的良莠辨別機制失效，優秀應屆大學畢業生找不到理想工作的問題也會產生。

4.就業指導的缺陷

隨著中國畢業生就業制度的改革，各高校都把就業指導作為提高大學生就業率的「發動機」。但中國的大學生就業指導在工作理念、內容、方法上，在機構設置、人員層次上，都存在著較大問題。

王保義（2004）將中國大學生就業指導模式稱為「程式式」就業指導模式：其一，在就業指導的理念上，把大學生就業指導視為「謀取職業」的指導，認為就業指導就是一次性就業安置的短暫行為，忽略了職業發展的前景、人才需求趨勢和如何應對職業生涯危機以及擇業應確立的心態和原則等。其二，在就業指導的內容上重視政策、程式化指導就業政策和就業程式的指導。其三，在就業指導的方法上較為單一、套化，重視個別諮詢和團體諮詢，不重視對大學生就業現狀和發展態勢的研究，不重視對未來供需狀況的研究，不重視對大學生個性心理的研究和測試，不研究和預測大學生就業市場等。「程式式」就業指導模式不利於幫助大學生分析和預測職業發展的前景，也不利於大學生更好地進行職業定向和選擇工作崗位[54]。

---

[53]　「檸檬」（lemon）是美國俚語，即次品。在商品市場或勞務市場上，交易雙方往往對於交易的對象具有不對稱資訊，一方在資訊上處於優勢，另一方則在資訊上處於劣勢，交易結果是發生交易雙方的逆向選擇，次品驅逐良品，即「檸檬化」。Akerlof 1970 年用二手車市場模型對次品問題和逆向選擇做出了解釋。

[54]　王保義，〈中美大學生就業指導模式比較研究〉，《現代教育科學》，第 36-39

　　有的觀點認為，大學生職業生涯設計指導對許多領域方面的研究比較薄弱，甚至還屬於空白，沒有建立起一支專門從事職業生涯設計指導的師資隊伍，缺乏對職業生涯設計理論的研究[55]。

（二）畢業生方面的問題

1. 思想觀念落後

　　中國高等教育模式和就業形勢的已發生較大轉變：高等教育已從精英教育過渡到大眾教育，人才市場已由賣方市場轉向買方市場，傳統的就業地域和行業日趨飽和，社會對人才的需求從簡單的技術型人才向複合型人才轉變，而當代大學生普遍的思想觀念還沒有及時改變。其表現是：脫離現實需求的自我優越感；就業「偏食症」；強調報酬而忽略付出和貢獻；自主創業能力差；急功近利；思想素質整體下降；團隊協作精神差；自立能力不足等等。當代大學生的思想觀念滯後於社會就業形勢的轉變，造成當代大學生的就業困難問題[56]。

2. 個人就業期望值偏高

　　一種觀點認為，從大學畢業生收入預期和就業風險研究角度看，由於畢業生對收入預期水平普遍偏高，導致預期收入與實際用人單位所能提供的工資之間不匹配，加大了就業難度。「變革中的就業環境與中國大學生就業」課題組的調查結論顯示：大學畢業生的就業收入預期偏高，高於就業市場實際水平的 20～40%。這種高估主要是由那些來自重

頁，2004 年第 1 期。

[55] 沈曦，〈大學生職業生涯設計指導的探討〉，《浙江工商大學學報》，第 93-96 頁，2004 年第 5 期。

[56] 李晓波，〈淺析當代大學生就業困難問題〉，《商業經濟》，第 96-97 頁，2004 年第 8 期。

點明星學校、少數專業（如法律社會學、理科等）、有非常明確的職業
發展目標、想自己創業或想去外資合資企業工作的畢業生所推動的[57]。
重慶工商大學 2002 屆畢業生就業前的就業預期、擇業思想調查顯示：
24.33%的畢業生在求職中存在重金錢、講實惠、追高攀富和求穩定的擇
業心態，78.37%的畢業生求地位、保穩定，89.25%的同學選擇到經濟
發達的沿海城市、省會城市和中心城市[58]。董文傑（2004）認為大學生
就業出現就業困難的問題，究其原因主要是因為學生的觀念所致[59]。

　　另一種觀點不同意大學生擇業期望值偏高的觀點。張車偉認為大學
生的擇業期望值是個非常複雜的問題，在大城市明星院校的學生和中小
城市一般院校的學生，擇業期望值總會有所差異，在個體上對未來職業
的期望也會有各自的特點，不能籠統地說期望值高。文書鋒認為，大學
生的期望值不存在升與降的問題，而是由一元到多元調整。社會的進步
已經反映在大學生多樣化的擇業行為上，求安逸、穩定中的低收入和求
風險、辛苦中的高收入都出現在大學生的擇業過程中。正在走向多元化
的大學生擇業思維並不與現實社會發展和他們的職業期望脫節，他們是
在不同的崗位上實現自己對事業的高期望。顧海良也不贊成從期望值的
角度批評那些學有所成的大學生，他認為只要把自己的知識能力和國家
的經濟發展結合起來就是正確的擇業觀[60]。

---

[57] 丁大建、張珂、高慶波，〈對高校本科畢業生收入預期的實證研究——以北
　　京地區部分高校為例〉，《變革中的就業環境與中國大學生就業》，北京：中
　　國人民大學出版社，2004。
[58] 許濤，〈大學畢業生的就業預期與擇業定位〉，《重慶商學院學報》，第 79-80
　　頁，2002 年 3 期。
[59] 董文傑，〈對大學畢業生就業困難的經濟分析〉，《陝西師範大學學報》（哲學
　　社會科學版），第 348-350 頁，2004 年 10 月。
[60] 周大平，〈失去特色的大學〉，《瞭望新聞周刊》，第 52-54 頁，2004 年第 15
　　期。

（三）家庭方面的影響

1. 家庭社會資本的影響

鄭潔（2004）運用五個指標（父親職業、母親職業、父親受教育程度、母親受教育程度、家庭年收入）衡量的社會資本對大學畢業生就業影響的計量研究，結果表明家庭社會經濟地位（Socioeconomic Status，簡稱 SES）衡量的社會資本對大學畢業生就業有著不同程度的影響。

對於家庭社會資本對大學生就業影響的原因，鄭潔認為：其一，社會資本在一定程度上彌補了勞動力市場訊息不對稱的缺陷，為求職者提供了非正式的求職渠道，從而成為市場和政府之外的勞動力資源配置體制。其二，中國社會的傳統文化重視人際關係和權力等級，以家庭為核心載體的社會資本代代延續，並在廣度和深度上不斷地擴展，因而人們在有目的的行動中對社會資本的作用有較強的依賴和信任。其三，中國處在社會轉型期，勞動力市場制度尚不完善，城鄉分割、地區分割的狀態成為大學畢業生自由流動和自主擇業的障礙，大學生就業市場尚未實現充分競爭，轉型時期中國勞動力市場的特殊性給了社會資本更大的發揮空間，因此，研究大學生就業問題時絕不能忽視家庭社會資本的作用[61]。

2. 家庭期望的影響

家庭教育對一個人的成長有很大的影響，父母的價值觀念必然影響孩子的價值取向，家庭期望往往也成為畢業生追求的目標，所以畢業生擇業時也很容易跟著父母的感覺走，家長的育子觀和成才觀對大學生就

---

[61] 鄭潔，〈家庭社會經濟地位與大學生就業〉，《北京師範大學學報》，第 111-117 頁，2004 年第 3 期。

業有重大影響[62]。隨著中國人口老齡化，家庭結構小型化，子女供養比上升；同時養老保險未覆蓋人群較多，特別是在廣大的農村基本未納入國家養老保險範疇的情況下，中國文化傳統和法律要求子女有瞻養父母的義務，這樣，家庭經濟狀況不好的大學生就業選擇的範圍就更為狹窄。

（四）用人單位方面的問題

從用人單位的角度看，由於大學生就業市場供需之間存在較大的結構性矛盾，要招聘到滿意的大學生也很難。但有些用人單位存在拔高需求質量的「人才高消費」現象，造成人才的浪費，也有些用人單位存在設置非智力壁壘的短期行為，加大了應屆大學畢業生的就業困難。

1. 用人單位的需求變化與大學生就業市場的結構性矛盾

在激烈的市場競爭環境中，企業的競爭實質上是人才的競爭，因此用人單位對大學畢業生的要求也越來越高，突出要求大學生有實際工作經驗，知識結構、能力結構與實際工作崗位相符，畢業後能直接上崗。但目前大學畢業生普遍在知識結構和能力水平難以達到用人單位的要求，供需之間存在結構性矛盾。

唐鑛分析了用人單位的需求變化對大學生就業的影響，從用人單位的角度系統解釋了大學畢業生就業困難的原因。其一，目前用人單位普遍推行科學人力資源管理的管理體系，對勞動力的需求行為發生了較大的變化。其二，用人單位對大學生的期望與評價發生了顯著的變化，大學畢業生的綜合素質和就業能力與用人單位的需求之間還存在著一定的差距。其三，「高校專場招聘會」、在線招聘、「簡歷」在用人單位招錄大學畢業生中的作用十分強大，「戶口」、「關係」、「黨員」等因素在

---

[62] 于向英，〈大學生就業新思路：構建社會、學校、家庭、大學生四聯互動機制〉，《鄭州大學學報》，第 60-63 頁，2004 年第 5 期。

招聘中的重要性急劇下降。中國在高校擴招背景下出現的大學生就業「困難」現象，並不是說大學生在勞動力市場上真的找不到工作，而只是由於他們的初次就業率下降，工作尋找時間延長，預期收入與用人單位之間存在差距，以及一些畢業生不願「低就」、不願「西進」造成的[63]。

2. 用人單位的人才高消費現象

有些單位不從自身的實際出發，不是按需求才，而是為了給自己裝「門面」，一味地追求高學歷。用人單位的這種人才高消費觀導致把人才引進來，又不能人盡其用，勢必造成人才的浪費。張穎將這種人才高消費現象稱為「教育深化」，它不僅造成人才資源的浪費，也極大的挫傷了畢業生的積極性。

3. 用人單位的非智力壁壘設置

有的用人單位在招聘時特別看重工作經驗，明確表示不要應屆畢業生。他們認為應屆畢業生動手能力差，招聘後需要經過長時間的培訓才能正常上崗。因此，他們更青睞那些有一定工作經驗的大學生。用人單位的這種短期行為，大大增加了畢業生的就業壓力[64]。

俞毅將用人單位的這些短期行為歸納為「非智力壁壘」的設置，這種設置是大學畢業生就業中的一種外部制約因素，從經濟學的角度講，任何壁壘都會給經濟主體的運行帶來額外的經營管理成本，從而增大市場的交易費用、降低資源配置的效率、影響社會公平。尤其在金融、保險、證券等第三產業高端部門中廣泛存在著諸如經驗、客戶渠道、性別

---

[63] 唐鑛，〈關於用人單位對大學畢業生需求行為的研究報告〉，《經濟問題探索》，第 34-37 頁，2004 年第 11 期。

[64] 賴三策，〈中國大學生就業困難的原因及對策〉，《理論與改革》，第 89 頁-91 頁，2004 年第 4 期。

等非智力壁壘，使應屆大學畢業生的潛在競爭優勢變成了現實的競爭劣勢，使不少學生在這一就業門檻前卻步[65]。

第三節　大學生就業問題的對策認識

一、政府的宏觀對策

中國高校畢業生就業實行「自主擇業、雙向選擇」畢業生就業制度的市場就業模式。這種就業模式體現了市場對高校產出人力資源的優化配置能力，但並不否定政府在高校大學生就業中宏觀調控的作用。在整個就業機制中，政府的作用不僅不能否定，而且應該加強，這是保障大學生就業機制順暢運行的前提。

（一）建立和健全大學生就業法律法規體系

中國正在從計劃經濟向市場經濟全面過渡，就業、大學生就業的法律法規還沒有形成體系。因此，中國首要的任務是應建立和健全就業、大學生就業的法律法規體系，充分發揮法律法規的效應，從根本上使大學生就業走上依法就業（法規化、程式化、制度化、規範化）的軌道[66]。要盡快完善勞動立法，加緊各類企事業單位，特別是高端第三產業部門的勞動用工合理規章制度的建立，努力撤除大學生就業的非智力壁壘；盡快建立健全如大學生就業法、人才保護法、畢業生就業市場管理條例

---

[65] 俞毅，〈論大學畢業生就業中的現實困頓與未來出路〉，《浙江統計》，第 20-21 頁，2004 年第 9 期。

[66] 郭石明，〈日德法三國政府促進大學生就業政策措施述評〉，《廣東工業大學學報（社會科學版）》，第 86-89 頁，2004 年第 2 期。

等，逐步把畢業生就業工作納入規範化、法制化的軌道，切實保證畢業
生和用人單位在雙向選擇中的權益[67]。

（二）促進社會就業的增長

經濟增長是擴大就業的長久動力和源泉，中國應綜合、靈活地運用
各種宏觀調控手段，進一步激發企業的活力，特別是要大力扶持就業容
量大的中小企業的發展。從促進大學生就業的角度看，政府政策的重點
應放在為其創業提供資金方面的支援，諸如政府提供貸款擔保、減免稅
費，對其納入基本社會保險範圍等等，使大學生就業與經濟增長有機結
合起來，在經濟增長中解決就業問題[68]。王效仿認為在短期內應實施就
業優先的發展戰略，選擇以就業為中心的經濟增長模式。世界總的發展
趨勢是：越來越多的國家和地區在走就業優先的發展道路。很多國家將
提供生產性就業、改善收入分配和提供公共服務這三項內容視為「滿足
基本需求」發展戰略的核心[69]。

（三）注重地區間協調發展

中國大學生總就業容量不足和區域經濟發展的極端不平衡直接相
關。廣大的中西部、貧困落後地區、數量極大的中小城市經濟發展落後，
但這些地區陷入了一種貧困與無力吸收剩餘勞動力的惡性循環。政府應
從社會協調發展和注重公平的角度，對中西部、中等城市和小城鎮加大

---

[67] 張穎，〈淺析大學生就業困難的原因及其對策〉，《河南機電高等專科學校學報》，第 7-8 頁，2004 年第 11 期。

[68] 楊青，〈教育深化與知識失業──對大學生就業問題的分析〉，《雲南財貿學院學報（社會科學版）》，第 91-92 頁，2004 年第 4 期。

[69] 王效仿、張殿臣、肖傳強，〈緩解大學生就業困難問題的戰略性對策研究〉，《黑龍江高教研究》，第 54-57 頁，2004 年第 10 期。

扶持力度，尤其是加強國家和地方政府財政轉移支付形式的財政支援，促使其突破最小臨界努力，擴大就業區域和就業總量（王效仿，2004）。

（四）調整高等教育投資主體和投資結構

第一、調整高等教育投資主體，推動教育投資主體多元化、社會化和市場化。劉宇舸認為，政府應當從國有高等學校中退出來，建立新型政校關係，使高校真正進入市場，透過市場配置高等教育資源，以有效地解決大學生就業困難的問題[70]。第二、調整高等教育投資結構，構建和優化合理的高等教育結構。具體內容為：確立明確的戰略定位，大力發展專科教育，穩定發展本科教育，積極擴大研究生教育、特別是博士研究生教育；強調學科專業市場的適應性，同時著力加強學科專業內涵建設，努力培養視野開闊、善於決策的經營管理人才，勇於開拓、不斷創新的高新技術人才，有必要的理論知識和較強實踐能力的職業型人才；大力促進民辦高等教育的發展，努力提高成人高等教育的質量，使多種形式的高等教育能各安其位、各盡其職，逐漸形成共同發展、溝通順暢的終身高等教育體系；大力發展西部的高等教育，加快推進邊遠地區多種形式的高等教育，充分利用現代資訊技術與傳播手段，使教育資源實現共用[71、72]。

---

[70] 劉宇舸，〈高校畢業生就業困難的經濟學分析〉，《現代經濟探討》，第 20-22 頁，2003 年第 6 期。

[71] 董澤芳、李曉波，〈試析中國高等教育分流中的結構失衡問題〉，《教育研究》，第 25-30 頁，2003 年第 10 期。

[72] 對於楊青在《教育深化與知識失業——對大學生就業問題的分析》中提出的「減少國家對高等教育投資、補貼」對策，筆者認為還不能確定。由於政府 1999 年以來實行的高校擴招政策是否造成了目前大學生就業困難問題，高校擴招政策是否要堅持下去還有較多分歧。

（五）推動教育投資多元化和配置市場化

有觀點認為，政府壟斷高等教育造成「市場失靈」與結構失衡，高等教育有效供給不足，大學生內在質量下降（國有高校出具名不符實的文憑），這是大學生就業困難的根本原因。建議政府從國有高校中退出來，建立新型政校關係，使高校真正進入市場，透過市場配置高等教育資源，才能有效解決大學生就業困難的問題[73]。

（六）消除體制性障礙

大學生就業在自由流動方面還受到很多制度方面的約束，主要是戶籍制度和社會保障制度。

1. 改革戶籍管理制度

戶籍管理制度是大學生就業面臨的最大的體制性障礙，是其他許多制度形成的基礎和條件，戶籍制度不改革，其他制度變化就無從談起。要按就業市場化的要求來加快大學生就業體制改革，打破大學生幹部身份、戶籍制度、用人指標的限制，促進自主流動[74]。

2. 建立大學生失業保險制度

對大學生社會保障制度的缺失，是影響大學生就業選擇的又一體制性障礙，特別是失業保險制度。各種統計調查表明，面臨就業困難和失業困境的大學生有很多是專科層次、畢業於普通學校、來自於社會資源特別缺乏的社會弱勢群體，其能夠獲得的社會支援極為有限，必須重視

[73] 劉宇舸，〈高校畢業生就業困難的經濟學分析〉，《現代經濟探討》，第 20-22 頁，2003 年第 6 期。

[74] 羅雙發，〈從人力資本產權看中國大學生就業制度的變革〉，《青年探索》，第 16-20 頁，2004 年第 3 期。

知識失業給上述人群帶來的不滿情緒和生活痛苦，防止因而引發的社會不穩定。

（七）完善大學畢業生就業市場運行機制

建立大學生就業市場的運行機制，是中國大學生就業制度改革的主要目標（羅雙發）。完善的畢業生就業機制應該包括供求機制、競爭機制和價格機制。供求機制是供求雙方主體的自主用人和自主擇業；競爭機制強調競爭在大學生市場就業中的作用，是實現優化配置的動力；價格機制是市場運作的中心內容，是供求雙方主體在大學生就業市場上透過議價而成交，實現就業。

（八）建立促進和引導就業的調控機制

1.建立促進吸納就業的利益驅動機制

從整體上來看，中國社會用人單位吸納大學生的動力普遍不足。政府應在利益機制上多做文章，制定有關政策，給企業較大實惠，最大限度地激發企業吸納大學生的動力。可借鑒日德法的利益驅動法，如規定大學生就業的最低工資標準、地方財政給予適量補貼、鼓勵企業吸納大學生的減免稅政策等[75]。

2.建立引導就業方向的政策激勵機制

針對中國大學畢業生數量越來越多、就業困難，但不願意到艱苦地區就業的供求矛盾困境，應當建立人力資本投資收益補償機制，彌補大學生到艱苦地區就業的經濟損失[76]。

---

[75] 郭石明，〈日德法三國政府促進大學生就業政策措施述評〉，《廣東工業大學學報（社會科學版）》，第 86-89 頁，2004 年第 2 期。

[76] 楊偉國，〈大學生就業選擇與政策激勵〉，《中國高教研究》，第 83-85 頁，2004

二、高等學校的對策

（一）變革入學方式

　　李守信認為，雖然高校入學的選拔制度不可能廢除，但當高等教育入學率超過一定比例時要考慮採取開放入學和選拔入學相結合的方式，部分高校可以不經考試憑中學畢業證申請入學。從歷史趨勢和現實動向來看，全國統一考試制度將逐步退出歷史舞臺，被多樣化、靈活化、開放化的入學方式所取代。應及早考慮高等學校入學制度的變革問題，使高中生從應付高考的沉重課業負擔中解放出來，有時間和精力真正接受素質教育，從而極大改善基礎教育和有利於高等教育與社會需求的較好結合[77]。

（二）實行教育收費差別制

　　根據專業和性別對大學生教育收費標準進行劃分，將大學學費標準分為高、中、低三個檔次，熱門專業的男生應該收取高學費，冷門專業的男生和熱門專業的女生可以劃為同一檔次，即中等水平的學費，而對於冷門專業的女生則應該收取低學費。這樣，即使大學生們在畢業後由於專業和性別原因導致在就業與收入水平上有差異，其人力資本投資收益率也可以大致上趨於一致。這樣就可以較好地兼顧大學生中「弱勢群體」的利益，從而減少大學生就業制度改革的阻力[78]。

年第 10 期。

[77] 李守信，〈中國高等學校擴招啟示錄〉，《中國高等教育》，第 26 頁，2001 年第 18 期。

[78] 羅雙發，〈從人力資本產權看中國大學生就業制度的變革〉，《青年探索》，第 16-20 頁，2004 年第 3 期。

（三）提高教學質量

1. 擴充投資渠道

　　中國的高等教育大眾化不可能僅僅靠國家投資、靠公立大學來完成，必須引入民間資本，大力發展民辦高校或合資高校。如韓國、日本主要靠發展私立高校完成大眾化的過程，美國靠州立大學和社區學院完成高等教育大眾化（馮澤永），都值得借鑒。

2. 優化專業和課程設置

　　高校專業和課程建設必須與大學生就業相結合，高校需要意識到，大學生就業首先是高校的責任（郭石明）。林蕙青指出，大眾化的高等教育不僅僅是量的變化，高等教育本身也發生了變化，既要培養一大批拔尖的創新人才，也要造就數以千萬的專門人才，還要承擔培養大量高素質勞動者的任務。高等學校的學科專業結構和人才培養模式應當適應市場和社會的要求，深化學科專業結構和人才培養模式的改革，根據不同的辦學層次、類型和定位，形成各具特色的專業設置和人才培養模式，以適應社會不同的需要[79]。

3. 建立評估監控體系

　　為了防止高校過度擴招以及由此帶來的教學質量下降，教育部和各大專院校都必須建立和完善教學質量的評估監控體系，從人的層面（師資的質量和數量）、器物層面（生均經費、學習場地的面積、以及設備儀器等）、制度層面（集體備課制度、教學評價制度、導師制度等），以及過程和結果等多方面監控教學質量[80]。

---

[79] 姚裕群、伍曉燕，〈大學生擴招與就業難的討論〉，《首都經濟》，第 12-14 頁，2003 年第 10 期。

[80] 馮澤永，〈大學生就業困難的原因及其對高等教育的啟示〉，《醫學教育探

4.搞好素質教育

關於如何搞好素質教育、提高學生的就業能力和創業能力，馮澤永認為，首先，教育理念必須從「知識本位、技能本位」向「素質本位、人格本位」轉變，提高學生的社會適應能力（含職業適應能力）和對國家與事業的忠誠度。其次，要將就業教育變為創業教育。創業教育是開發和提高學生創業基本素質的教育，重在培養學生的事業心、進取心、開拓精神和冒險精神以及相關的創業能力，以創造性就業和創造新的就業崗位為目的。由就業教育轉向創業教育，是世界高等教育發展的趨勢，也是中國高等教育改革與發展的必然選擇[81]。

（四）加強就業指導

1.加強就業指導制度建設

加強大學生就業指導首先要加強就業指導制度建設，完善就業指導和就業管理的法規（孫英浩）。就業法規和制度直接與畢業生的就業行為相關聯，是畢業生參加各類雙選活動的準則，掌握相關的政策、法規是大學生在畢業生、就業工作中必須具備的條件之一。應加強法規和制度建設，依法指導、管理與服務，把大學生就業指導和服務納入法制化的軌道，減少隨機性、盲目性[82]。

2.強化高校就業服務與就業指導職能

對高校就業指導機構建設，學者和就業指導工作人員一致的看法，是要努力強化其就業服務與指導職能：（1）要建立功能齊全的就業指導

　　索》，第 9-12 頁，2004 年第 3 卷第 4 期。

[81] 馮澤永，〈大學生就業難的原因及其對高等教育的啟示〉，《醫學教育探索》，第 9-12 頁，2004 年第 4 期第 3 卷。

[82] 孫英浩，〈歐美國家高校大學生就業指導及對我們的啟示〉，《中國高教研究》，第 71-72 頁，2004 年第 11 期。

中心。在就業指導機構管理方面，復旦大學的「兩級管理、三級運作」格局，楊克旭提出的「大中心、小院系」模式，都是值得借鑒的。（2）在就業指導資訊系統方面，白冰、梁茵提出建立一個將高校畢業生資訊與招聘單位資訊有機整合的資訊交換系統。（3）在就業指導工作的全面化方面，文書鋒、姚裕群提出就業服務與指導工作的八層次內容。（4）在對畢業生就業工作的考核評價方面，除一次就業率外，還應當有多方面的指標，如就業指導機構建設、畢業生就業工資等。

3.實現就業指導工作的轉型

要摒棄「求職式就業指導」的工作模式，樹立「發展式職業指導」的理念，不僅幫助大學生能夠順利實現就業，更重要的是要引導大學生在擇業的過程中和獲取職業以後能夠充分認識自己的作用和價值，把個人發展與社會發展很好地結合起來，形成健全的職業自我概念。

要把就業指導貫穿學生的整個大學階段（王保義、孫英浩，2004），就業指導實質上是個系統工程，需要長期的潛移默化，一蹴而就或走捷徑是不可能成功的[83]。

4.實施就業服務與指導工作考核

大學生就業率能充分反映一所高校的教育質量和辦學水平及被社會認可的程度，教育部 2004 年 8 月 12 日頒佈的《普通高等學校本科教學工作水平評估方案（試行）》對 2002 年評估方案進行了修訂，其中增加了「就業」條款，將大學生就業率作為評價教學效果的二級考核重點指標，進行重點考核，為大學生就業服務與指導工作的考核評估給出了量化指標。方案對高校畢業生就業情況的觀測指標界定為：等級標準

---

[83] 王保義，〈中美大學生就業指導模式比較研究〉，《現代教育科學》，第 36-39 頁，2004 年第 1 期。

A：應屆畢業生的年底就業率＞＝80%，就業工作措施得力，效果好；
等級標準 C：應屆畢業生的年底就業率達 60%～70%，就業工作有措施，
效果較好；介於 A、C 之間的為 B 級，低於 C 級的為 D 級[84]。

三、大學畢業生的對策

（一）學業與就業緊密聯繫

　　大學生學業是大學生在高等教育階段所進行的以學為主的一切活
動，是廣義的學習，不僅包括科學文化知識，還包括思想、政治、道德、
業務、組織管理能力、科研及創新能力等（馮子才，2003）。就業與學
業的互動關係是「就業靠競爭，競爭靠實力，實力靠學業」，大學生要
在德、智、體、能諸方面全面發展，努力學習，提升素質和能力，迎接
市場的挑戰[85]。

　　要擴大學科專業對社會的適應性，使大學生所學的專業知識從專一
性向跨學科、多樣性發展；實行「基礎知識+專業知識」的培養模式，
增強基礎知識和基本技能在人才培養過程中的比重，並以此為基礎，突
出專業特色，大學生應充分預期未來就業的寬領域格局，增強自身知識
的可持續發展性[86]。

---

[84] 教育部辦公廳關於印發《普通高等學校本科教學工作水平評估方案試行》的
通知，教高廳[2004]21 號。

[85] 馮子才，〈大學生就業與學業芻議〉，《西南科技大學學報》，第 75-78 頁，2003
年第 12 期。

[86] 田永坡，〈人力資本一般性和專有性對大學生就業的影響〉，《北京師範大學
學報》，第 105-110 頁，2004 年第 3 期。

（二）轉變觀念和整期望

1. 轉變就業觀念

李曉波提出，大學生就業觀念要向大眾化意識轉化，正確進行定位，樹立繼續學習的精神，加強理論知識學習和道德素質培養。

2. 調整就業期望值

武向榮提出，人們的就業預期收入與就業風險呈正相關，預期收入越高，就業風險也越大。風險偏好者在風險中把握機遇，風險迴避者則可以選擇風險小、收入較低的工作。大學畢業生應該學會轉移失業風險，隨機應變，在就業難的情況下可考慮進入短期的、非專業性行業；還應該注重終身教育，把就業風險分散到一生中去[87]。

（三）把握就業需求格局

蔡克勇指出，中國大學生就業需求的主要趨勢是：第三產業是大學生就業的主要領域；中小企業和非公有制企業是擴大就業的重要渠道；到外資企業就業的比例大幅增多；農業結構調整和農村城鎮化為大學生就業創造廣闊的天地；西部大開發將吸引更多的畢業生；大學生自主創業的比例將會增加。

（四）自主謀職

在把握就業需求格局的基礎上，大學生應強化自主謀職行為。「謀職」是主動的，是一個周密的、系統的、勝算的籌劃過程。「謀」，本身就是智慧和實力的展示。許嘗君在分析中國古代的就業思想和謀職術後

---

[87] 武向榮，〈論大學畢業生就業風險〉，《北京師範大學學報（社會科學版）》，第 126-131 頁，2004 年第 3 期。

提到古代四種謀職形式：應聘、推薦、推銷和投奔，在大學生就業中都可以借鑒[88]。

（五）積累社會資本

社會資本在大學畢業生就業過程中的作用可以分為兩方面：一方面，大學畢業生利用社會資本獲取就業機會，主要是人情、「後門」因素在起作用，這與市場機制的理性化特徵格格不入，應該受到拒絕和排斥；另一方面，社會資本可以彌補大學畢業生就業資訊的不對稱，給自主創業的大學畢業生提供資金，起到填補制度真空和彌補勞動力市場機制不足的正面作用，這有利於大學畢業生實現就業，是需要強化的。大學畢業生應該重視和不斷擴大自己的社會關係網路，在就業過程中充分利用其中的資源，提高就業的成率和在崗位上的工作質量。

（六）走創業之路

創業是投資教育的深層次要求，是就業後的最高境界。大學學業完成，投身到社會各職業部門工作，這是一般意義上的「就業」問題。就業是投資教育最基本的結果，而創業才是投資教育的深層次要求，是就業後的最高境界。「畢業生將愈來愈不再僅僅是求職者，而首先將成為工作崗位的創造者。」[89]而中小企業是大學生就業和創業的天堂[90]。

創業的發展道路即企業家的道路。美國著名經濟學家熊彼特在《經濟發展理論》中指出經濟增長的國王是企業家。張維迎（2004）《論企

---

[88] 許嘗君，〈淺談中國古代就業思想和謀職術對當代大學生就業的啟示〉，《當代教育論壇》，第 133-134 頁，2004 年第 9 期。

[89] 唐朝繼，〈就業、擇業與創業——論大學畢業生的就業教育〉，《湖南師範大學教育科學學報》，第 79-81 頁，2004 年第 6 期。

[90] 蔡克勇，〈就業結構的變化趨勢與高等教育結構的調整〉，《理工高教研究》，第 5-11 頁，2002 年第 4 期。

業家－經濟增長的國王》中認為由科學家、工程師、企業家組成的三位
一體的科技加速進步機制，企業家是軸心。一個工業國家的企業組織完
善與否、經濟增長速度的快慢，關鍵要看它有沒有一個成熟的企業家
群。企業家資源短缺，是發展中國家經濟起飛的主要瓶頸。具備現代科
學知識的大學生創業是邁向經濟增長的國王的開端，充滿無限機遇與
挑戰[91]。

　　創業艱難，特別是大學生創業更是艱難，能在市場競爭中立於不敗
之地的可謂是鳳毛麟角。有觀點認為，過多的依賴創業來解決就業是不
現實的（郭石明，2004）。

（七）非正規就業

　　非正規就業是增加大學生就業機會的有效舉措。從中國的基本國情
出發，有必要推行「非全日工作制」和縮短工時。非正規就業一方面可
以增加就業，另一方面也促進消費，促進消費反過來又能夠促進就業，
形成「消費－就業－消費」的良性迴圈機制。採取非正規就業形式需要
妥善處理好就業者的勞動關係和社會保障問題。

　　在大學生就業方向定位之前，在大學生暫時沒有獲得滿意職業前，
不少人採取了「先打工」即從事非正規就業的做法。

---

[91]　張維迎、盛洪，《論企業家──經濟增長的國王》，北京：三聯書店出版社，
　　2004。

四、家庭的對策

（一）確立正確的子女教育觀

　　家庭教育對一個人的成長有很大的影響，父母的價值觀念必然影響到孩子的價值取向（于向英，2004）。家庭不僅具有教育的功能，還是社會勞動力的生產單位，「家庭經營」是市場經濟的主體之一。要解決大學生就業困難的問題，必須重視轉變家長的觀念，使家長確立正確的育子觀和成才觀，支援子女艱苦創業，讓子女在艱苦環境中鍛煉成長；支援子女幹自己的事業，小康色和建設大業，在任何地方都能夠成才[92]。

（二）選擇合理的教育層次

　　與西方國家子女自己貸款上學不一樣，中國的絕大多數高等教育的個人投資者是父母，而受益人是子女，投資者與受益者分離。由於這一投資是父母支付的，決策時考慮更多的是投資能否承受（李麗霞，2004），因此父母親的職業、受教育程度、家庭收入水平決定著家庭對教育的投資。學生的家庭背景、經濟條件各不相同，家長需要充分評估高等教育投資的成本收益，選擇合理的教育層次。

（三）為子女提供就業渠道

　　家庭擁有社會資本的影響，使得大學畢業生對「前途的選擇」不僅僅是個人的決策，而是整個家庭在所處的社會經濟地位上做出的集體決策。社會資本「網羅」各方資源，收集和篩選各種資訊，影響畢業生的價值判斷和就業取向。家庭利用社會資本動用「關係網絡」能為畢業生

---

[92] 于向英，〈大學生就業新思路：構建社會、學校、家庭、大學生四聯互動機制〉，《鄭州大學學報》，第 60-63 頁，2004 年第 5 期。

創造就業機會，減少了部分工作搜尋的成本，同時也降低了畢業生獨立求職的努力程度[93]。

五、用人單位的對策

（一）樹立正確的用人觀

　　大學生能否順利就業，不僅取決於大學生的擇業觀，而且也取決於用人單位的用人觀。如果用人單位廣納各類人才，最大限度地發揮人才的積極性和創造性，使人盡其才、才盡其用，不同層次的大學生就容易找到各自的歸屬。

　　用人單位應撤除對應屆大學畢業生就業的非智力壁壘，重視人才儲備。從經濟學的角度講，任何壁壘都會給經濟主體的運行帶來額外的經營管理成本，從而增大市場的交易費用，降低資源配置的效率，也影響社會公平（俞毅，2004）。企業招聘應屆畢業生，不應急於上崗，而是應進行相當一段時間的崗前培訓，作為儲備幹部使用，對增強企業的後勁和活力具有重要作用，也會推進大學生的就業[94]。

（二）加大與高校的聯繫和滲透

　　用人單位利用高校智力優勢，兩者互相滲透，結成產權與利益的共同體。透過與高校的聯合，用人單位可以保持產品的科技領先優勢，增強市場競爭能力[95]。

---

[93] 鄭潔，〈家庭社會經濟地位與大學生就業〉，《北京師範大學學報》，第 111-117 頁，2004 年第 3 期。

[94] 錢永明：「大學生就業現狀與對策」，《常熟高專學報》，2004 年第 6 期，83-85 頁。

[95] 柳偉：「大學生就業難的客觀原因及對策」，《遼寧經濟職業技術學院學報》，2003 年第 4 期，37-38 頁。

　　用人單位可建立接收實習生的制度，根據當前及今後長期發展的需要，每年在適當時期接受大學生、研究生的實習，為實習生提供客觀、真實的實力評價，為他們將來的就業提供支援[96]。

---

[96] 丁元竹：「正確認識當前『大學生就業難』問題」，《宏觀經濟研究》，2003年3期，第3-6頁、28頁。

第四章 中國的大學生就業制度分析

第一節 中國大學生就業制度沿革

一、傳統的計劃分配制度

　　新中國建國後，中國建立了全國統一高考招生和畢業生國家統一分配的制度。「文化大革命」期間，實行「工農兵上大學、社來社去、廠來廠去」的做法。「文化大革命」結束後黨和國家撥亂反正，1977 年中國恢復了停止了 11 年的高等院校考試入學制度，國務院提出：高等學校實行統一招生和畢業生由國家統一分配的原則。1981 年，國務院批轉國家計委、教育部、人事部《關於改進 1981 年普通高等學校畢業生分配工作的報告》，廢除了「社來社去、廠來廠去」的做法，恢復了大學畢業生統一計劃分配的就業制度。

　　而後，國務院再次批轉頒發了關於高等學校畢業生就業制度的專門性文件——《高等學校畢業生調配派遣辦法》[1]，全面規定了高校畢業生就業的調配派遣辦法，將中國的大學生畢業分配管理工作劃分為「執行計劃、思想政治工作、擇優分配、調配、派遣、接收」六個方面。

　　1983 年起，國家開始對大學畢業生就業實行「供需見面」、用人單位對大學生考核錄用的試點，這一措施意味著中國大學畢業生就業工作雖然還處於計劃分配的框架下，但已經開始在實際工作程式中增加「雙向選擇」的環節。

---

[1] 教育部 1981 年《關於印發〈高等學校畢業生調配派遣辦法〉的通知》，國務院 1981 年 137 號文件批轉。

二、大學生自主擇業制度的建立

（一）計劃分配向自主擇業改革的必然性

在中國對大學畢業生實行統一分配的長期過程中，「大包大攬」解決就業出路的制度弊端逐步顯現。儘管國家在不斷改進畢業生統一分配的具體辦法，但由於這種制度從根本上否定了勞動者和用人單位之間的雙向選擇，因而無論怎樣改，都無法實現大學畢業生這種優質人力資源的合理配置。在計劃分配的體制下，畢業生個人不能按照自己的意願選擇工作，不僅否定了就業者的個人意志，壓抑了就業者個人的需求，而且「一次分配定終身」，導致人才資源長期錯配；用人單位一方則沒有用人自主權，只能被動地執行政府制定和下達的接收計劃，喪失了經濟活動主體的權力與活力。國家在確定畢業生計劃指標或配額時，或是按照平均分配原則，或是按歷史上形成的分配比例，或是根據國民經濟各行業輕重緩急的順序分配；在分配計劃的執行過程中，則往往是憑上級意志做決定，用行政命令手段來推行，因而存在諸多問題。

20 世紀 80 年代中期，國家開始進行經濟體制改革和勞動制度、人事制度、工資制度和教育制度四大改革。在這種改革的背景下，1989年 3 月 2 日國務院批轉國家教委《關於改革高等學校畢業生分配制度的報告》和《高等學校畢業生分配制度方案》（即「中期改革方案」）。該報告指出，高等學校畢業生分配制度改革的目標，是在國家就業方針政策指導下，逐步實行畢業生自主擇業、用人單位擇優錄用的「雙向選擇」制度。

1992 年初鄧小平同志視察南方，發表了影響中國歷史進程的重要講話，同年 7 月中國共產黨十四大召開，做出了關於建立社會主義市場經濟體制的決定。隨著中國經濟體制的變化，大學畢業生就業制度也發生著變化，由「國家分配」向「市場就業」的制度改革就成為必然。

（二）大學生自主擇業制度的確立

1993 年 2 月，中共中央、國務院頒佈的《中國教育改革和發展綱要》中提出高校就業制度改革的目標，其具體內容是：「改革高等學校畢業生『統包統分』和『包當幹部』的就業制度，實行少數畢業生由國家安排就業，多數由畢業生自主擇業的就業制度。」

1993 年教育部發佈《關於做好 1993 年全國普通高等學校畢業生和畢業研究生就業工作的通知》。在該文件的標題中，首次把長期使用的「分配」二字改為「就業」；在文件的內容中首次提出「畢業自費生自主擇業」，並取消了「國家計劃分配畢業生」的規定條款。這是停止實施國家統一分配畢業生制度的標誌性文件。

1994 年國家教委頒佈《關於進一步改革普通高等學校招生和畢業生就業制度的試點意見》。該《意見》提出，從招生開始，透過建立收費制度，改革學生上了大學就由國家包下來、畢業時由國家安排職業的做法，逐步建立學生上學自己繳納部分費用、畢業後多數人自主擇業的機制。當年，在部分高校試行交費上學、並軌招生的做法。

1997 年，中國高等院校全部並軌招生，在進入新世紀之時基本實現了全部畢業生自主擇業，完成了新舊體制的轉軌。至此，高校畢業生自主擇業的就業制度已經全面確立。

（三）大學生自主擇業制度的完善

近年來，在中國大學生就業全面走向市場的形勢下，高等教育大規模擴招的學生也進入畢業期而出現大學生就業難問題。在國家下大力解決大學生就業難問題的背景下，國務院辦公廳於2002年、2003年和2004年連續三年發佈了三個深化大學畢業生就業制度改革的文件：2002 年的 19 號文件《國務院辦公廳轉發教育部等部門關於進一步深化普通高

等學校畢業生就業制度改革有關問題意見的通知》、2003 年的 49 號文件《國務院辦公廳關於做好 2003 年普通高等學校畢業生就業工作的通知》和 2004 年的 35 號文件《關於進一步做好 2004 年普通高等學校畢業生就業工作的通知》。

　　上述三個文件主要從清除到非公有制單位就業的障礙、解決自主擇業中的戶口歧視問題、延長畢業生擇業期限、提出實施職業資格准入制度、鼓勵高校畢業生自主創業和靈活就業、規範高校畢業生就業市場秩序、搞好高等教育的培養、解決好大學生就業指導等方面，對大學畢業生擇業制度進行完善。國家大學生就業行政主管部門——教育部以及勞動和社會保障部、人事部也發佈多個文件，從多方面對大學畢業生擇業制度做出具體規定進行完善。

第二節　現行的大學生就業制度

一、雙向選擇制度

（一）供需見面的試點

　　供需見面和雙向選擇指的是畢業生在就業過程中與用人單位見面、二者相互進行選擇的過程，這是畢業生自主擇業就業制度最根本的內容。

　　在計劃經濟時期，中國的大學生沒有自由擇業權，用人單位也沒有選擇畢業生、決定是否錄用的權力，這時的就業是由政府確定分配計劃、人事部門執行分配計劃而實現的。這一體制帶來不少畢業生「學非所用，用非所學，或在使用上極不妥當，以致形成人力使用上的嚴重浪

費」的問題[2]，因此，中國每年都有相當數量的畢業生在報到試用之後被用人單位退回，以至於國家不得不在制訂和執行分配計劃的具體步驟中增加了畢業報到後「調整改派」的環節[3]。

1983 年，清華大學、上海交大、西安交大、山東海洋學院四所院校首先開始進行「供需見面」的試點。同年，用人單位考核錄用畢業生也開始試點[4]。但由於當時的供需見面只在學校與用人單位之間進行，學生並未獲得選擇的權力，因此，此時的雙向選擇機制還未能真正運作，至多只能算是用人單位的單向選擇。

1986 年左右，畢業生才可以與用人單位直接見面，真正的「供需見面、雙向選擇」活動才算開始。

（二）雙向選擇制度的推進

在中國對大學畢業生仍然實行計劃分配的年代，「供需見面」和雙向選擇的成功試點，為其後大學畢業生自主擇業的就業制度建立打下良好的基礎。

1985 年，教育部轉發《上海交通大學清華大學一九八五年畢業生分配改革試行辦法》，而後很多高校紛紛效仿，允許供需見面，並把分配政策公開，增強了大學生就業的透明度，打破了多年來畢業生被蒙在鼓裏和用人單位「隔山買牛」的弊端。隨著供需見面活動的廣泛開展，畢業生就業已經接近於雙向選擇。

---

[2] 見我國政務院（即國務院的前身）1952 年 6 月 18 日發佈的《關於調整高等學校畢業生工作中幾個問題的指示》。

[3] 見中發（62）185 號文件《中共中央批轉周恩來同志「關於改進高等學校畢業生分配辦法的意見」向中央書記處的報告》。

[4] 見國發（1983）112 號文件《國務院批轉國家計委等部門關於一九八三年全國畢業研究生和高等學校畢業生分配問題的報告通知》。

　　1988 年國家教委在《關於改革一九八八年畢業生分配工作的通知》中，將「供需見面和雙向選擇」的做法作為一種制度加以確認，而後，國務院 1989 年批轉國家教委的有關報告，做出了國家層次的確認。1991 年國務院文件明確規定，具備條件的學校可在統一管理下，採取畢業生與用人單位在一定範圍內「雙向選擇」的辦法落實分配計劃。此後，「一定範圍內『雙向選擇』」開始在全國正式實行。

（三）雙向選擇制度的確立

　　1997 年國家教委發佈了《普通高等學校畢業生就業工作暫行規定》[5]，在這一規定中進一步將供需見面與雙向選擇列入畢業生就業工作的程式內容，並指出供需見面和雙向選擇是落實畢業生就業計劃的重要方式，各部委、各地方畢業生就業工作主管部門、有條件的高校可以舉辦供需見面和雙向選擇活動。

　　至此，供需雙方的雙向選擇作為畢業生自主擇業就業制度的具體體現，已經成為每一名畢業生成功就業、每一家用人單位成功招用人員必不可少的基本環節。雙向選擇制度一經試行即獲成功並能夠迅速擴展，充分說明了其在畢業生就業中的重要作用。

二、簽約就業制度

（一）簽約就業制度的形成

　　在供需不能見面、畢業生與用人單位沒有選擇權的「統一計劃分配」年代，大學畢業生的就業是不需要簽約環節的。1983 年以後，畢業分

---

[5]　國家教委教學[1997]6 號文件《關於頒發〈普通高等學校畢業生就業工作暫行規定〉的通知》。

配開始引入「供需見面、雙向選擇」的辦法，畢業生與用人單位逐步擁有了選擇的權力。在雙向選擇的過程中，畢業生與用人單位雙方的選擇都確定了以後，還需要有一個書面文件對此加以確認，以體現和履行承諾、保護雙方的合法權益。這就是大學生就業的簽約。

由於當時實行國家統一分配畢業生的體制，雙向選擇只是學校執行國家統一分配計劃的一個環節，因此畢業生與用人單位達成的就業意向必須獲得學校這一大學生的「娘家」或「產品生產廠家」的認可，學校的角色不可替代，三方共同簽署協定就成為必然。

根據國家教委的規定[6]，1996 年起統一格式的「三方就業協議書」開始在全國範圍內使用，三方就業協定的法律地位也由此確立。訂立三方協定的主要作用有兩個：其一，是作為列入就業建議計劃和學校進行畢業派遣的依據；其二，是規範大學生就業中的雙向選擇行為，維護高校、畢業生和用人單位三方的合法權益。1997 年國家教委頒佈《普通高等學校畢業生就業工作暫行規定》，再次確認了三方就業協議書的法律地位，同時還明確指出，未經學校同意畢業生擅自簽訂的協定無效。

（二）三方簽約制度中的問題

近些年，對於大學畢業生就業需要三方簽訂協定、而不是由畢業生與用人單位兩方簽訂協定的作法，人們提出很多異議。這種異議的矛頭所向，集中在學校是否具有簽約的資格和必要性，這說明，學校作為簽約一方的法律地位正在受到挑戰。

首先，按照《中華人民共和國勞動法》的規定，勞動者與用人單位建立勞動關係應當訂立勞動合同，明確雙方的權利和義務。大學畢業生就業是畢業生們與用人單位之間建立勞動關係的過程，學校在其中並沒

6　國家教委教學司[1995]105 號《關於試用〈全國畢業研究生就業協議書〉及〈全國普通高等學校畢業生就業協議書〉的通知》。

有充當「擔保人」等法律角色，從這個意義上講，學校根本沒有必要成為就業協定的一方。正如青年男女結婚，「娘家人」是不宜包辦婚姻的，他們當然也不必要在結婚證書上面署名。在中國的現實生活中，民辦大學和成人高校沒有計劃招生名額，其畢業生就業，只須與用人單位之間簽訂兩方的勞動合同，這與國外的大學畢業生就業是一樣的，學校並沒有成為簽約中的「第三者」。

其次，從簽約要具備的權利和義務的角度來看，目前大學畢業生就業市場已經過渡到買方市場，學校作為簽約方的權利義務天秤已經失衡。在過去的賣方市場之時，學校既有制約畢業生的權利，也有制約用人單位的能力——不分配給其畢業生。在三方協定誕生之初學校類似「監護人」，還有能力保護畢業生權益。而在買方市場的今天，學校除了繼續擁有制約畢業生的權利之外，已經基本失去了制約用人單位的能力。正因為如此，學校除了能履行對於用人單位的義務、保護用人單位的權益外，已經沒有能力保護本校的學生權益了。在這樣的情況下，如果用人單位在協議書上加入種種不公平的條款或是以種種理由退回畢業生，學校是無力保護畢業生權益的；雖然學校已經難以保護畢業生的權益，但一旦違約方是畢業生，基於就業率和校方權威等方面的考慮，學校這一「關」似乎又難於通過。這樣的「娘家」顯然是不能作大學生就業中公正的「主婚人」或「證婚人」，因此校方就不應當參與就業協定的簽約、在之上簽字蓋章。

此外，三方簽約制度也造成中國大學生就業統計方面的尷尬。近幾年來，畢業生以「打工」[7]形式就業的數量越來越多，而教育部的就業統計資料則是以簽訂三方就業協議書為依據進行計算的，這導致真實就業率與由簽訂三方協定而計算的就業率之間出現一定的差距。隨著社會

---

[7]　指用人單位不解決畢業生的戶口、雙方只簽訂勞動合同甚至連勞動合同也不簽訂的就業。

就業的多元化，按照原來辦法統計的就業率已經越來越不能反映大學畢業生就業的真實狀況，一些實際就業率較高但簽約就業統計率不高的學校對此更是不滿。儘管現在教育部已經同意將「打工」等形式的就業納入就業率統計的範圍，但三方簽約書的數量仍然是就業率統計的主要來源。這種三方簽約制度對中國的大學生就業管理工作實際上起著不良的作用。

（三）簽約制度的改革

從高等院校教育流程的角度看，時至今日，雖然已經全面實行畢業生自主擇業的制度，即大學生就業過程中不再給予「分配」，但畢業派遣仍未完全取消。在大學畢業生的「出門」問題上，學校如果不繼續作為簽約的一方時，應當對畢業生承擔什麼樣的責任？上海市的實踐較好地解決了這個問題。按照上海市的規定，就業協定由畢業生與用人單位雙方簽訂，學校只承擔登記鑒證責任，這種做法較好地設定了學校這個「第三者」的位置。

三、畢業派遣與報到制度

（一）畢業派遣與報到制度的建立

1.計劃分配體制的關鍵環節

國家統一分配大學畢業生就業的制度，可以劃分為「制定分配計劃、學校派遣和報到就業、改派調整就業」三大階段。學校對畢業生進行派遣與畢業生去工作單位報到是這一制度的中心和關鍵，是完成國家計劃分配大學生任務的實質內容。

所謂「畢業派遣」與「報到就業」，指的是學校按照計劃為畢業生辦理畢業派遣和畢業生到用人單位去報到就業的手續的過程。這種畢業

派遣的手續包括為畢業生出具報到證明（俗稱派遣證或報到證）、發放
到達用人單位所需的旅費（俗稱派遣費）、辦理戶口遷移證明和糧油關
係轉移證明（「糧油關係」現在已經取消）等內容。報到證在這一程式
居於畢業派遣與報到就業制度的核心，畢業生領到了報到證就表示學校
（代表國家）已經完成了對他（她）的畢業派遣。

　2. 報到證的功能

　　所謂報到證，是一種專門用於畢業生到某接收單位去「報到」、去從
事工作的通知信函。最初的報到證主要起著「介紹信」的作用。隨著中
國經濟體制改革和社會管理的強化，國家在人事管理制度方面賦予了「報
到證」更多的功能，如落戶時必須出具報到證。可以說，報到證已經成為
了一種更重要的材料，甚至在某種意義上取代了畢業證的作用。因為「國
家幹部」的身份本來是與大學學歷掛勾的，但是如果一個大學生僅僅畢
業但未能領取報到證或者將報到證丟失，就不能獲得國家幹部的身份。

（二）畢業派遣與報到制度存在的問題

　　畢業派遣與報到制度是中國大學生統一分配就業制度的組成部
分，但是，該制度並沒有隨著大學生分配制度的終止而終止，時至今日，
這一制度依然在實行。其原因在於，畢業派遣與報到就業制度不是一個
孤立的制度，而是與人事檔案制度、戶籍制度等多項社會管理制度融合
在一起，如果要改革或終止這一制度，必須調整好相關的配套制度。

　　從中國目前的情況看，畢業派遣和報到就業制度存在著以下問題：

　　其一，畢業派遣和報到制度導致社會不平等。由於報到證是對一部
分人的優惠性待遇，同時也形成對另外一部分人（民辦大學畢業生、成
人高校畢業生等）的歧視。這種不適當的制度安排導致了社會不公平。

隨著中國近些年民辦大學和成人高校畢業生規模的日益增加，這種不公平現象越來越明顯。

其二，畢業派遣與報到制度成為導致大學生就業困難的一個制度性原因。由於畢業派遣與報到就業制度保護了普通高校大學生的「特權」和優越感，同時也給他們帶來一系列的心理束縛。因為如果畢業生到大部分民營企業去工作，他們一般只能以「打工」的形式就業，而很難獲得行政系統批准的「就業指標」來簽訂就業協定、辦理報到證。而報到證又具有象徵身份的意義，甚至成為「戶口」的學生兄弟。因此，這種「打工」式的就業使許多大學畢業生有所失落、有所擔憂，他們在沒有「就業指標」的就業機會面前望而卻步，從而使就業渠道難以拓寬。

其三，畢業派遣與報到制度會衝擊正常的教育工作。「畢業派遣」意味著大學生必須在畢業離校之前落實就業單位，這使畢業生、學校、政府和社會各方都承受著「畢業前必須找到工作」的時間壓力。這種壓力使大學生往往要提前一年就開始找工作，導致學校的正常教學秩序受到嚴重衝擊。從原國家教委到現在的教育部，都發文件對校園供需見面活動的時間進行限制，以免影響學校教學秩序[8]，以至影響到畢業生的質量。近年一部分院校專業的研究生學制縮短為兩年，他們可能要花幾乎一年即一半的上學時間邊找工作邊學習，其學業更受影響。

2002 年國務院辦公廳發佈通知，將畢業生的擇業期限延長兩年[9]，該措施是對畢業派遣與報到制度的變通，這在一定程度上緩解了大學生畢業離校前必須落實就業崗位的時間壓力，為「畢業前就業」轉為「畢業後就業」提供了制度保障。

---

[8] 參見國家教委教學[1994]19 號《關於做好 1995 年全國普通高等學校畢業生和畢業研究生就業工作的通知》。

[9] 參見國務院辦公廳發[2002]19 號《國務院辦公廳轉發教育部等部門關於進一步深化普通高等學校畢業生就業制度改革有關問題意見的通知》。

第三節　與大學生就業相關的制度

一、大學畢業生的幹部身份制度

(一) 中國國家幹部身份制度的基本內容

　　所謂國家幹部，是指列入國家幹部編制、享受幹部待遇，從事各種公共管理工作的公職人員。中國的國家幹部制度是隨著新中國的建立而建立和逐步完善的。具有國家幹部身份的人主要包括以下6類：(1) 國家機關的領導和工作人員；(2) 中國共產黨的工作幹部，各民主黨派的領導和機關工作人員；(3) 在軍隊中擔任排級以上職務的現役軍人；(4) 社會政治團體與群眾組織的領導與工作人員；(5) 專業技術幹部；(6) 國有企、事業單位中從事管理工作的人員。

　　國家幹部與非幹部的各類社會勞動者之間，除了存在著各種待遇方面的區別，身份檔案的管理部門也各不相同：具有幹部身份者，檔案及其相應的社會待遇歸政府人事部門管理；具有工人身份者，檔案及其相應的社會待遇歸政府勞動部門（現為勞動和社會保障部門）管理。

　　按照中國的幹部制度規定，幹部的錄用主要來源是：(1) 考試錄用；(2) 轉業軍人；(3) 大中專畢業生；(4) 從企事業、工廠和農村吸收、經過培訓錄用者。在計劃經濟體制下，國家統一分配的大學畢業生全部可以獲得國家幹部身份。這一體制由來已久，1953年政務院就發佈了這種規定[10]。

　　中國的國家幹部制度，實質上是一種職位身份制度，而不是工作崗位制度。在這一體制下，大學生畢業分配到國有部門，自然而然就進入了國家幹部隊伍，從而獲得國家幹部身份；即使到非國有部門工作的，

---

[10] 1953年2月19日政務院《關於一九五二年寒假高等學校和中等學校畢業生參加工作後待遇的規定》。

仍然可以保留畢業生的幹部身份或納入幹部管理並獲得相應的待遇。在實際生活中，這種幹部身份是需要「國有單位編制」和「幹部指標」的雙重下達才能夠落實到新增的某一個人身上的。

時至今日，儘管中國「國家公務員」這種最典型的國家幹部隊伍一再縮編精簡，儘管國有企業已經普遍實行全員勞動合同制，儘管事業單位在大量實行企業化管理，但國家幹部制度的外殼依然存在。在大學生就業領域，雖然中國已經全面實行畢業生自主擇業的制度，但大學畢業生就業時得到國家幹部身份的規定仍然在執行。

（二）實踐的衝擊

1.「大學畢業當幹部」制度的打破

從中國進行經濟體制改革開始，從非公有制經濟和三資企業重新出現之時起，就出現了人才主動放棄人事檔案，亦即放棄國家幹部身份到體制外就業的現象。

大學畢業生選擇到體制外就業的，主要有以下情況：其一，一般的畢業生願意到某三資企業或私營企業工作。但這些用人單位往往不能為其解決所在地的戶口，也不能接收人事檔案，更談不上給予「國家幹部」的身份。其二，定向或委託培養的大學畢業生不願意回原單位工作，而原單位又卡著戶口和人事檔案關係不放，他們中的一部分人不得不選擇到體制外就業。其三，來自邊遠地區省份的畢業生，不願意按國家規定回到本地區工作，而選擇到其他省份和大城市就業。

近年來，由於人事代理制度的推行，很多具有一定規模的非國有單位也可以正式接收大學應屆畢業生，即能夠解決戶口和接收人事檔案，這在一定程度上解決了大學畢業生到體制外就業又能夠「保留國家幹部身份」的問題。但是，大學生就業困難的問題已經範疇明顯，社會上不能用正式手

續接收大學畢業生的中小民營企業和臨時性工作也越來越多。這樣，大學生畢業後到體制外就業、放棄國家幹部身份的情況就可能變得越來越普遍。

2. 目前的格局

從目前的情況看，應屆大學畢業生不能獲得國家幹部身份的有以下幾種類型：其一是畢業時主動申請不就業，學校按本人要求不發報到證、將其人事檔案轉至生源地的勞動保障部門的。其二是畢業後自謀職業或自主創業，自己為自己工作的，如開設個人工作室、當職業作家等。這種形式的就業不需要報到證，也沒有地方可以保存戶口和人事檔案。其三是到管理非常鬆散、不具有「單位」形態、沒有法人身份的組織裏從事臨時性工作的，如在電影電視攝製組當臨時演員（人們稱之為「北漂」），或加入各種臨時的專案組等。採取上述三種形式就業是不需要報到證的，也不用接收畢業生的戶口和人事檔案，甚至不用與就業者簽訂勞動合同，但其收入不一定低。

據中國人民大學 2003 年 6 月底對未簽約畢業生離校後的情況調查，在未簽約的畢業生中，有 40.5%的人打算在畢業後以非簽約的形式就業，其中有 32.2%的比例為先「打工」、以後再解決戶口問題，8.3%的比例打算自主創業。調查還顯示，有 15.0%的北京生源打工者從事的是臨時性的工作；在打工者中有 28.4%的沒有與用人組織簽訂勞動合同，也沒有任何保險[11]。

(三)「包當幹部」制度的問題

1. 造成社會不公平

國家幹部身份制度的實質是一種國民優惠待遇，即能享受法律、法規、政策對部分國民的優惠性待遇。而工人、農民、個體私營企業從業

---

[11] 中國人民大學就業指導中心，〈中國人民大學畢業生就業狀況〉，2003 年 12 月。

者不能享受這種優惠性待遇，民辦大學、成人高校等「五大」畢業生也不能享受這種優惠性待遇。

這一制度顯然構成了對另外一部分人的歧視，是一種體制性的社會身份不公平現象。

2. 加大了「就業困難」的問題

國家幹部身份制度的存在導致人的社會流動的單向性，即只有工人流向幹部（招幹、考幹、轉幹），而極少有人願意放棄幹部身份去當工人。在現實的社會生活中，具有工人身份者是很難轉成幹部的，因此，大學畢業生一般都不願冒著失去幹部身份的風險到那些「不正規」的單位去工作，以免失去國家幹部身份所具有的既得利益。由於大學生在觀念上受到這種「幹部身份」的束縛，將自己的就業目標鎖定在國家幹部的體制範圍，結果是大大縮小了自身的就業空間。

在存在著明顯的大學生就業困難的今天，大學畢業「包當國家幹部」的制度存在，無疑不利於大學畢業生們樹立靈活就業等新的觀念，這束縛了他們走向市場尋找就業機會，包括自己創業的行為。

二、上大學與畢業的轉戶制度

（一）轉戶制度與人事審批制度的形成

1. 中國的戶籍管理制度

中國的戶籍管理制度是在建國後「先城市後鄉村」逐步建立起來的，現行的《中華人民共和國戶口登記條例》於 1958 年 1 月 9 日公佈實行，這是全國城鄉統一戶籍制度正式形成的標誌。中國的戶籍管理制度從建立發展至今，在身份證明、社會安全與穩定和組織經濟建設等方

面都曾起過十分重要的作用。但隨著市場經濟的發展,戶籍制度的局限性已經相當明顯。

2.上大學轉戶和畢業就業戶口隨遷制度

　　根據中國的戶籍管理制度規定,原為農村戶口者考上大學後即轉為非農業戶口(即「農轉非」),同時將戶口遷到其所上的學校。這就是「上大學轉戶」的政策。中國的戶籍管理制度還規定,國家統一分配的大學畢業生的戶口要隨遷到所分配的單位;畢業生個人自行就業未經批准的,戶口則不隨遷到其自行聯繫的工作單位。這就是「畢業就業戶口隨遷」制度。

　　上大學轉戶和畢業時戶口隨遷的制度,從實行國家統一分配大學畢業生和國家建立戶籍管理制度之時起施行至今,已經沿用了 40 多年,目前普通高等學校正式招收的大學生仍然執行這項制度。

3.非本地生源者就業的人事審批制度

　　中國實行戶籍管理制度的核心,在於控制城鎮的人口數量。與之相聯的是,對大學畢業生進入一個城市在國有單位就業、從事幹部工作的人事審批制度。進行這種人事審批的動因,是國家計劃招收幹部層次的社會勞動者的限額。在計劃管理體制下,大學招生與就業連成一體,即有多少對幹部的(幾年後的預期)增量需求就形成多大的招生規模,幹部人事指標的審批工作基本上保持一比一的狀況。這種增量需求基本是由國民經濟計劃和國家財政狀況所決定。在人事審批的具體操作層次上,大學畢業生到原戶籍所在地以外的地方就業時,往往要先獲得人事指標即幹部增編的指標,畢業報到時他的戶口才能遷入到工作單位的所在地。

　　隨著國家經濟體制改革，尤其是高校招生「並軌」改革和最近的逐年擴招，大學畢業生供給不斷增加。對於高校所在地的多數省會、直轄市或各大中城市而言，供過於求的矛盾已經比較突出，於是各地開始強化人事指標審批管理。

　　從管理體制上看，這種非本地生源的人事指標審批工作在較長時期內是由教育系統和地方人事系統共管，但近幾年開始變為以地方人事系統管理為主。從北京的情況來看，北京市教委對於北京地區高校的「外地生源畢業生留京」進行一定比例的擇優控制；北京市人事局對市屬各類用人單位接收「外地生源畢業生進京」進行數量指標審批管理；國務院直屬各部門由國家人事部進行統一的審批。近年來，北京市教委對留京指標的控制在逐步放鬆，北京市人事局對外地生源進京則控制有越來越嚴的趨勢（就本專科層次畢業生而言）。

（二）戶籍管理制度改革的必要性

1. 戶籍管理制度與市場經濟的矛盾加大

　　隨著中國經濟和社會的迅速發展，特別是經濟體制改革的推進和社會民主化程度的逐步提高，中國戶籍管理制度的局限性也越來越明顯。

　　由於戶籍管理制度將居民分為農業戶與非農業戶兩種不同的戶籍，並與社會待遇相掛勾，中國公民就具有了不同的身份和待遇，造成了社會等級的存在（如人們把農民看作是「二等公民」），這大大影響了社會公正。而且，現行的戶籍管理制度與市場經濟的要求格格不入，阻礙了市場體制的正常運轉。因為這一制度限制了人在不同區域間的自由流動，不利於公民的自由居住，也不利於人力資源的合理配置。在當今世界經濟已經進入全球化時代、人力資源流動規模巨大的情況下，以行政限制為特徵的戶籍制度必須改變。

2. 戶籍管理制度嚴重限制了大學畢業生到農村就業

中國是典型的城鄉二元經濟，城鄉分割對勞動者就業的影響十分明顯，基本上形成城鄉兩個完全分割的勞動市場。由於國家就業和社會保障政策對城鎮的傾斜和保護，使得人們產生和強化著「城市人優於農村人」的觀念，也造成城市人不願到農村就業的思想。在社會現實中，農村青年考大學就是為了跳「農門」，一旦考取了大學，再讓他們畢業後回農村就業，幾乎是不可能的事。根據中國第五次人口普查的資料，2000年中國農村 25 歲以上人口中，具有大專教育程度者占總數的 0.47%，具有本科教育程度者占 0.08%，二者合計僅有 0.55%，也就是說近 200 個勞動者中才有一個大專以上的畢業生。中國是農業大國但不是農業強國，要振興農業，就必須向農業和農村大量輸送人才。為此，要取消待遇差異和戶籍隔離的做法，進而還應當採取鼓勵和誘導大學畢業生到農村就業的制度和政策。

3. 人事審批制度對非本地生源構成歧視

在國家統一分配大學畢業生時期，歧視問題就已經存在，如國家在制訂分配計劃時很大程度上會考慮到畢業生的來源地問題，專門出臺了「邊遠地區生源必須回邊遠地區就業」的政策規定[12]。但那時，地區歧視的問題基本上是被掩蓋的，因為那時的大學畢業生根本沒有任何選擇職業的權力，就更談不上關注分配中的歧視問題了。

在大學生就業由計劃分配向自主擇業過渡的前幾年，絕大多數的地方政府對於本地用人單位接收非本地生源大學畢業生採取「事後申報」的做法，也就是說，只要用人單位相中的學生，戶口基本已經不成問題。

---

[12] 國發〔1983〕68 號文件《國務院批轉勞動人事部、國家民委關於加強邊遠地區科技隊伍建設若干政策問題的報告的通知》。

但是，隨著最近幾年大學畢業生逐漸由賣方市場轉向買方市場，各地對於接收非本地生源畢業生紛紛出臺「事前審批」的政策規定，這就逐步加高了非本地生源畢業生進入的門檻。有的地方透過出臺「引進非本地生源畢業生學校名單」、「緊缺專業目錄」等限制性規定，限制外地畢業生進來，引起社會的廣泛關注，也引起大學生們的強烈不滿。如北京人事局早在 1990 年就出臺了《關於北京市市屬單位接收外省籍高等學校畢業生的暫行規定》，圈定引進非本地生源畢業學校的名單。對大學生來說，他們被分成三六九等，是不是「人才」要先看「出身門第」。上述靠行政手段來限制非本地生源高校學生的規定是一種典型的計劃經濟思維，並有著濃厚的地方保護主義色彩，這種做法明顯違反了法律的平等精神，屬於制度性的歧視。

4. 戶口觀念與人事審批制度加劇了大學畢業生就業困難

中國的戶籍管理制度使得不同地區的戶口被劃分為不同的等級，如城市戶口優於農村戶口、市區戶口優於郊區戶口、大城市戶口優於小城市戶口，北京和上海的戶口成為最「緊俏」的戶口。這種戶口上的「等級」差別觀念構成大學畢業生就業意向集中到北京、上海、廣東等少數經濟發達地區的主要原因之一。據中國人民大學 2004 年的就業意向調查，高達 93.8%的畢業生就業地區的第一選擇是北京，這一資料清楚地表明，與戶口掛勾的就業制度和相應的人事審批制度，強化著人們就業上的戶口觀念，從而造成就業地區選擇的過分集中。這種就業意向的過分集中顯然會導致不少大學畢業生「有業不就」的狀態，從而加劇了大學畢業生的就業困難。

三、人事檔案管理制度

（一）中國人事檔案管理制度的形成和作用

　　中國的人事檔案制度最早開始於延安時期，是中國共產黨為了考核幹部而設。新中國建立後的 20 世紀 50 年代中期，人事檔案制度全面推開，構成幹部管理制度的一項內容。中國的現行人事檔案中，記載著人的家庭出身、本人成份、社會關係、學習經歷、工作過程等歷史資料。

　　在計劃經濟體制下，無論機關、企業還是事業單位都是公有的、且大都屬於國家，人是「單位的人」也就成為「國家的人」。對於個人而言，人事檔案基本上是「幹部身份」（落實在某個用人單位）的標誌，時至今日以依然如此；對於用人單位而言，人事檔案的主要作用是反映一個人的幹部身份和便於單位全面、系統地瞭解該幹部的歷史情況、工作經歷、優缺點及所受過的獎懲等，這成為各單位使用幹部的重要依據，也是一個人踏入工作崗位的「准入證」。在這一制度下，「人」與「檔」不可分離：當一個人調動工作或學習單位之時，其人事檔案也必須跟隨。缺少了人事檔案，一個人就不能就業、晉升、調動、評職稱、領工資，也不能獲得社會福利待遇，甚至無法娶妻生子。在以政治為中心的年代，「政審」成為人事檔案工作中最主要的任務。

（二）對大學生人事檔案管理制度的認識

1. 傳統人事檔案管理制度的缺陷

　　首先，人事檔案制度與社會經濟發展存在著一定的衝突。中國的傳統人事檔案制度的產生與運作，基於以政治出身為主要依據的政治身份等級體系和以戶籍及所有制為主要依據的社會身份等級體系。在貧窮的計劃經濟體制下，為了「國家幹部」的本位利益，必須對其他社會群體

加以排斥。改革開放以來，在人力資源配置逐步市場化的過程中，傳統的人事檔案管理制度已經成為檔案保管單位設置壁壘、阻礙人才流動的環節。

第二，人事檔案的原有功能已經喪失。隨著中國體制的市場化，「單位人」已經基本上變成為「社會人」，現行的人事檔案制度已經失去其應有的功能：其一，人事檔案中所記錄的多種資訊，如工資標準、工齡等內容早已經失去了其意義。其二，人事檔案只籠統記載大量陳舊、靜態的經歷資料，不能真實客觀及時地反映本人最新的能力素質資訊。其三，出國、升學、結婚諸等均屬個人的私事，沒有必要經過「單位」或檔案所在地的批准，也不需要檔案來證明。其四，養老、醫療保險等方面的資訊完全在各自相應的部門中掌握，人事檔案部門無所作為。實際上，大學畢業生就業的過程中，有相當多的用人單位，在決定錄用之前要到學生就讀的大學調閱畢業生的人事檔案、瞭解其情況和表現。其實這基本上只是走過場，因為大學的檔案工作者一般都只是在學生畢業的前夕才會將學生在大學期間的表現歸入其人事檔案，單位閱檔其實只是看到了學生在高中以前的表現，在大學期間的表現卻不能從檔案裏看出來。

第三，人事檔案的真實性難以保證。由於人事檔案的形成過程缺乏程式公正，暗箱操作難以避免，其最基本的要求——檔案內容的真實性也就難以保證。在改革與發展形勢下的今天，這種身份型的人事檔案制度的功用大大下降，其缺陷已經顯露無遺。就大學生檔案而言，即使是大學畢業後再放入檔案的「畢業鑑定」等材料（用人單位或許以後要看），基本上也是校方走過場、班主任發放、大學生們自己「美言」完成的。最近幾年，大學生就業過程中存在大量失信現象（如簡歷摻水、簽約後違約、不還國家助學貸款等），失信行為在損害失信者本人的同時，使學校的聲譽、同屆和後屆畢業生的就業也受到損害。從人事檔案

制度的角度看，現行的人事檔案也不能為人才流動提供足夠有力的能力素質和信用證明。

2. 大學生就業的人事檔案缺位現象大力增加

在國家統一分配大學生的年代，檔案「缺位」現象就已存在。那些不服從分配的畢業生和那些不願意到定向或委培單位就業的研究生，都屬於檔案缺位者。改革開放以來，對人才的行政分配逐漸被市場配置所取代，人才已由單位所有轉變為社會所有，他們在各所有制單位間的流動日益活躍。伴隨著大學生自主擇業制度的實施，檔案「缺位」的現象也越來越嚴重。其表現是每年都有相當數量的畢業生放棄檔案和戶口，他們到不能存檔和不解決戶口的單位，尤其是三資企業和民營企業去工作。這一現象說明，現行的人事檔案制度也已經到了必須改革的地步。

3. 人事檔案制度阻礙了拓寬就業渠道的努力

在大學教育日益走向「大眾化」的今天，基層單位、中小企業、民營企業正在成為廣大畢業生就業的主渠道。拓寬就業渠道，鼓勵大學畢業生到基層、中小企業和民營企業就業，是國家解決大學生就業困難問題的導向性政策。但是，人事檔案制度的具體規定卻起著相反的阻礙作用。

中國現行的人事檔案制度規定：大學畢業生實行「人、檔不分離」的原則，即用人單位在接受畢業生的同時，必須接收和管理畢業生的人事檔案。而非國有單位、包括早期的大型民營企業，由於體制性原因而沒有接收和管理人事檔案的權力。這就大大限制了大學生的進入。儘管隨著人事代理制度的逐步推廣，有一部分民營企業解決了人事檔案的接收和管理問題，但大部分小型民營企業因為自身規模或創業初期無暇他顧等原因，仍然不能接收人事檔案。可以說，「人檔不分」仍然是大學

畢業生到中小型民營企業就業的制度性障礙。於是，有些大學生到沒有存檔權的單位就業，就把人事檔案存放在各地人才交流中心，這種做法不僅反映了許多就業者、包括普通高等院校畢業生進入市場的靈活就業行為，也反映中國的人事檔案制度有待改革的局面。

第五章　大學生就業需求

第一節　大學生就業需求基本分析

一、大學生就業需求模式

（一）傳統體制下用人單位的崗位需求

1.政府主導用人單位的用人

在中國傳統的計劃經濟體制下，政府實行包辦下級單位的一切管理的體制。在這一體制下，在用人問題上，政府包羅了自身機關部門、社會的事業單位和企業用人的絕大部分，實行對勞動力和幹部人數的非常嚴格的指令性計劃指標。

2.對勞動力需求的無限擴張特徵

在傳統體制下，政府對企業缺乏合理的經濟考核和用人考核，「單位人數等於企業級別和廠長的待遇」的管理方法造成用人單位——企業大力增加用人數量的動機，以致企業的「用工饑渴」。企業在獲得勞動力以後，轉而進行「囤積」。企業不管現有勞動力在質量與數量上是否符合經濟效益的要求，只要沒有行政調出指令，均難以使企業排出多餘的勞動力，甚至在計劃指令下達後企業也拒絕執行，能夠節約用人、主動向主管部門傳遞人員富餘資訊的用人單位並不多見。

（二）用人單位合理需求的機制產生

20 世紀 80 年代以來，中國進行經濟體制改革。隨著改革開發的步伐，國家在逐步放權，經濟結構從單一向多元轉變，勞動力計劃指標、幹部人事指標在削弱，由政府配置向勞動市場體制配置實現就業的人數不斷增加。1986 年的勞動合同製成為一個重要的標誌，是從制度和法律上給了企業的獨立用人自主權。1987 年中國共產黨十三大提出「有計劃的商品經濟」，從基本方向上認定了市場經濟的道路，為社會領域的勞動人事制度改革奠定了理論基礎。80 年代開始的工資改革對企業實行工效掛勾，80 年代末促進勞務市場的發展，90 年代初的優化勞動組合，進而 1993 年打破「三鐵」（鐵飯碗、鐵工資、鐵交椅）等舉措，都是向新體制的發展。

1993 年 11 月《中共中央關於建立社會主義市場經濟體制的決定》後，中國就業體制開始進入全面市場化的改革進程。在這一體制下，政府對經濟單位的直接管理權大大減退，利改稅逐步實現，現代企業制度正在建立，「民進國退」、「有所為，有所不為」戰略思想的全面貫徹等等，一系列積極的改革舉措，使各個經濟單位的行為目標逐步發生變化。對於用人單位來說，無論是國有經濟、還是非公有經濟，無論是轉軌企業、還是民營企業、股份制企業，無論是企業、還是事業機關單位，在市場經濟的大的體制氛圍要求與約束下，特別是加入 WTO 以來，它們均面臨著一個如何與國際接軌的、全面實現自身管理的現代化問題。正是在這種大的格局下，用人單位提供就業崗位的需求機制發生著質的變化，各單位的用人也開始從傳統的人事管理方式向現代人力資源管理方式轉變：在外部單位的競爭條件下，立足於自身的需求，合理用人、重視素質、市場擇員、強調績效。

二、大學生需求的新特徵

（一）面對行業與職業的知識技能需求

　　「行業」與「職業」是大學生就業崗位的兩個具體歸屬。中國的《國民經濟行業分類和代碼》按照生產或其他社會經濟活動性質，把國民劃分為農、林、牧、漁、水利業；工業；建築業，地質普查和勘探業；交通運輸業和郵電通訊業；商業、公共飲食業、物資供應和倉儲業；衛生、體育和社會福利事業；教育、文化藝術和廣播電視業；科學研究和綜合技術服務業；金融、保險業；國家機關、黨政機關和社會團體；其他行業等大的行業門類。中國的《職業分類標準》按照工作性質，把職業分為各類專業、技術人員；國家機關、黨群組織企事業單位的負責人；機關、企業事業單位的管理幹部，辦事人員和有關人員；商業工作人員；服務性工作人員；農、林、牧、魚、勞動者；生產工人、運輸工人和部分體力勞動者；不便分類的其他勞動者八大類。市場經濟水平越高，社會文明越進步，社會分工就越細。如 IT 行業，可分為網路設備、顯示設備、辦公自動化、系統集成、軟體、整機、配件、耗材等。隨著經濟發展和社會進步，不斷有新的職業產生，如駕駛陪練、短信寫手、理財顧問、形象設計師、培訓講師等職業，跨學科、跨專業的複合性人才更是大量湧出。

　　社會為大學生展示的行業、職業呈現了多樣性和複雜性。為適應這種社會現狀，大學生不能不重視行業、職業對知識的要求，把就業準備的大量精力放到知識儲備上。大學生在學習本專業的同時，努力考取各種各樣的國家職業（執業）資格證書，實際上「學歷專業證書+職業（執業）資格證書」的「雙證書」提法，就是「知識」和對其應用的「技術」層面的補充。

（二）面對職位的綜合素質

1. 職位與「職位人」概念

不管是傳統行業還是新興行業，不管從事什麼職業、在什麼企業、幹什麼工作，每個人在自己所就業單位的用人崗位結構中都有自己特定的位置，這就是職位。常見的企業管理層級劃分出來的主要職位是：員工、主管、部門經理、經理、總經理、董事長；國家機關或者事業單位的管理層級劃分出來的職位是：辦事員、科員、科長、處長、局長等。市場機制為導向的人才市場上，職位分類正在大部分取代行業和職業分類，每一位職場人員，上至董事長、局長，總經理、處長，下至普通員工、辦事員，都是一個「職位人」。

「職位人」概念的提出，反映了現實的市場需求，它淡化了行業、職業特徵，甚至連學歷都可以忽視，例如小學畢業生不僅可以當總經理，甚至可以當高級工程師。據有的調查，企業最看中的是具有綜合知識和綜合能力的人。「職位人」強化了素質能力，淡化了學歷要求。因此，很多企業棄高學歷者不用，不光國內知名院校的學生，連熱極一時的 MBA，甚至具有很強實力的「海歸」們也不乏失業者，說明面對「職位人」的需求，大學生的就業競爭力相當不足。據報導，北京理工大學MBA 的畢業生，在 2006 年本校舉行的招聘會上，儘管他們月薪 3000元的「開價」已經很低，但仍然沒有幾個人能夠「成交」、找到工作。

用人單位相同職位對學歷要求的不斷提高，不僅說明大學生供給過剩、數量因素使其貶值，而且也能說明了同等學歷大學生的水平降低、教育質量下降。同樣，大學生初次就業工資下降，也能夠說明用人單位對大學生素質能力要求的提高。

2.「職位人」強調素質能力

當今是知識、資訊時代，但更是素質、能力時代。在市場經濟環境下，用人單位普遍要求的新標準：素質與能力要求。這就有必要提出一個基於素質能力的分類方法，引導大學生在加強知識學習的同時，重視和加強素質能力培養。

所謂「素質」（competency），也稱勝任能力，指一個人能夠完成工作和產生優秀業績的個體基本特徵。素質是現代心理學的重要應用範疇，它把人的特質分為六個方面，有表層的、顯現的知識、技能因素，也有「作用更大的、隱藏在深層的內容」，包括價值觀與社會角色、自我形象、個性特點和動機的內部因素。這一思想被稱為「冰山理論」。據美國學者斯賓塞（Spencer）的分析，最常見的、具有一定普遍意義的勝任能力包括以下六大類別、20 個專案：

(1)成就特徵：成就欲，主動性，關注秩序和質量；

(2)服務特徵：人際洞察力，客戶服務意識；

(3)影響特徵：個人影響力，許可權意識，公關能力；

(4)管理特徵：指揮，團隊協助，培養下屬，團隊領導；

(5)認知特徵：技術專長，綜合分析能力，判斷推理能力，資訊尋求；

(6)個人特徵：自信，自我控制，靈活性，組織承諾。

當今職場，學歷、知識水平只是一塊用來敲開用人單位之門的磚。大學畢業生在近年大量增加，社會上掌握知識的人比比皆是，但是，「掌握知識」只是知識經濟社會最基本的要求。學校畢業的大學生，成群成批地被培養出來，誰的畢業證書有別於他人？誰能說誰比誰掌握了更多的知識？即使畢業成績單優秀，在用人單位眼裏也僅是一個參考值，短時間的招聘過程更無法準確認定。在用人單位的眼中，大學畢業生的知識水平高低差別是不大的。用人單位的招人、用人，最拿不準的就是被

招聘人的素質和能力。學化學專業的不會做化學實驗，學機械工程專業的不會製作設計圖紙，學財會專業的不會做賬，學電腦網路專業的不會製作網頁，常常令用人單位哭笑不得。詮釋這個觀點的佐證現象是：當很多大學生遭遇就業瓶頸時，也有很多外資企業為缺乏人才而苦惱，大學生因為缺乏工作經驗和實踐能力，達不到外企職位要求，被外資企業拒之門外。據北京大學經濟系科本科生同學會的統計，為能力所限，這個同學會的畢業生直接進入外企的比例不到 15%，進入知名跨國公司的還不到 5%。

關於學歷與素質能力的關係，很多企業家都有獨到的論述。有代表性的思想如：新希望集團的劉永好說，集團在人才的選拔上一方面要看學歷，因為一開始學歷是知識能力的一種衡定標準。但是當進了公司以後，更重要的就是看實際能力。進門的時候選學歷，進入了以後更多的是看業績和能力。此外，勤奮、敬業、紀律、奉獻精神和創新的意識也特別重要。台塑集團的王永慶說，對新進台塑的人，因為沒有工作表現，大都按學歷和資歷來評價他們，決定他們的起薪，但以後的升遷，則全憑他們的工作表現。美國國際電腦公司的王嘉廉，不看重正規教育，不看重學歷，認為學校灌輸的知識與實際差得很遠，在他的公司，真正需要的是具有創新精神、勇於挑戰、能隨機應變的人。索尼公司的盛田武夫寫了一本名為《學歷無用論》的書，強調不看學歷，只憑實際能力、工作成績和發展潛力。

第二節　中國大學生就業需求的特點

在市場體制已經基本上全面形成的情況下，我們這裏首先從全國的大學生就業市場角度，分析 2005 年對大學畢業生需求的特點：

一、以本科學歷為主

從學歷層次來看，用人單位以本科學歷為主，不同性質單位對不同學歷畢業生需求不同。據政府相關部門統計的資料顯示，2005 年中國對研究生、本科生的需求同比增長 51.3%和 9.9%，就業形勢繼續保持平穩發展，對專科生的需求則同比下降 27.9%，未來就業形勢將呈現下滑趨勢。各就業渠道接收的比例變化不大，2005 年黨政機關 4.3%，事業單位 14.4%，國資企業 26.1%，非國資企業 55.2%，事業單位有所下降，非國有單位有所上升。

二、地區差異大

從就業的需求地區情況來看，以發達地區為主，東西部地區的畢業生需求數量差異相當明顯。據統計，2005 年山東、江蘇和廣東對畢業生的需求數量排在前三位，三省的需求量占到需求總量的 43.9%，而海南、青海兩省僅占需求總量的 0.3%。從城市來看，北京、寧波、廣州、青島、深圳、上海的需求量較大，六城市占了需求總量的 19.1%。

三、學科專業比較集中

從學科專業來看，需求是相對集中的。與 2004 年相比，2005 年在專業需求方面的一個顯著變化是管理類（包括工商管理、企業管理和經濟管理等），以及自動化類的需求量增長較快，首次進入專業需求排名榜前 10 名。前 10 名之外的需求數量較多的專業還有醫藥衛生、漢語言文學、經濟學、臨床醫學、化工製藥、材料學、通信工程、國際貿易、金融學、法律和機電一體化等。排位前 10 名的專業詳見表 5-1。

表 5-1　2005 年高校畢業生專業需求排名

序號	專業	總需求	專科生	本科生	研究生
1	機械設計與製造類	79450	33337	42636	3477
2	電腦科學與應用類	74294	21687	42000	10607
3	市場營銷	66237	33022	31795	1420
4	資訊與電子類	49205	16207	28979	4019
5	建築類	32904	12513	18954	1437
6	管理類	31735	10850	18145	2740
7	電氣工程及自動化類	27454	7278	16694	3482
8	財會類	27244	11792	13702	1750
9	外語類	23269	6192	14948	2129
10	師範類	22275	5508	14099	2668

四、不同區域的專業需求差異

　　從地域分佈看，我們以 15 個副省級城市為例，這 15 個副省級城市分佈在三大類地區：其一，東北地區，包括瀋陽、長春、哈爾濱、大連四城市；其二，中西部地區，包括西安、成都、武漢三城市，其三，東部沿海地區八城市。在共性上，三類地區副省級市都需求較多的機械設計與製造、電腦科學與應用、資訊與電子、市場營銷、通信工程專業，它們可以說是當今的「熱門專業」。但從不同地區專業需求的特色來看，東北地區四個副省級市對土木工程、汽車技術及應用、機電一體化、道路與橋樑等專業需求量大，體現了大工業和「應用技術」的特徵；中西部地區三個副省級市對財會、臨床醫學、數學、漢語言文學、文秘專業有較多需求，似乎可以看作是一般的或帶有一定傳統色彩的專業；而東部沿海地區八個副省級市需求的特色專業則是管理學、建築學、國際貿易、經濟學等，可以說是「發展經濟」的體現。這種不同地區的專業需求特色，正體現了其地區經濟發展的明顯特徵。詳見下面各表。

表 5-2　東北地區四市專業需求數排行

單位：人

序號	專業	總需求	專科生	本科生	研究生
1	電腦科學與應用類	7047	2198	4523	326
2	市場營銷	3961	1511	2450	0
3	機械設計與製造	3864	1353	2157	336
4	電子工程及自動化	1852	586	1232	34
5	土木工程	1544	288	1193	63
6	英語	1384	454	903	27
7	機電一體化	1383	872	431	80
8	汽車技術及應用	1289	498	733	58
9	道路與橋梁	1102	613	484	5
10	通信工程	1049	481	563	5

表 5-3　中西部地區三市專業需求數排行

單位：人

序號	專業	總需求	專科生	本科生	研究生
1	電腦科學與應用類	858	192	593	73
2	財會	569	130	422	17
3	臨床醫學	564	18	467	79
4	英語	557	204	297	56
5	市場營銷	515	67	447	1
6	數學	494	166	303	25
7	通信工程	459	0	170	289
8	漢語言文學	413	152	261	0
9	機械設計與製造	359	42	306	11
10	文秘	309	191	115	3

表 5-4　東部沿海八市專業需求數排行

單位：人

序號	專業	總需求	專科生	本科生	研究生
1	機械設計與製造	10606	4518	5042	1046
2	資訊與電子	9878	901	6570	2407
3	電子工程及自動化	9413	1394	5787	2232
4	管理類	9329	3013	5630	686
5	電腦科學與應用類	6107	773	3308	2026
6	通信工程	3789	760	1964	1065
7	市場營銷	3700	1687	1828	185
8	建築類	3420	589	2488	343
9	國際貿易	3027	1401	1382	244
10	經濟學	2916	821	1701	394

第三節　北京市大學生就業需求

北京市是中國的「高教之都」，有高校 70 多所，大學生供給數量巨大，大學數量和大學畢業生數量都處於全國之最。這裏，我們進一步對北京市的大學生就業需求問題進行分析。

一、北京市的用人需求

（一）北京市用人需求總體情況

據有關研究，2006 年北京市機關、企事業單位由於經濟增長等因素新增就業人數達到 27.3 萬，其中，機關、事業單位新增 2.5 萬人，城

鎮企業單位新增 24.8 萬人；機關、企事業單位減員約 9.1 萬人，其中，機關、事業單位減員 0.2 萬人，城鎮企業單位減員 8.9 萬人；兩者相抵，2006 年北京市機關、企事業單位淨增就業人數為 18.2 萬人，其中，機關、事業單位淨增 2.3 萬人，城鎮企業單位淨增 15.9 萬人。

表 5-5　2006 年北京市用人需求變化單位：萬人

	新增人數	減員人數	淨增人數
企業	24.8	8.9	15.9
機關、事業單位	2.5	0.2	2.3
總計	27.3	9.1	18.2

由於 2006 年退休騰出就業崗位約 8 萬個，2006 年北京市機關、企事業單位淨增就業崗位預計達到 26.2 萬個左右。

（二）北京市用人單位需求的特點

北京市的總體用人需求呈現出以下特點：

其一，良好的經濟發展勢頭有力地推動了北京市用人需求的增長，單位用人需求增幅進一步提高，企業是大學畢業生需求的主體。北京市有著「奧運經濟」的特殊優勢，在近年還會維持其良好的用人需求增長勢頭；

其二，勞動力市場日趨活躍，勞動力流動性日益加強，戶籍對勞動力資源配置的限制進一步趨弱；

其三，產業結構的升級改造對就業需求的影響日益顯現，勞動力需求結構與產業結構的相關性越來越強；

其四，用人單位對高素質人才較為青睞，用人單位對各類專業技術人員文化素質要求最高，需要 85%的人員具有大專及以上學歷。這是北京市大學生就業需求的良好微觀背景；

　　其五，從學科分類情況看，按照需求人數的多少排序，依次為工學、經濟學、文學、醫學、理學、法學、教育學、農學、歷史學、哲學等，其中，工學畢業生的需求量最大，其次是經濟學，在需求的專業中，電腦及應用技術仍占首位。北京市需求量較大的前 10 位專業依次為：電腦及應用、英語、臨床醫學、市場營銷、經濟學、電腦軟體、數學、護理學、企業管理、工業與民用建築。

二、北京市的企業用人需求

（一）企業對大學生需求大幅上升

　　2006 年北京市淨增員幅度為 3.04%。而 2005 年人員淨增加幅度僅為 1.17%，這清楚地說明了 2006 年的企業增員形勢明顯好於 2005 年。用人增長趨勢明顯的行業有：租賃和商務服務業、衛生社會保障和社會福利業、資訊傳輸、電腦服務和軟體業、住宿和餐飲業、批發和零售業，以及採礦業。

（二）女性就業需求低於北京市總體水平

　　2006 年，北京市的新增人員增長率為 4.75%，其中女性職工的增長比例為 4.62%。分行業來看，女性職工新增就業主要分佈在製造業、批發和零售業、居民服務和其他服務業，以及租賃和商業服務業。女性占所有 2006 年企業新增人員的 31.22%，新增就業中男性的比例將超過 2／3，說明了企業之中雇用的性別差異相當大，這一現象是否構成性別歧視，尚需資料的進一步支援。從女性新增就業人員在各職業間的分佈情況看，其就業比例最高的職業是生產工人，占女性就業總數的 41.5%，結合上面「女性占所有企業新增人員 31.22%」的資料看，反映了北京市經濟發展具有突出的生產性和雇用崗位的「紮實」性突出特

徵，但也能推斷北京市的第三產業仍然是明顯落後的。其他女性新增職業依次為：服務人員（占 28.75%）、專業技術人員（17.62%）、行政管理人員（5.07%）。

（三）「藍領」仍然是企業用工需求的主體

2006 年全部企業新增人員有 41.47%是生產工人，其次是服務人員，占 24.13%，專業技術人員占 23.71%。對生產工人的需求主要體現在以下幾個行業：採礦業、建築業、製造業、電力燃氣及水的生產和供應業。對服務人員需求量所占比例較大的是租賃和商業服務業、住宿和餐飲業、居民服務和其他服務業。而新增專業技術人員所占比例超過 50%的行業則是教育、科學研究、技術服務和地質勘察業、金融業、軟體業、水利、環境和公共設施管理業，以及文化體育和娛樂業。

（四）大專及以上學歷需求較大

從「應屆畢業生」的需求來看，應屆大學本科畢業生占本學歷總需求的比例最高，占 83.52%。其他依次為，應屆研究生占研究生總需求的 61.98%，應屆大學專科畢業生占 50%，中專及高中畢業生占 36.44%。大學本科及以上的新增就業占全部新增就業比例超過 50%的行業有：公共管理和社會組織（達到 100%），教育（86.67%），科學研究、技術服務和地質勘察業（82.88%），資訊傳輸、電腦服務和軟體業（77.79%），金融業（72.74%），水利、環境和公共設施管理業（57.64%），文化、體育和娛樂業（55.93%），和房地產業（50.76%）。

（五）年齡歧視問題依然突出

絕大多數的企業雇用對年齡都有具體要求。2006 年北京市城鎮企業需求量最大的為 21～29 歲年齡段的勞動力，占全體新增就業的

57.65%，其次是 20 歲及以下年齡段，占全體新增就業的 21.88%。要求在 35 歲以下占 2006 年企業新增勞動力的 93.19%。

（六）戶籍制度對用工影響進一步趨弱

企業用工需求中，明確要求具「有本市戶口」的占 40.26%，其中，「本市城鎮戶」為 28.66%，「本市農村戶」為 11.6%。要求外省市戶口的 29.58%，其中，「外省市城鎮戶」為 8.76%，「外省市農村戶」為 20.82%；對戶口無要求的占 30.16%，二者合計已接近 60%。調查顯示，本市所有行業均接受非本市城鎮戶，其中公共管理和社會組織、金融業、房地產業、衛生等「高端」行業的接受比例，以及交通運輸、倉儲和郵政業、社會保障和社會福利業的接受比例，都超過 50%，即上述行業以招收本市城鎮戶口的勞動力為主，戶籍身份對其用工需求的限制影響較大。

三、北京市機關事業單位的需求

（一）機關、事業單位就業需求呈現穩步上升趨勢

2006 年北京市事業單位淨增員比例為 2.8%，2005 年淨增員比例為 2.5%，2006 年新增就業人員淨增加的比例有所上升。分行業來看，從業人員較為集中的教育行業，就業人員淨增加幅度略有上升。科學研究、技術服務和地質勘察業、農林牧漁業、衛生社會保障和社會福利業、住宿和餐飲業和文化體育和娛樂業，都有較為明顯的淨增加幅度；而在批發和零售、租賃和商業服務業，新增就業出現小幅度下降。從地區分佈來看，機關、事業單位用人需求增加最多的是海澱區，淨增幅度達到 4.29%；其次是石景山區（3.59%）、昌平區（3.29%）、西城區（2.9%）、

朝陽區（2.81%）、平谷區（2.42%）、豐台區（2.3%）和大興區（2.25%），各區縣均未出現負增長。

（二）女性就業增長明顯低於全市平均水平

北京市機關、事業單位在 2006 年新增人員的總體增長率為 2.8%，其中女性職工的增長比例為 0.97%。分行業來看，女性職工新增就業更多地分佈在居民服務和其他服務業、住宿和餐飲業，衛生行業、社會保障和社會福利業，以及建築業。將這一資料與上面的企業需求資料聯繫，可以看出北京市的女性就業與男性相比的明顯弱勢地位。

（三）新增需求以專業技術人員為主

在 2006 年北京市機關、事業單位的全部新增需求中，專業技術人員的比例占 52.44%，而行政管理人員只占 6.43%。

（四）機關、事業單位對學歷比企業有更高要求

在 2006 年的新增需求中，對學歷沒有要求的只占 2.67%，隨著學歷層次的增加，新增就業人員需求的比例也明顯上升。首先，在各學歷層次中，對研究生需求的比例最高，占全部用人需求的 33.33%；其次，是中專及高中，占全部新增需求的 26.19%；而對大學本科需求占全部用人需求的比例為 22.91%。這與北京市作為「高校之都」和大學生供給巨大的格局是有明顯矛盾的。應屆畢業生占相應學歷新增需求的比例也隨學歷上升，比例最高的為應屆研究生（49.68%），其他依次為應屆大學畢業生（49.29%）、應屆大專生（30.39%）、應屆中專及高中畢業生（17.36%）。

（五）青年是機關、事業單位需求的主體

2006 年機關、事業單位的新增需求有 54.99%以上集中在 21～29 歲年齡段，其他依次為 30～34 歲年齡段（19.09%）、35～39 歲年齡段（11.87%）、20 歲及以下（9.47%）、40～44 歲年齡段（3.06%）、45 歲及以上（1.51%）。

總之，北京市機關、事業單位的用人需求狀況是更多地集中在專業技術人員、大學以上學歷（特別是應屆畢業生）身上，需求年齡在 21～29 歲之間，要求有本市城鎮戶口。

四、對北京生源畢業生的需求

據北京市人事局提供的資訊，北京市在接受普通高等學校非北京生源方面，從 2003 年以來加大宏觀調控力度，「緊缺專業」、「高素質」、「高學歷」等成為非北京生源應屆畢業生被接收的重要因素。雖然北京地區關於非北京生源大學畢業生的規定與用人單位的期望並不完全一致，但它對北京市的總體層面能夠獲得高素質人才的理性選擇結果做出了制度性初步篩選。

要求非北京生源大學畢業生必須具備的條件為：其一，接受非北京生源畢業研究生（含雙學士）和獲得省部級榮譽稱號的本科畢業生；其二，畢業生學習成績優良；其三，接受非外語專業畢業生，其英語水平最低應通過國家四級水平考試，體育及藝術類畢業生暫不作規定；其四，緊缺專業的應屆大學畢業生主要包括電腦和電子資訊類、英語、經濟學、法律、臨床醫學、護理學、藥學、生物制藥、工商管理、人力資源管理、建築類、工業自動化、機電一體化、機械設計及製造、機械製造工藝與設備、汽車製造與維修；師範類專業包括中文、數學、英語、物理、電腦等。

第六章　中國的大學生就業問題分析

第一節　中國大學生就業的發展

一、中國大學生就業的發展歷史

縱觀中國大陸的大學生就業發展歷史，在建國之初就實行了對大學畢業生統一分配的體制，該體制一直延續到 20 世紀 90 年代。

在計劃經濟時期，中國的大中專院校皆由國家舉辦，用人單位基本上都是全民所有制單位（即現在的「國有單位」），它們才有資格和有渠道申報需求名額。其程式是：各用人單位對大學畢業生的需求透過計劃渠道向上級提出，進一步由綜合計劃部門加以平衡、落實指標，然後對各大中專院校的畢業生給以相應的名額進行分配。在中國實行計劃經濟的三十年間，一方面，由於國家經濟建設和各項事業都有巨大的發展需求，對大學畢業生的需求也一直較大，另一方面，中國的高等教育規模長期較小，幹部隊伍數量不足，因而從總體上看，大學畢業生長期以來都處於出路暢通的局面。也就是說，在計劃經濟時期由於大學生的稀缺和國家對其實行「包分配」並給予「國家幹部」的身份，因而不存在大學生就業困難的問題，大學生長期以來一直處於「皇帝的女兒不愁嫁」的優勢地位。當然，大學生們 100% 有工作崗位分配的保障，但缺乏自由選擇的權利。

在中國的歷史上，「大躍進」之後的 20 世紀 60 年代初，國家在經濟困難的條件下進行經濟調整，該時期曾一度出現過短暫的大學畢業生「分配困難」問題，但由於國家的計劃和行政安排具有強制性，因而那

時並沒有真正形成畢業生就業困難的問題[1]。在中國從計劃經濟向市場經濟過渡的時期，也曾一度出現過大學畢業生分配計劃的需求數量低於供給數量 10 餘萬人的問題。對於這一問題，國家採取了「二次報幹部增員指標」的方法，不僅很快就把計劃中過剩的畢業生全部解決，而且還出現了需求數量大而供給不足的缺口。

1993 年中國開始進行大學生就業制度改革，由計劃分配逐步向市場就業的演變。20 世紀末中國高等院校開始大規模擴招。但在整個 20 世紀 90 年代，中國的大學畢業生數量尚少，擴招生是從 2002 年才開始進入畢業期的，期間基本上沒有出現大學生就業困難的問題。世紀之交，中國的國民經濟與全球性的網路經濟熱潮都迅速發展，2001 年成為大學生就業形勢最好的一年，一些院校和專業的大學畢業生相當搶手。2002 年後，大學生就業的形勢發生了急劇變化。

二、當前大學生就業的發展環境

（一）經濟體制的轉軌

中國目前處於全面完成市場化體制塑造的關鍵時期，以市場配置資源方式取代計劃配置方式，是改革的根本目標。在中國的體制轉型期，資源配置狀態呈計劃和市場並存的「雙軌制」格局。其特徵為：其一，隨著市場機制的擴展和深化，全要素生產率有所提高，經濟結構逐步得到改善；其二，尋租現象普遍化，經濟行為短期化，經濟秩序混亂，這些問題阻礙了資源配置效率的提高；其三，在分權與市場分割的矛盾中，國家致力於建立統一市場，目標是形成有序競爭的局面；其四，資本積累和技術創新不足，對外資的依賴程度加深；其五，產權制度改革成為政府經濟管理的中心任務。

---

[1] 文書鋒，〈中國大學畢業生就業難的制度分析〉，2004。

　　在資源配置方式的轉變過程中，存量就業必然出現巨大的調整，使供過於求的就業缺口擴大。作為中國經濟體制改革重點與核心的國有企業改革，出現了十年的「下崗」痛苦，這直接影響到數千萬社會勞動者的就業。而後，政府機構精簡、尤其是取消產業部委，大批政府機關幹部分流，而且許多事業單位也在進行轉軌和企業化改革，都使得已經處於配置狀態的過剩人力資源被排斥出原有的工作崗位。一方面，大量工人下崗失業、幹部轉業，導致大量富餘人員流入勞動市場、人才市場，就業競爭激烈；另一方面，在改革和競爭的壓力下，人才需求下降，很多用人單位取消了接收大學畢業生的計劃。上述供求二者的同時作用，導致勞動市場和人才市場的供需缺口加大，矛盾突出，局部地區的就業供求矛盾尖銳，社會就業壓力巨大。

　　由於中國尚處於改革開放的發展過程中，因此我們也應當看到，在就業市場上壓力與希望是同在的。隨著中國改革措施的進一步深化，許多政府部門和企事業單位注重人力資源的更新，開始重新向社會、特別是對大學畢業生敞開大門。例如，國家加強幹部隊伍廉政建設，前些年在某些走私嚴重的地區由大學畢業生成建制地替換問題嚴重的海關人員；再如，隨著中國現代企業制度的推進，各種經濟服務和仲介組織獲得長足的發展，國際著名的四大會計事務所近年一直在華大量招收大學畢業生。

　　出於對國家公務員隊伍更新的考慮，儘管近年中國在精簡機構、壓縮人員編制，但對大學畢業生的需求仍然保持著一定的增量。2001 年末，中國舉辦「2002 年國家公務員招收錄用考試」，其範圍包括中央、國家機關的 103 個部門和中央國家行政機關派駐機構及中央垂直管理系統所屬機構單位，共錄用應屆畢業生 4300 人。在中國 2003 年出現大學生就業困難問題的情況下，公務員招收數量開始逐年有所增加。2007 年末舉辦考試的 2008 年公務員招收數量，招收崗位的名額已經增加到

1.4 萬人的規模，全國有 64 萬的考生，加上各省、地級的公務員，報名人數肯定逾百萬。2008 年的國家公務員考試招收的，有一半是有二三年工作經驗的人，顯然應屆大學畢業生處於不利的地位。

（二）經濟結構的調整

中國改革開放 20 多年來，國民經濟有非常快的發展速度，取得第二次世界大戰後繼日本、亞洲「四小龍」的又一個舉世罕見的經濟增長奇蹟。這種經濟成就也伴隨著中國經濟結構的巨大調整。

從產業結構的格局來看，中國第一產業的就業人數和比例均有大幅度下降。但截止到目前，中國城鎮化的程度依然不高，農村人口占總人口的比例仍然處於超過半數的格局。第二產業的就業人數比例比改革開放之初增加約 5%，絕對量則增加了約 1 億，在國企改革與大規模職工下崗的過程中仍然保有著 1.6 億的巨大數量。這一格局是因為中國的國內製造業產品市場大發展和中國正在成為世界製造中心的優勢地位所致。近年來，中國在注重發展資訊產業、生物工程等高新技術產業的同時，也在大力進行基礎產業的建設，並努力運用高新技術改造傳統產業。第三產業在改革二十多年來獲得了長足的發展，目前其絕對數量已達到 2.46 億，相對數為全部社會勞動者的 32.2%。上述產業結構的變化，從根本上制約著社會勞動力與人才的流向，也從根本上決定了市場給予大學畢業生這批新成長勞動力的容量。

從所有制結構即產權歸屬的角度看，中國二十多年來的經濟增長在很大程度上是靠非公有制經濟的發展取得的，非公有制經濟在獲得長足發展的同時，成為社會就業的主要渠道。近年來，為了進一步促進經濟增長和擴大就業，國家採取了鼓勵非公有制經濟發展、促進社區就業和多種形式的靈活就業等措施，採取了促進中小企業發展的多項政策。這些政策措施大大增強了社會就業的市場容量。但從總體上看，國有單位

還是中國目前大學生就業的較重要渠道。為了促進國有企業提高效益，中國進行了企業管理體制的改造，組建行業性集團公司，在國有企業尤其是電信、銀行、軍工等壟斷性行業中引進競爭機制。上述措施促進了國民經濟的發展，增強了國有企業的競爭力，這些措施靈敏地反映到大學生就業數量和其質量要求上。

從地區結構的角度看，中國的東南地區一直是吸納勞動力的主要地域。20 世紀 90 年代中期以來，國家把開發西部作為戰略措施，這一政策對大學生近期的擇業傾向尚沒有產生多大影響。由於西部與邊遠省份在發展機會、工資水平和現實需求等方面的限制，大學畢業生的擇業傾向依然是「一江春水向東流」。2002 年以來，國家組織實施了「大學生志願服務西部計劃」活動，錄用一批大學畢業生為西部地區鄉鎮政府機構的國家公務員，但總體規模仍然是相當小的，一般在每年幾千人的水平。

（三）技術進步的影響

技術進步是涉及經濟發展的重要因素，對社會就業也具有複雜的影響。技術進步對就業同時具有「促進」與「減少」的雙重影響而被人們稱為「雙刃劍」。20 世紀 90 年代全球新經濟的發展，對人才的需求大大增加，對社會就業的影響也更加複雜多變。隨著全球資訊化浪潮的來臨，社會對電腦類人才的需求在各個行業都有大幅度增長，電腦類職業成為長久不衰的非常吃香的職業，因此，幾乎每所高等院校也都開設了電腦這一熱門專業，其招生數量不斷壯大，畢業生人數成倍增長。通訊、生命科學與醫藥衛生等行業，也都保持著持續的發展。

世紀之交，全球網路經濟大發展，而後出現一定的泡沫。進入新世紀以來，高新技術產業在競爭中繼續發展。2001 年網路經濟的泡沫開始消退，一些以資訊產品為主業的大公司紛紛裁員，以至出現兼併和破產現象。這一問題也波及到中國，外企在華公司、中外合資企業與中國

的高新技術企業都受到不小的影響。居於國內資訊產業龍頭地位的聯想集團，在經營中存在較大問題的情況下進行戰略調整，於 2004 年初進行了一定規模的裁員。儘管這是聯想集團的主動性舉措，其過程相當順利，但這一舉措反映了嚴酷競爭條件下對於人力資源使用的謹慎和對過剩人員的排斥，因而在業界和在社會上都產生了較大的反響。

　　由於中國高等院校連年擴招，即使在高新技術產業基本上維持相當規模需求的情況下，也可能存在一定的不平衡，進而還會出現熱門專業過剩的現象。例如，在 2004 年北京的勞動力市場上，就業供求比最大的二十種職業已經沒有高新技術的位置而基本上都是第三產業的職業，在就業需求比最小的二十種職業中反倒出現了持久不衰的電腦類職業。這一現象的出現給我們重重敲響了「教育要適應市場」的警鐘。

（四）經濟全球化的挑戰

　　經濟全球化是一種世界發展趨勢。隨著 20 世紀 80 年代以來中國的改革開放，我們走上從各方面與國際經濟接軌的道路。2001 年中國加入了 WTO，這是近年中國在經濟社會發展方面一個非常巨大的變化。隨著加入 WTO 以後的各項接軌措施，中國的經濟正在全面融入世界經濟，這對中國的就業會產生多重影響。從長期的角度看，加入 WTO 會有力地促進中國的對外貿易，也有利於國內產業結構的改造與升級，對增加就業機會和提高就業質量都會產生積極的影響。從短期的角度看，加入 WTO 必然出現的是國外產品進口的大量增加，這意味著會對國內產業產生巨大的衝擊，並導致對中國就業與勞動市場的相當大衝擊。從另一角度看，加入 WTO 也帶來大量國外服務貿易產品的進口，這會在中國的國土上增加就業機會，尤其是面向素質較高的大學畢業生與各種人才的就業機會。前述的國際著名四大會計事務所在華大量招收大學畢業生的現象，即是這一局面的突出事例。

　　此外，加入 WTO 正在帶來中國民族產業的自我改造和與外資企業的聯姻，從而使中國的經濟實力大大增強。但是，這種改造過程同時就是對新就業人員的高素質要求和對社會就業存量的調整。

　　進一步來看，中國的經濟迅速發展和外向性逐步增加，原來屬於「民族產業」的公司企業大量進入國際市場，從產品出口到與外國公司聯營，已在國外設立公司，為中國高素質的外向型人才有著迅速增長的需求。

　　綜合起來看，加入 WTO 對中國的經濟和就業來說，是一種發展中的「煉獄」。這個進步過程是非常艱難的，但在這種「艱難」的同時，也給大學畢業生就業帶來大量新的機遇。

三、中國大學生就業困難問題的出現

（一）2002 年大學生就業困難的問題出現

　　高等教育是培養現代化高端人才的搖籃，也是國家教育發展水平的一個重要標誌。伴隨著改革開放，中國的高等教育取得很大成就，2001 年的在校生總規模僅次於美國，占世界總規模的 $1/7$[2]。1999 年，中國出於保證經濟發展的人才供給、增加消費拉動內需、滿足社會的上大學意願等原因，實行了高等院校大規模擴招。大學大規模擴招後，其畢業生必然在三、四年內大量增加。這無疑是中國迅即出現大學生就業困難的重要原因。2002 年，中國大規模擴招的第一屆專科生大量進入畢業期，據統計，該年全國高校畢業生總數為 145 萬人，比 2001 年淨增 28 萬人，增幅達到 23.9%；畢業生比上一年的增加數由 10 萬人增加到 28 萬人，同比數量是上一年的 2.8 倍。由此開始出現了「大學生就業困難」這一新的問題。詳見表 6-1。

---

[2]　中國教育與人力資源問題報告課題組，《從人口大國到人力資源強國》，第 295-296 頁，高等教育出版社，2003 年。

表 6-1　2000-2003 年大學生就業狀況

年份	畢業生總人數（萬）	畢業生增加數（萬）	畢業生增加率（%）	已就業人數（萬）	一次就業率（%）	未就業人數（萬）	未就業增長數（萬）
2000	107	－	－	77.0	72.0	30.0	－
2001	117	10	9.3	80.5	70.0	34.5	4.5
2002	145	28	23.9	108.10	74.6	36.9	2.4

　　對於該問題，政府有關部門早就做出判斷，指出了中國已經進入「大學生就業困難」時期。2002 年 3 月，國務院辦公廳發佈[2002]19 號文件，轉發教育部、公安部、人事部、勞動保障部《關於進一步深化普通高等學校畢業生就業制度改革有關問題的意見》，指出「一些地方高校畢業生就業出現困難」[3]，明確了對大學生就業狀況的基本定性。文件還指出，就業困難屬於結構性的，要求各省自治區直轄市和國務院各部委認真貫徹執行四部委的有關意見，加以解決。

　　作為社會的一大焦點問題，大學畢業生就業困難的問題也因而倍受各界關注。2003 年 3 月，全國人大和政協「兩會」期間，代表們對大學生就業問題的形勢和原因提出了許多看法，並就解決措施提出了許多建設性的意見，這也反映了中國的大學生就業困難問題正在進一步加大、成為熱點問題。

（二）2003 年大學生就業形勢嚴峻

　　2003 年夏季，1999 年擴招的本科學生進入了畢業期，全國高校畢業生人數急劇增加到 212.2 萬人，比 2002 年增加了 67 萬人，一年的供給增幅高達 46.2%。在中國大學畢業生供給人數大量增加的同時，社會對大學畢業生的需求未能有相應地增加，這必然導致供求矛盾十分突

---

[3] 國務院辦公廳，國辦[2002]19 號文件，2002 年 3 月 2 日。

出，就業壓力猛增，出現了高達 60 多萬人的大學畢業生失業問題。按照教育部發佈的資料，2003 年大學生畢業生的一次就業率為 70%，未就業人數比上年增加 26.7 萬人，一年的增長率高達 72.4%。顯然，這種供給一年即劇增 46.2%、失業一年劇增 72.4%的大學生就業困難問題，已經不僅僅是結構性的問題，而是總量性就業和結構性就業並存的就業問題了。

需要注意的是，中國以往年的一次就業率資料是 6 月下旬匯總做出的，而 2003 年的資料是 9 月份的資料，如果採用同樣的 6 月份資料，顯然其未就業的數值還要高，就業問題還要大。

中國這種數量巨大的大學生群體性失業現象出現，產生多方面的社會影響，引起了黨中央和國務院的高度關注。2003 年 5 月 29 日，國務院辦公廳發佈[2003]49 號文件《關於做好 2003 年普通高等學校畢業生就業工作的通知》，指出「高校畢業生總量增加，再加上受到非典型肺炎疫情的影響，今年高校畢業生就業形勢比較嚴峻」，要求各省市和各部委充分認識大學生就業工作的重要性和緊迫性，動員社會各方面力量共同做好 2003 年的畢業生就業工作。在非典猖獗的 2003 年夏季大學生簽約期，胡錦濤總書記每天關注全國大學生的就業動態資料。

（三）2004 年至今大學生就業困難的局面持續

2004 年中國大學畢業生的人數比 2003 年仍然有 68 萬人的較大增加，達到 280 萬人。2004 年 4 月 17 日，國務院辦公廳發佈[2004]35 號文件《關於進一步做好 2004 年普通高等學校畢業生就業工作的通知》，指出「畢業生就業形勢依然嚴峻，就業工作任務艱鉅」，要求地方各級政府和有關方面「全面貫徹黨中央、國務院的要求和部署，全力以赴的做好工作」。該文件不僅提出進一步深化大學畢業生就業有關工作的新措施，而且進行解決大學生就業問題的制度化建設，建立了高校畢業生就業工作目標責任制。

　　2004 年以後至今的數年間，中國的高等院校畢業生仍然保持大幅度增長。2005 年畢業生人數達到 338 萬人，比 2004 年進一步增加 58 萬人，增幅達到 20.7%，畢業生總量達到擴招前的 2.9 倍。全國政協教科文委員會副主任、原教育部副部長韋鈺指出，這種發展速度是「世界上絕無僅有的」[4]。溫家寶總理在 2005 年 11 月的講話指出：「目前大學畢業生的就業困難問題越來越突出，每年有上百萬大學畢業生不能及時找到工作。」[5]基於幾年前招生數量持續增加的局面，2006 年中國大學畢業生的數量增加到 413 萬人，失業的大學生突破百萬大關，達到 113 萬人。據有關資料，2007 年中國大學畢業生數量進一步增加到 495 萬人，基本上達到 500 萬的整數大關。這一龐大的供給資料使該年大學生就業困難的局面持續。經過各方面的努力，大學生一次就業率基本上與上年度的水平差不多，總體就業形勢處於比較平穩的狀態。詳見表 6-2。

表 6-2　2003～2007 年大學生就業總況

年份	畢業生總人數（萬）	畢業生增加數（萬）	畢業生增加率（%）	已就業人數（萬）	一次就業率（%）	未就業人數（萬）	未就業增長數（萬）
2003	212	67	46.2	148.4	70.0	63.6	26.7
2004	280	68	32.1	204.4	73.0	75.6	12.0
2005	338	58	20.7	245.4	72.6	92.6	17.0
2006	413	75	22.2	299.8	72.6	113.2	20.6
2007	495	82	19.9	358.9	72.5*	136.1	22.9

* 教育部尚未發佈 2007 年的一次就業率，此資料為作者的估計數。該年的「已就業人數、未就業人數、未就業增長數」三項數位均依此數值推算得出。

[4]　韋鈺在中國人民大學「中國社會科學論壇 2004」上的講話，2004 年 5 月，北京。
[5]　溫家寶，全國職業教育工作會議上的講話，2005 年 11 月 13 日，北京。

　　據國家教育部門原來的規劃，預計在 2010 年達到入學率 15%的「高等教育大眾化」的水平，大學畢業生的總量在達到年 400 萬人的規模後將保持一定的穩定，再增加招生主要是招收研究生層次的。但中國的大學生入學率在 2004 年就超過了 15%的發展目標，到 2010 年將翻倍；現在的畢業生已經達到約 500 萬人的規模，而且未來數年還有百萬規模的大幅度增加。

（四）大學生就業困難的表現

　　大學畢業生供給增加和社會對其需求疲軟的矛盾，使大學生們的求職過程顯得艱辛和沉重。許多社會新聞形象地說明了大學生就業的嚴峻形勢。武漢曾經爆出「大學生保姆中心」的新聞；廈門某幼稚園招聘兩名幼兒教師，沒想到來了 10 多名大學生報名；南京一家公司以千元月薪招聘擦鞋匠，在 200 名應聘者中有 52 名為大學生⋯⋯上述事例說明，許多大學畢業生已經難於在中層勞動市場立足，而進入了需要較低教育程度的下一層次市場。

　　大學生就業困難的另一個反映是，大學畢業生入職工資水平的下降。按照經濟學原理，商品的價格受到市場供求關係的影響：當一種商品供不應求時，其價格就會上升；當一種商品供過於求時，其價格就會下降。2001 年以前，中國大學畢業生就業的入職工資水平隨經濟社會發展而提高，2002 年以來、尤其是 2003 年，大學畢業生入職工資水平明顯下降。北京大學「高等教育規模擴展與勞動力市場」課題組 2003 年對全國高校畢業生就業狀況進行了調查，其中對本科畢業生工資的調查顯示，月薪 1000 元以下的和 1000～2000 元的均在 40%以上，月薪 2000 元以上的不足 20%。在大學畢業生工資下降的同時，是其家庭教育投資的增加，二者結合在一起，可以反映說明中國高等教育投資回報

明顯下降。據分析，這種人力資本投資回報率呈不斷下降的趨勢，「這一下降趨勢在中國才剛剛開始」[6]。

　　上述資料和實例都說明，在中國「大學生就業困難」的事實毋庸置疑。需要進一步分析的是，導致大學生就業困難的外部環境和內部原因，以及大學畢業生群體內部存在的差異。

第二節　中國的大學生就業格局與趨勢

一、中國的「大就業」格局

　　社會就業的整體格局狀況構成大學生就業的宏觀背景，所謂「大就業」，是中國的教育系統，尤其是大學生就業部門對全國性就業總體環境的簡稱。「大就業」問題在前面已經做了一般性闡述，這裏從發展態勢的角度進一步分析。

（一）不斷增加的就業總供給

　　由於中國經濟體制和經濟增長方式的轉型，由於人口因素的影響所帶來的勞動力供給持續增加，由於經濟發展的變化中技術和資本對勞動的替代和經濟增長過程中就業彈性的降低，以及農業勞動力向非農業轉移所帶來的巨大壓力等多種因素的影響，中國的整體就業形勢面臨十分嚴峻的局面。國務院發展研究中心市場經濟研究所副所長陳淮認為，中國面臨的最大挑戰就是失業，最稀缺的資源則是就業崗位。

---

[6] 曾湘泉等，《中國就業戰略報告 2004 變革中的就業環境與中國大學生就業》，第 199 頁，中國人民大學出版社，2004。

　　據有關研究，由於中國第三次生育高峰期出生的人口開始逐步進入勞動年齡，中國的又一個勞動力供給高峰期正在逐步到來。未來 5～10 年，中國每年新增勞動適齡人口的數量不會低於 1000 萬，人力資源 2010 年將達到 8.7 億，2020 年將達到 9 億，比現在淨增 1 億左右。

（二）整體就業市場的擠壓

　　整體就業態勢的嚴峻，必然對大學生就業市場產生不小的擠壓。

　　在就業供給方面，儘管人們理念上的高等院校畢業生，與一般藍領工人層次的就業屬於不同的市場分層，但應當看到，兩者之間的相互滲透正在逐漸加強，兩者的就業目標都會瞄向技能人才崗位。國家勞動與社會保障部勞動科學研究所對下崗職工進行的入戶調查表明，在企業下崗職工中，大專及以上學歷的占 9.4%，中專高中及相應學歷的占 43.9%，可以說半數下崗職工可能形成與大學畢業生在專科層次市場的爭奪，這種就業競爭將隨著成年勞動力教育層次的不斷提高而進一步加大。

　　在中國，大學生的就業困難中問題最大、就業率最低的是大專生、高職生，其主要出路可以說也在於成為技能人才。不少大學的擴招，由於教育資源明顯短缺和就業市場的壓力，名為招收本科生，在培養內容、培訓方法和就業方向上實則類似於高職生，顯然是到了更廣闊的就業市場上與人競爭。

　　此外，中國的民辦高等教育也是 20 世紀 90 年代後期以來以較快的速度發展，這也使得高等教育的總規模大大增加。而且，它們的辦學特點是適應市場，畢業生的需求不高，且學校對於畢業生的就業更加重視。這也加劇了普通高等院校畢業生在整體就業市場上面臨的擠壓。

二、擴招與大學生就業格局

　　大學擴招導致大學畢業生在短時期內迅速增加，無疑是存在大學生就業困難問題的一個原因。但是，「擴招」與「就業困難」二者又不能簡單地等同。

（一）「擴招」的原因

　　筆者認為，中國 1999 年以來的高等院校大規模擴招，有著以下四個方面的原因：

1. 拉動消費需求

　　中國的國民經濟經過較長時期的高速增長，由過去的產品短缺發展到產品供給較豐裕但有效需求不足，即存在一定的消費不旺盛局面。調動有效需求因而成為國家最高決策層在宏觀經濟政策上的重要思路之一。發展高等教育以拉動幾百億元社會消費的建議，得到國家領導人的重視。

2. 經濟發展有需要

　　中國高等教育水平落後，處於「精英教育」的階段，大學生占同齡人口的比例長期處於較低的狀態。據統計，1990 年中國高等院校毛入學率僅為 3.4%，擴招之前的 1998 年達到 9.8%。而中國改革開放以來國民經濟持續增長，發展勢頭很好，社會對增加人才供給有一定的要求，這會導致高等院校招生規模的擴大。

3. 提高高等教育效率

　　中國高等教育存在著一定的教育資源浪費問題，師生比過低，國家的教育投入又不足。為了提高教育資源的利用率，教育主管部門是可能

採取「增加招生規模」措施的。在大學實行收費教育的制度下，擴招在一定程度上解決了教育經費的問題，這得到各大學的歡迎。

4.社會對「上大學」的需求

中華民族有著「讀書以求仕進」的傳統，家長和學生本人對上大學有著很大的期望。20 世紀 90 年代後期的中國，社會職業地位及其收入差距明顯擴大，知識受到市場的青睞，家庭對「子女上大學」的需求和青年學子求學意願進一步增加。

這就是說，「大學擴招」本身是具有一定的客觀要求的。

（二）「擴招」中存在的問題

但是，中國的高等院校持續大規模擴招，也存在著一定的問題。筆者認為，在擴招方面主要存在以下幾個方面的問題：

1.擴招速度過快，規模過大

中國的高等院校大規模擴招，使得大學畢業生的供給在短短六年間增加了 3 倍，而市場對於大學畢業生的需求不可能有如此快的增幅，這種供給明顯超過了市場需求的增長，在短期內難於消化，必然導致明顯的大學生就業困難。據披露，中國原計劃在 2010 年達到大學入學率 15%的目標，實際上在實行大規模擴招四年後的 2002 年就已經達到，2004年入學率已經達到 19%，而目前畢業生供給還在以每年 60 多萬人的水平增加。同時，各類民辦高等教育也大大增加，其畢業生學制短，提前占據了大學層次畢業生的一部分崗位。此外，一些海外學子歸國就業也占據了國內中高級人才的一部分新增崗位。上述兩個因素都會使社會對「大學生」的需求崗位被占據，即減少一定的對普通高等院校大學畢業生的需求崗位。應當承認，中國大學畢業生的總量過剩問題是存在的。

如前所述，中國著名高等教育學專家潘懋元所說的「教育過度」，不是指質量，也不是指結構，而正是總量意義上的過度，即擴大招生的數量過多。

2.大學擴招存在較大的盲目性

就大學而言，其招生一般是依據自身的專業培養能力和當時的熱點來確定的。各大學在擴招中對一些「好專業」蜂擁而上，招生幾年以後，就可能出現市場需求的專業結構與幾年前招生的專業結構不匹配的問題，現實的專業培養教學體制又不能適合市場的變化、也不符合學生的個人特點與選擇，從而導致嚴重的結構性過剩問題。從宏觀來看，中國的高等教育規劃遠遠沒有做到以市場需求為導向，而微觀來看，各學校的招生和辦學存在較大的盲目性，專業趨同現象十分嚴重，導致供給嚴重大於需求[7]。例如，隨著經濟的發展中國需要大量的金融人才，眾多高校於是一哄而上，某金融系科辦學實力較弱的高校一年即招生金融專業十多個班；又如，幾年前教育部佈點增長最快的十個專業，畢業生就業率在 2002 年全面下降，其中藝術設計下降了 21.6 個百分點，就業率僅有 59.7%。

3.高等教育資源明顯不足

在中國持續擴招的情況下，許多大學的教育質量下降，這意味著該部分畢業生難於成為社會需要、市場認可的有效供給。在中國，參加高考的「千軍萬馬」不再是擠「獨木橋」，而已經相當容易地走上了越來越寬闊的「鋼筋水泥橋」，蜂擁進入大學教育的殿堂。人們說，現在的大學（本科）生等於大專生或中專生，研究生等於大學生，博士生等於

---

[7]　劉軍，〈關於大學畢業生就業的形勢、問題與對策建議〉，2003 年 4 月 18 日

碩士生，這種說法不無道理。據北京師範大學教育經濟學專家賴德勝的
分析，「與我們當前的教育容量相匹配的合適的擴招比例在（每年）5%
左右」[8]。按照這一比例推算，可以說中國近年擴招中的大部分畢業生
都是「次品」，他們必然會由於素質下降而面臨就業困難的問題。一個
導師帶幾十個碩士生、十幾個博士生的現象有一定的普遍性，他們還要
授課教書、還要研究寫作，研究生的培養質量何以保證？在許多大學，
博導甚至碩導根本不上本科生的課，每年入學的兩百萬本科生能受到什
麼檔次的教育？

4. 精英教育模式不適應社會需要

中國目前大學的辦學模式基本上是培養精英教育下的專業人才，這
樣的畢業生不適應市場的需要。中國的人才缺口有一大塊是技能人才，
但現行的大學（本科）教育在一定程度上依然採精英教育模式，這種教
育忽略社會需求巨大的實用型技能；即使是高等職業教育，也往往以升
本科為目標和類比本科專業教學。由此，在就業市場上出現「技師工資
是碩士畢業生工資的幾倍」的現象，也就不足為怪了。

三、中國大學生就業的近期趨勢

（一）中國「大就業」的發展趨勢

中國是世界第一人口大國，由於人口因素的影響所帶來的勞動力供
給持續增加以及多種因素的影響，中國的整體就業形勢仍然面臨十分嚴
峻的局面。這無疑是對大學生就業相當不利的外部環境。據估計，中國
近年城鄉勞動力過剩的總量規模高達 2 億以上。國務院發展研究中心研

8　《三聯生活週刊》，2003 年 10 期。

究員陳淮認為，中國面臨的最大挑戰就是失業，「最稀缺的資源」則是就業崗位。學者們所說的中國「人口紅利」所反映的正是生育高峰期出生的人口開始逐步進入勞動年齡，又一個勞動力供給高峰期和就業壓力期的到來。據勞動保障部的估計，「十一五」計劃的五年中，中國每年新增勞動適齡人口數量不會低於 1700 萬，數量巨大。根據國家發改委給出的 2006 年數字，中國過剩勞動力的數量有 1400 萬人[9]。據國家統計局和勞動保障部發佈的正式資料，中國 2006 年的城鎮登記失業率（年末數）水平是 4.1%，登記失業數量為 847 萬人。就城鎮的總體失業情況看，失業率水平還要更高，據全國政協副主席、中國科學院院士徐匡迪披露的近期調查結果，將大中城市下崗、待業等情況包括在內的中國當前城鎮全部失業率接近 8%。

　　整體就業形勢的嚴峻，對過剩的大學生進入就業市場的可能空間無疑是不利的。在中國，不少大學（尤其是那些缺乏專業實力和「升格」不久的地方大學）實行擴招，儘管它們獲准招收了不少本科生，但因其教育資源明顯短缺和就業市場的壓力，在培養內容、培訓方法和就業方向上類似高職生，顯然也是走向技能人才市場。媒體上對大學生就業困難的問題有許多形象報導，如武漢曾經爆出的「大學生保姆中心」新聞，廈門幼稚園招聘兩名幼兒教師的崗位 10 多名大學生報名，南京一家公司的擦鞋匠應聘者中有 52 名大學生，等等，不僅說明中國大學生就業的嚴峻形勢，而且反映了許多大學本科畢業生已經難於在中層勞動市場立足，而進入了下一層次的、不需要高等教育而只需較低教育程度的非技能藍領市場。由此，未來年代整體就業形勢的嚴峻對大學生就業也產生巨大的擠壓。

---

[9]　國家發展與改革委員會就業司，〈分析 2006 年就業面臨的問題及做出的政策建議〉，北京，2006 年 2 月。

（二）大學畢業生「十一五」期間供給大幅增加

　　據國家發展與改革委員會副主任朱之鑫披露，「十一五」期間中國的大學畢業生供給總量高達 2700 萬人[10]。依此資料計算，除去 2006、2007 兩年已經畢業的數量，2008～2010 年中國大學畢業生的人數為 1792 萬人，年平均數量高達 597.3 萬人，其規模比 2007 年又增加 100 萬人。據筆者預測，2009 年中國的大學生畢業數量就將達到 600 萬人大關，2010 年則將達到 640 萬人之多。這進一步向我們預示，中國大學生就業困難的形勢在近幾年依然處於相當嚴峻的局面。詳見表 6-4。

表 6-4　「十一五」期間大學畢業生數量總況*

年份	畢業生總人數（萬）	畢業生增加數（萬）	畢業生增加率（%）
2006	413	75	22.2
2007	495	82	19.9
2008	558	63	12.7
2009	602	44	7.9
2010	632	30	5.0

* 2008～2010 年的畢業生總人數、增加數和增加率資料均為作者估算。

（三）解決大學生就業困難問題的任務緊迫

　　在中國不斷增加的就業總量供給中，不僅大學生供給的數量之高令人注目，而且大學生供求缺口之大也讓人擔憂。從 2006 年的情況看，全國普通高校畢業生為 413 萬人，比上年增長 22%；同年國家人事部的調查資料顯示，全國對高校畢業生需求約為 166.5 萬人，比上年實際就業量減少 22%，缺口數量近 250 萬人，供求總量的矛盾在進一步加大；

───────────────

[10] 朱之鑫，在世界銀行、國家發改委「中國勞動力市場政策研討會」上的講話，北京，2006 年 4 月。

國家勞動和社會保障部培訓就業司人士分析，中國就業市場對大學生層次的需求不足缺口達 200 多萬人左右。2007 年，大學生就業市場的供求缺口依然十分巨大。

進一步分析，中國數量巨大的大學畢業生已經構成城市新增勞動供給的主流、從而構成城市就業問題的主體，其壓力之大更是令人驚訝！按照勞動保障部的資料，中國近年的勞動供給在「十一五」期間每年的新成長勞動力為 1700 萬人，筆者按中國現行城、鄉就業比例四六開的格局推算，每年 1700 萬人中的城鎮供給數量就是 680 萬人，大學畢業生就業去向基本上是 100%進入城市，以此為假定條件，597 萬的年均大學畢業生數量占每年城鎮新成長勞動力的比例高達 87.9%[11]之多！如此數量的大學生供給與中國現行經濟社會發展社會對大學畢業生的需求相比，無論是在總體數量方面，還是在質量、結構方面，都存在著非常巨大的矛盾。

對此，許多學者和政府有關部門都意識到：中國的大學生就業壓力巨大。全國人大常委鄭功成指出，大學生「已經成為中國城鎮就業的主要目標群體」，「大學生就業形勢在『十一五』期間更為嚴峻」[12]。

總之，中國目前和近年的大學生就業壓力非常巨大，解決好中國大學生就業的任務十分緊迫且相當繁重，需要學校、政府、社會和大學生各方面的共同努力。

---

[11] 姚裕群，在廈門大學王亞南經濟研究院「2006 當代勞動經濟學國際研討會」上的發言——〈從高等教育的角度看大學生就業困難的問題〉，廈門，2006 年 12 月。

[12] 鄭功成，〈大學生就業難於政府的政策導向〉，《中國勞動》，第 17 頁，2006 年第 4 期。

第三節　目前大學生就業領域存在的問題

一、市場就業體制尚未完全建立

在市場經濟體制下，大學畢業生這種人才資源的配置要以市場為導向，透過較為完善的市場機制來實現就業。但是在中國，市場就業制度尚未完全建立。20 世紀 90 年代中期以來，「雙向選擇、自主擇業」成為大學生就業的主旋律，大學生就業正朝著市場化的方向邁進，但中國的戶籍制度、人事制度、檔案制度等方面的改革以及社會保障制度的建設卻仍然滯後。

作為供給方，大學生及各高等學校仍然受著本地區就業的指標限制。這種「指標」是由各用人單位所在地區的政府部門下達，在用人單位和地方政府人事部門對「就業協定」蓋章認定後，學校發給報到證、公安部門依此批准辦理戶籍入戶手續才最終得以實現的。如北京市分配給一些大學的外地生源一定比例的「留京指標」，這些指標先滿足研究生，餘下的才能夠分到本科生頭上。作為需求方，大城市的用人單位想接收大學生需要有進人指標。需求與供給雙方「合二為一」，才能夠實現大學生的就業，這種實現要透過派遣或報到制度予以完成。

雖然國家出臺了一系列促進大學生就業的政策措施，但由於管理方面脫節等原因，一些政策還懸在空中，得不到落實。從近年畢業生就業工作的情況看，一些省市限制畢業生就業的政策性障礙依然存在，這突出表現在畢業生，尤其是高職、專科學生跨省市流動受到限制上。

此外，雖然國家發佈了「大學生畢業二年內可以由學校保留檔案」的策規定，但由於派遣指標是在當年有效，過年就不再辦理派遣證，使得已經找到工作單位的大學生，會因為沒有指標而不能夠派遣，仍然處於難於就業的狀態。

二、大學畢業生不適應市場

（一）綜合素質較差

　　眾所周知，中國的高等教育長期以來一直處於以傳授知識為主的傳統模式。這種模式注重學科知識的教育，忽視綜合素質的培養，所教育出來的學生往往具有較好的學習成績，但在實踐能力和創新能力等方面存在較大的欠缺，社會適應性不強。然而，用人單位招收員工時，不僅要求求職者有紮實的專業知識，而且要求其具有較高的綜合素質、具備較強的實踐能力。那些只具備本學科課程的高分，但缺乏廣博的知識積累、思維不靈活、社會適應能力差的學生，在求職中往往處於劣勢。

　　在大學生就業困難和就業工資明顯下降的情況下，即使是走向市場、個人創業的道路，也往往是停留在大學生們的些許想法上，而不敢、不願和無能力真正付諸實施。據華東師範大學 2003 年對上海高校 540 名本科生的調查，有 77.6% 的學生表示有創業意向，可最終創業的不足2%，二者反差如此之大，是值得人們思考和研究解決的[13]。

（二）就業期望值過高

　　眾所周知，大學生自身期望值過高也是其就業困難的原因之一。在傳統的計劃體制下，凡進入大學讀書的大學生們不僅都處於國家分配工作的保險狀態，而且均擁有未來「幹部」的優勢身份。這種體制造成了大學生們普遍存在「皇帝的女兒不愁嫁」的心態。

　　在大學生就業已經由「分配工作」轉變為自主擇業的體制下，在大學教育由精英教育轉化為大眾教育的背景下，很多學生仍然持傳統的就業觀念，以「皇帝的女兒」的特殊身份看待就業問題，只考慮大城市和

---

[13] 〈大學生創業成為就業『熱』中的『冷』選擇〉，新華網。

東部沿海發達地區，只考慮正規部門、白領職業和高工資的工作，這種過高的就業期望顯然是有問題的。中國人民大學勞動人事學院「大學生就業問題研究」課題組的調查顯示，北京市高校本科生有 98.3%首選在北京、上海、廣州、深圳以及東部沿海經濟發達地區工作，只有 1.2%的人把目光首先投向中西部城市；僅有 8.1%的人樂於接受去小城鎮及鄉鎮單位（地區）就業，47%的人則表示堅決不接受此類就業。上述擇業心態所導致的擇業行為是：對東部沿海地區及各大城市，大家拼搶職位；對中西部地區及縣鎮農村，則乏人問津。

　　大學生不適應市場也表現在大學生的就業收入預期，與用人單位提供的工資之間不能匹配上。當工資這一就業市場的實際價格與大學生所要求的「價碼」存在較大差異時，必然導致大學生的就業困難。近年有關的調查顯示，大學生的平均入職工資為 1500 元，而大學畢業生期望的工資在 2000～4000 元之間，而大學生初次就業的實際工資區間為平均 1500 元，這反映了二者之間的差異和「缺口」是很大的。據中國人民大學勞動人事學院課題組對北京地區大學畢業生的調查，大學生畢業生期望工資的「收入底線」區間為：月薪 1000 元以下的占 1.4%，1000～1999 元的占 42.7%，2000～2999 元的占 40.3%，3000～4999[14]元的占 11.7%，5000 元以上的占 3.69%。大學生的收入預期與用人單位提供工資之間的高估幅度，2000 年為 41.2%，2002 年為 37.7%，在大學生就業困難問題已經非常突出的 2003 年，已下降到 23.4%。但這一水平仍然大大高於與發達的市場經濟國家，如美國為 10%，瑞士等一些歐洲國家略大於 10%。

　　由上可見，大學生的就業困難現象與大學生自身狀況有很大的關聯，提高大學生的綜合素質，轉變其就業觀念很有必要。

---

[14] 曾湘泉等，《中國就業戰略報告 2004 變革中的就業環境與中國大學生就業》，第 132－133 頁，中國人民大學出版社，2004。

三、用人單位的要求誤區

（一）條件苛刻

在現實的大學生就業市場格局中，由於存在總量上的供過於求，因而在一定程度上形成買方壟斷。在買方壟斷的格局下，往往會出現以下問題：

其一，招收員工「水漲船高」。用人單位往往在學歷、經驗等方面提出較高的要求，有的用人單位甚至在招聘條件中列入大大超過崗位要求以至與崗位無關的性別、身高、體重、形象等條件。這無疑會使已面臨一定就業困難的大學畢業生進一步陷入困境。

其二，壓低大學畢業生工資，導致大學畢業生不願接受其崗位，從而加大其就業困難的問題。在工資水平問題上，主要問題並不是大學生一方因高期望而「低不就」的問題，而是用人單位一方壓低價格的問題。隨著全球性泡沫經濟的破滅，隨著企業競爭環境的嚴酷，用人單位的需求數量有明顯的下降，而近年的大學生供給又異常增加。這種格局必然造成買方壟斷市場，使大學生就業處於不利的地位。

（二）高能低聘

用人單位要獲得高素質的人才原本是無可厚非的，隨著經濟、技術的進步和競爭壓力的增加，這種要求更有其合理性。但是，在現實的招聘活動中，一些用人單位在招收員工時「大材小用」，專科生可以勝任的崗位卻招收本科生來從事，本科生可以勝任的工作卻非要研究生來擔任。這種不恰當地提高員工學歷要求的做法，似乎顯示出他們對人才的重視，但實際上是把人才當作展示自身政策和實力用的「花瓶」，同時也人為壓低了人才們應當得到的工資。

從社會的角度看，「人才高消費」的現象愈演愈烈，不僅造成人才的浪費，也給專科生、本科生的就業帶來一定的困難。

（三）性別歧視

眾所周知，性別歧視是一種常見的社會現象，在大學生就業領域這一問題也明顯存在。北京的大學生們在就業市場上的被排列為「京男、外男、京女、外女」的等級序列，這不僅清楚地表明大學生就業中性別歧視現象的存在，而且反映出它比戶口等制度性歧視更為嚴重。出於多種原因，不少用人單位明確表示在招聘中只要男生，結果使女大學生面臨比男大學生更加嚴峻的就業困難問題。性別歧視這個社會問題，發生在 21 世紀的大學生就業領域是很不合理的。

（四）苛求經驗

相當多的用人單位只看眼前、不顧長遠，只招用「有工作經驗」、能馬上給用人單位帶來效益的人。在他們看來，應屆畢業生的實踐能力差，需要本單位花費時間投入成本對其進行培訓，因而不願意招收應屆畢業生。在這種缺乏長遠眼界和忽視培養的思想指導下招聘，大大增加了畢業生的就業難度。

四、就業指導服務工作不到位

就業指導，在科學意義上是職業指導。從總體上看，中國現行的大學生就業指導基本上停留在完成「畢業派遣」的任務為主的狀態。具體來說，現行的就業指導內容，主要是對畢業生發佈崗位資訊、進行政策解說、組織供需見面、辦理簽約手續等方面，其核心是使畢業生找到工作、實現簽約。現行的大學生就業管理體制，使就業指導機構把畢業生

的一次就業率作為唯一目標。這必然使工作人員只重視事務性工作,而忽視學生的職業生涯觀念建立和職業能力開發。這種就業指導狀況非常不利於大學生就業能力的培養。

　　搞好就業指導,要解決就業指導工作人員的素質、就業指導機構的活動場地及經費等多方面的問題,可以說提高工作人員素質是最主要的任務。中國就業指導工作專業化程度很低,工作人員基本上缺乏正規的職業指導理論與工作技能培訓,很多就業指導工作由黨政幹部兼職從事,指導的內容簡單、方法落後,工作隨意性大,較少使用職業測試等現代手段,忽視對學生個性的塑造、潛能的開發和生涯的規劃。

　　關於就業指導即職業指導問題,本書將在後面詳細分析,這裏不贅述。

第四節　中國的大學生就業促進政策[15]

一、努力擴大就業崗位

(一) 大力發展經濟

　　大力發展經濟從而創造大批適應大學畢業生層次勞動的就業崗位,是解決大學生就業問題的根本措施。中國在深化改革、進一步開放和結構調整的舉措,有利於為大學畢業就業創造眾多的就業崗位。

　　2001 年 7 月 13 日中國申奧成功,2001 年 11 月 23 日中國正式成為世界貿易組織的成員,這對中國的經濟發展、社會就業和大學生就業來說,都是巨大的機遇。目前中國正在向第三步戰略目標順利地邁進,預

---

[15] 參見國務院辦公廳 2003 年 19 號文件、2003 年 49 號文件和 2004 年 35 號文件,以及教育部、勞動和社會保障部、人事部 2002～2004 年的有關文件。

計到 2010 年，中國經濟能夠繼續保持 8%左右的增長速度。按近年的就業彈性來計算，由於經濟增長而產生的就業崗位能保持在每年在 600 萬以上，這一形勢為大學畢業生的就業提供了基本的空間。

隨著經濟的發展，社會的職業結構必然向較高層次提升，由此中國中級和高級勞動市場的崗位需求將會大大增加，這也是有利於大學生就業的良好環境。

第三產業就業的擴大是歷史趨勢。目前，中國第三產業從業人員占全部從業人員的比例僅在 30%，而發達國家一般都在 60%以上，由此可以看出中國的第三產業有著廣闊的發展空間[16]。從近年的情況看，中國的第三產業產值每增長一個百分點，平均能增加就業崗位 85 萬個，這也為大學生就業和整個就業市場都提供了一定的空間。

（二）拓展就業增長點

1.國有單位面向高校招聘

國務院文件提出，黨政機關錄用公務員和國有企事業單位新增專業技術人員和管理人員，應主要面向高校畢業生，公開招考或招聘，擇優錄取。

2.消除到非公有制單位就業的障礙

近年來，公有制單位吸收就業的能力大大下降，大力促進大學畢業生到非公有制單位就業成為重要的政策選擇。國務院文件就此提出：對於到非公有制單位就業的高校畢業生，公安機關要積極放寬建立集體戶口的審批條件，及時、便捷地為其辦理落戶手續；用人單位要按照國家有關規定與所聘高校畢業生簽訂勞動合同，辦理社會保險手續，繳納社

---

[16] 教育部副部長袁貴仁在 2003 年全國普通高校畢業生就業工作會議上的講話。

會保險費，保障畢業生的合法權益；從事個體經營和自由職業的高校畢業生應當按當地政府的規定，到社會保險經辦機構辦理社會保險登記，交納社會保險費。上述措施使大學生進入非公有制單位的門檻得以消除，可以使大學生進入非公有制單位的後顧之憂得到解決。

3.自主創業和靈活就業

國家鼓勵和支援高校畢業生自主創業，要求工商和稅務部門簡化審批手續，給予積極的支援。從事個體經營和自由職業的高校畢業生要按照當地政府的規定，到社會保險經辦機構辦理社會保險登記，繳納社會保險費。凡高校畢業生從事個體經營的，除國家限制的行業外，自工商部門批准其經營起一年內免交登記類和管理類的各項行政事業性收費。在有條件的地區，由地方政府為高校畢業生提供創業小額貸款和擔保，工商、稅收部門對大學生創業簡化審批手續。

（三）到西部地區工作

1.鼓勵高校畢業生到西部地區工作

國家規定，對原籍在中、東部地區的畢業生到西部地區工作的，實行來去自由的政策，根據本人意願，戶口可遷到工作地區，也可以遷回原籍，由政府人才交流機構提供免費人事代理服務。到西部貧困邊遠地區工作的高校畢業生可提前定級，並根據實際情況適當高定工資標準。

2.實行「志願服務西部計劃」

共青團中央、教育部組織實施了「大學生志願服務西部計劃」，從每年的高校畢業生中招募志願者，到西部貧困縣的鄉鎮一級教育、衛生、農技、扶貧等單位服務兩年，服務期間計算工齡。志願服務期滿後，

鼓勵其紮根基層或者自主擇業和流動就業；願意報考研究生和報考黨政機關和應聘國有企事業單位的，仍可享受上述在艱苦地區工作二年以上人員的優惠政策。

（四）開拓到基層工作渠道

1.到農村鍛煉後選拔幹部

國家鼓勵和支援高校畢業生到農村去從事支教、支農、支醫、扶貧等工作。在經過兩三年的鍛煉後，根據工作需要，從中選拔優秀人員到縣、鄉（鎮）機關和學校或企業事業單位擔任領導工作，或充實到基層金融、工商、稅務、審計、公安、司法、質檢等部門。

2.安排到農村中小學任教

國家規定，要做好農村中小學教師的定編和教師資格的認定工作，清退不合格的教師和代課教師，空出崗位吸納高校畢業生到農村中小學任教。

3.新錄用公務員到基層鍛煉

國家規定，對錄取到各級政府機關工作的高校應屆畢業生，都要安排到基層支教、支農、支醫、扶貧或是到企業鍛煉一到二年。對中央和國家機關各部門從應屆畢業生中考試錄用的公務員，則安排到西部地區的基層單位去進行鍛煉。

二、建設規範的就業市場

（一）培育完善的畢業生就業市場

1.三個市場進行貫通

國家要求各級政府採取有效措施，積極推動畢業生就業市場、人才市場、勞動力市場三個市場[17]的相互貫通和資源分享，逐步建立統一的市場，從而更好地為高校畢業生和用人單位服務。

2.開設大學生就業專門窗口

國家要求各級人才交流服務機構和公共職業介紹機構都開闢大學畢業生就業的專門窗口，開展有針對性的指導、服務、培訓和招聘活動。

（二）規範畢業生就業市場秩序

國家規定，應屆高校畢業生就業招聘會主要在高校內舉辦。跨省（自治區、直轄市）舉辦的高校畢業生就業招聘會，須經當地省級人民政府主管部門批准，並接受其監督。國家要求，嚴格規範各種畢業生招聘會秩序，切實維護畢業生的合法權益。

（三）對失業大學生進行登記

國家規定，畢業後半年仍然未能就業的大學生，可持學校證明到入學前戶籍所在城市的勞動保障部門辦理失業登記，政府勞動就業服務部門對其進行免費的就業服務。

---

[17] 畢業生就業市場指教育部門、學校與政府人事部門舉辦的為大學畢業生就業服務的市場；人才市場指為政府人事部門舉辦的人才交流中心；勞動力市場即勞動市場，指政府勞動保障部門舉辦的職業介紹所。「三個市場」的劃分是從中國現實各部門分別運作市場的角度而言的。

三、健全大學生就業制度

（一）解決畢業生就業的戶籍

國務院辦公廳 2002 年 19 號文件指出：「省會及省會以下城市放開吸收高校畢業生落戶的限制。省會以上城市也要根據需要，積極放寬高校畢業生就業落戶規定，簡化有關手續。公安部門對應屆畢業生憑用人單位簽訂的《就業協議書》和高校畢業生所持的《普通高等學校畢業證書》、《全國普通高等學校畢業生就業報到證》辦理落戶手續；對非應屆畢業生憑用人單位錄（聘）用手續、勞動合同和《普通高等學校畢業證書》辦理落戶手續。」這一規定解決了對不同地區生源畢業生的戶口歧視問題，從根本上保證了雙向選擇主體的自由選擇權。

（二）健全各項就業制度

針對目前的大學生就業形勢，國家提出：健全國家機關錄用公務員制度、健全國有企業新增工作人員制度、健全國家鼓勵高校畢業生西部就業各項制度、健全國家鼓勵非公有制企業吸收高校畢業生就業制度、健全戶口制度、建立有利於靈活就業的社會保障制度。此外，國家為大專生、高職生就業困難的問題，推進適應市場需求的職業資格證書制度。

大學生就業制度的內容很廣，有著歷史的發展脈絡，也是中國改革中的一個重大領域。這一問題在第十一章進一步闡述，這裏不贅述。

（三）取消不合理收費

國家要求，取消對接受高校畢業生的不合理收費，包括大城市收取的城市增容費、出省（自治區、直轄市）費、出系統費和其他不合法、不合理的收費。

（四）延長畢業生擇業期限

國務院文件規定，實行將大學畢業生擇業期限延長兩年的辦法。對畢業離校時尚未落實工作單位的畢業生，學校可根據本人意願，將其戶口轉至入學前的戶籍所在地、或兩年內繼續保留在原就讀的高校，待落實工作單位後再將戶口遷至工作單位所在地。這一規定減緩了就業簽約的時間壓力，解決了畢業生和用人單位可能達成雙向選擇、但囿於戶口限制而不能簽約的問題。

（五）建立就業情況報告制度

1. 建立完善的畢業生就業情況報告和公佈制度

國務院要求各省、自治區、直轄市建立高校畢業生就業監測體系，科學、準確、快速地報告就業工作進展情況，及時公佈當地高等學校的畢業生就業率。

2. 建立畢業生就業情況監督和評估制度

國務院提出，加強對畢業生就業工作的監督檢查，重點檢查就業工作的薄弱地區、薄弱學校，對工作不落實、政策不到位的要限期整改。

四、完善就業指導服務體系

（一）完善就業指導隊伍建設

完善各高校畢業生就業工作的根本，是建立強有力的工作機構和培養強有力的工作隊伍。教育部提出，要盡快提高就業指導教師的整體業務素質，把就業指導教師隊伍的建設擺到整個高校師資隊伍建設的重要位置，努力提高就業指導隊伍的專業化和職業化水平。

（二）加快就業工作資訊化建設

國務院要求，要加快畢業生就業服務網資訊資源建設，盡快實現網上招聘和遠端面試。2004 年所有本科高校和有條件的高職（專科）學校都要開通就業服務資訊網，並與國家和省市網互聯互通。

（三）加強畢業生就業教育

國家要求，採取多種形式宣傳黨和國家的方針、政策、法規，有針對性地做好大學畢業生的思想教育工作，引導其樹立正確的世界觀、人生觀和價值觀，幫助畢業生正確把握就業形勢，確立符合實際的就業期望，增強大學生在就業問題上的基層意識、創業意識、誠信意識和安全意識。

為此，要大力宣傳畢業生到基層、到西部、到中國最需要的地方建功立業的先進典型，宣傳各地區和各高校的先進經驗，為促進高校畢業生就業營造良好的輿論氛圍。

五、完善相關的高等教育管理工作

（一）合理控制高等教育規模

1.控制招生規模

中國現行的高等教育體制主體，是政府部門控制辦學數量規模、採用行政審批名額的手段實現的。教育部要求，高等院校的年度招生計劃安排與畢業生就業率適度掛勾，對就業率明顯偏低的地區和高校，區分情況採取減少招生、控制招生或調減增幅的措施；對畢業生就業率偏低的專業，則嚴格控制或減少招生規模。

2.合理制訂高校發展規劃

　　教育部提出，制訂和實施高校的發展規劃中要樹立「就業意識」，充分考慮大學生就業因素。（地方）教育主管部門要將畢業生就業率作為核定高校中長期發展規劃的重要參數，而且作為評議高校設置的主要依據，在畢業生就業率低的地區控制新增高校的數量。

（二）優化調整學科專業結構

1.調控專業設置

　　教育部提出，加強地方教育行政部門對本科專業設置、調整的統籌管理和宏觀調控。各地教育行政部門應根據本地區高校畢業生的就業情況，確定本地區控制增設的專業。從 2003 年開始，對連續三年本專科就業率低於本地區平均就業率的高校，控制其專業總數，每新增一個新專業的同時就要撤銷一個舊專業，以引導學校進行專業結構的調整。

2.加強熱門專業與特殊專業管理

　　教育部要求，高校申請增設財政學、金融學、法學、工商管理、會計學、旅遊管理、運動訓練、運動人體科學、民族傳統體育、偵察學、治安學、刑事科學與技術等 12 種專業，須由地方教育主管部門審核，報教育部批准。

3.學位點設置與就業率掛勾

　　教育部要求，在審核新增碩士、博士學位授予點時，要將申請校的本科畢業生和畢業研究生的就業率作為依據之一。

（三）改革人才培養模式

1.改革本科人才培養模式

　　教育部要求各高校開展就業市場需求分析和畢業生跟蹤調查，根據產業結構調整和就業市場的變化，及時調整專業，改革教材、教學內容和教學方法，拓寬專業的適應面，努力辦出各校的特色。

2.改革高職人才培養模式

　　教育部要求，高等職業學校以就業和社會實際需求為導向，調整專業結構，改革培養模式，加強實踐環節，保持同經濟和社會的密切聯繫和溝通。具體措施為：對面臨就業困難的畢業生強化短期技能培訓；組織實施技能型緊缺人才培養工程；開展「訂單式」培養；建立一大批穩定、有效、資源分享的實踐基地；推進畢業證書和職業資格證書「雙證」工作。

（四）改革高校評估體系

1.將畢業生就業狀況納入評估體系

　　教育部提出，將畢業生就業率作為高校教育評估中的重要指標，就業率低的學校一般不評為優秀，以對學校的教育教學工作進行合理引導。

2.把就業率作為學校辦學狀況的指標

　　教育部將直屬高校的畢業生就業率收入每年編寫的藍皮書，作為反映學校辦學狀況的一項重要指標。

3.把就業工作作為考核領導幹部的內容

教育部要求各省市按照有關文件,責成本地區的高校將畢業生就業工作納入學校工作的重要議事日程,把高校畢業生就業工作作為考核高校領導幹部政績的重要內容。

下篇

中國的大學生職業問題

第七章　個人層面的職業

第一節　職業的含義

一、職業的概念

（一）學者的職業觀

「職業」是一個應用範圍極廣的領域，也是職業指導的中心概念。對於這一概念，學者們的看法可以劃分為以下幾種：

1.活動說

對於職業的性質，許多學者都把職業看做是人的社會活動。

美國社會學家塞爾茲（Saltz）認為，職業是人們為了不斷取得個人收入而連續從事的具有市場價值的特殊活動。這種活動決定了從業者的社會地位。

日本勞動問題專家保谷六郎認為，職業是有勞動能力的人為了生活所得而發揮個人能力、向社會做貢獻的連續活動。

美國著名哲學家、教育家杜威認為，職業是人們從中可以得到利益的一種「生活活動」。

2.關係說

美國社會學家泰勒指出：「職業的社會學概念，可以解釋為一套成為模式的與特殊工作經驗有關的人群關係[1]。這種成為模式的工作關係的整合，促進了職業結構的發展和職業意識形態的顯現。」[2]

---

[1] 即基於工作而形成的人際關係。

[2] 〔美〕泰勒，《職業社會學》，第 10 頁，臺北：中正書局，1972。

3.特性說

塞爾茲指出,職業範疇的構成有三個要件,即技術性、經濟性和社會性。

保谷六郎進一步指出,職業具有五特性:(1)經濟性,即從中取得收入;(2)技術性,即可發揮個人才能與專長;(3)社會性,即承擔社會的生產任務(其內涵是在社會分工體系中承擔一個部分),履行公民義務;(4)倫理性,即符合社會需要,為社會提供有用的服務;(5)連續性,即所從事的勞動相對穩定,是非中斷性的。

(二)「職業」的科學含義

這裏進一步對職業的概念進行分析。從「職業」一詞的文字結構角度看,「職」,包含著社會職責、天職、權利與義務的意思;「業」,包含著從事業務、事業、事情、獨特性工作的意思。因此,有的學者用「職是責任、業是業務」的說法來反映「職業」一詞的內涵。可以看出,「職業」所涉及的職責、工作和事業,都反映了個人與他人、個人與社會的互動。

從職業科學的角度看,我們認為,職業是指人們從事的相對穩定的、有收入的、專門類別的工作。它是對人們的生活方式、經濟狀況、文化水平、行為模式、思想情操的綜合性反映,也是一個人的權利、義務、權力、職責,從而是一個人社會地位的一般性表徵,由此也可以說,職業是人的社會角色的一個極為重要的方面。

不僅如此,職業還往往成為一個人最基本的符號或最主要的特徵。人們說,某某人是個「什麼」人,最重要的特徵之一就是職業,因為職業能反映一個人的社會身份、社會地位階層與自身的文化、能力、素質水平等。

　　應當指出，「職業」與另一個被人們廣泛應用的辭彙——「就業」，含義上比較接近。二者的不同之處在於，職業一詞更偏重社會意義、偏重個人和人生，就業一詞則更偏重經濟意義、偏重體制和制度。也可以說，職業更關注社會學，就業更關注經濟學及政治學。

二、職業的特點

　　對職業範疇進一步分析，可以看出，它具有以下特點：

（一）基礎性

　　首先，職業是個人生存和發展的基礎。因為職業能夠解決人們的生活來源問題，人們為了生存，必然在某一職業崗位上從事勞動活動。「衣食足而知榮辱」，人們的各種社會活動、人文活動，一般也都要建立在職業的基礎上，有了職業生活，才有人的其他社會生活。

　　進而，職業也構成人類社會存在和發展的基礎。人類社會的各種文明，大多是建立在職業分工、分類、分化即職業進步的基礎上。人類社會出現了農業，有了農民，就能夠利用自然條件生產供自身生存的物質資料；人類出現了手工業、機器大工業，有了工人，就能夠創造類別豐富的、數量龐大的、甚至是無窮盡的生活資料和生產資料；人類出現了第三產業，有了各種服務性勞動者和管理人員、科學家、藝術家等腦力勞動者，使得人類社會更加豐富多彩。

（二）廣泛性

　　職業問題涉及社會的大部分成員，也涉及經濟、社會、政治、教育、技術等諸多領域，因而它具有廣泛性。就個人而言，一個人生活的方方面面，都與職業世界發生著聯繫。

　　基於職業範疇的廣泛性，諸多的學科如社會學、經濟學、管理學、心理學、教育學、政治學、工程技術學科、生理學與醫學等等，都把職業問題作為自己的研究對象。

（三）時代性

　　職業具有時代性，包含兩個含義：其一是職業隨著時代的變化而變化，一部分新職業產生，一部分職業過時和被淘汰。其二是每一個社會都有自己的時尚，它表現為某一社會中的人們所熱衷的職業。

　　各個時代的社會文化精神，往往都會反映到人的職業取向上。例如，大陸的「文化大革命」期間，知識份子被視為「臭老九」，當時備受責難；粉碎「四人幫」以後，大家都追求上大學當工程師、科學家，知識份子開始吃香；改革開放之初，許多青年人把在外資飯店當服務員當作最開心的工作；深化改革以來，人們把個人創業、做「老闆」，當做自己的人生選擇。

（四）同一性

　　某一類別的職業內部，其勞動條件、工作物件、生產工具、操作內容、人際關係等都是相同或相近的。由於情境的同一，人們就會形成同一的行為模式，有共同語言，很容易認同。所謂「同行、同事」，就是有一定類似之處的人的群體。

　　正是基於職業的同一性，才有從業者的利益共同體，也才構成工會、同業公會、行會等社會組織。例如，工會是一種保障會員們的工資收入、就業機會等共同利益的組織，甚至保險行業也是由「船東」這種職業人士們的共同利益和共同認識所創造出來的。

職業的同一性，往往會給人打上社會的印記。例如，張三是偵探，人們會認為他精明；張三改行搞藝術，人們就認為他活潑而浪漫；張三又去當教師，人們則認為他有學問。

（五）差異性

不同的社會職業之間，可能有著巨大的差異，其差異包括職業勞動的內容、職業的社會環境和從業者個人的行為模式等等。一般來說，人類社會作為一個有機體，必然存在分工，存在多種多樣的職業。古人把職業分為「三百六十行」，現代社會則有著幾千至上萬種職業，各類職業間大相徑庭。「隔行如隔山」，職業的差異導致了不同職業者的不同技能與不同社會人格，這也導致了人在不同職業轉換中的矛盾與困難。

當今社會，隨著分工的細化、技術的進步、經濟的轉型和社會的發展，新職業不斷產生，職業間的差異還在繼續加大。

（六）層次性

社會職業種類繁多，它們可以區分為不同的層次。從社會需要的角度來看，可以說「存在即合理」，不同職業間是不必區分重要與否的，或者說沒有「高低貴賤」的等級性。但是，在現實社會，人們對不同職業的社會評價是有著層次的，即人們都有把職業分為「高低貴賤」的看法。這種職業評價的層次性，根源於不同職業的體力、腦力付出不同和工作複雜程度的不同；根源於不同職業創造的價值不同和社會對其價值的承認不同（這導致收入水平的差異）；根源於從事不同職業的教育資格條件、在工作組織權力結構中的地位、工作的自主權、社會聲望等方面的差別。這就是說，職業間的差別巨大，就構成不同的層次。因此，「職業的層次性」是一種客觀存在，而非由人的主觀意識所造成的。

三、職業的功能

　　職業，是人的一種社會生活方式，又是人的一種經濟行為，它對於每一個人都極為重要。具體來說，職業對於個人有以下作用：

（一）職業是人生的主要活動

　　人，是一種社會性的動物。人的各種生活，包括其社會性的生活和自然性的生活（飲食男女、生老病死），都要打上社會的烙印。職業作為人們參與社會生活、進行人生實踐和體驗的最主要活動，從多方面決定了個人的特徵和境遇。

　　人們的職業生活，使其進入一種特定的社會情境，這種職業社會情境能夠使人擔任特定的社會角色，形成一定的行為模式，也給予從事者一定的發展機遇。

（二）職業是人們獲取利益的手段

1. 職業使人獲得經濟來源

　　職業是個人獲得收入的主要手段，因而成為個人維持生存和供養家庭的主要經濟來源。「趨利」與「避害」一樣，都是生物體對外部環境的必然選擇，人的趨利性大量體現在追求高收入的工作上，這也成為人們選擇職業的主要標準。

2. 職業使人獲得多種利益

　　透過職業活動，可以使個人獲得多種非經濟的利益。這種非經濟的利益包括名譽、地位、權力、各種便利等，可以使個人獲得心理滿足，也可以轉化為金錢或者其他形式的經濟利益。

　　社會地位是許多人追求的人生目標。職業類別、職業層級和工作單位中的等級，例如是局長還是辦事員，正是人的社會地位的象徵。人們在職業方面的努力和奮鬥，構成人們在社會地位階梯中的向上流動。

（三）職業是發揮才能和興趣的手段

　　職業作為人們從事的某種特定職業類別的工作，不僅能使人的才能、興趣得到發揮，也成為促進人的才能和個性發展的手段。

　　從更廣泛的角度來看，一個人從事某種職業，在一個社會勞動分工體系從事活動，其才能的發揮就是他（她）在為社會貢獻。

（四）職業使個人與社會得以聯繫

　　職業為人塑造了一種情景，使人在一個社會勞動分工體系中參與活動，這使得從業者與他人建立起一定的業緣關係，並派生出更多的社會關係（如與職業服務對象之間的關係）。也就是說，從業者因從事職業而處於一個由多條脈絡構成的特定社會關係網中，這成為職業勞動者獲得各種資源和社會聲望的來源。

第二節　職業生涯

一、職業生涯基本範疇

（一）職業生涯的含義

　　所謂職業生涯，是指人的一生經歷中的職業生活道路，它也具有一個人的專業和事業發展的含義。

「職業生涯」與「生涯」這兩個辭彙在英文中同為「career」,即反映了職業生涯與生涯二者有著一致的內涵。這是因為,人的一生可以分為少年、成年、老年幾個部分,成年階段無疑是最重要的時期,其重要性在於成年期是人們從事職業生活的時期、是人生全部生活的核心與主體,因此,人的一生發展歷程,可以說就是職業生涯的發展歷程。

美國著名職業問題專家薩帕(Super)持廣義的職業生涯觀,他認為生涯是生活中各種事件的演進方向和歷程,是整合人一生中的各種職業和生活角色,由此表現出個人獨特的自我發展;它也是人自青春期開始直至退休之後,一連串有酬或無酬職位的綜合,甚至包括了副業、家庭和公民的角色。

麥克・法蘭德(McFarland)在該方面強調人的主體性,認為生涯是指一個人依據心中的長期目標所形成的一系列工作選擇及相關的教育或訓練活動,是有計劃的職業發展歷程。

(二)職業生涯的性質

透過對職業生涯進一步分析,可以看出它具有以下的性質:

1.獨特性

職業生涯的獨特性,是指每一個人都要經歷自己特定的職業生涯道路。由於每個人都處於特定的職業環境,有自己具體的從業條件,有自身追求的職業理想,有在不同時期、不同條件下的職業選擇,也有為了實現自己的職業目標所做的種種努力,從而,每個人就會有與他人相區別的、具有獨特性的職業生涯歷程。

對於一個社會不同的人們而言,獨特性則體現為職業生涯發展的差異性。

2. 發展性

職業生涯的發展性，是指每一個人的職業生涯歷程都是一種發展的、演進的動態過程。解決好個人職業生涯發展中的各種條件和因素，促進其順利、健康地發展，有著長期的意義，這是職業指導應當完成的重要任務。可以說，職業指導具有對社會成員職業生涯順利發展的養成功能。

3. 階段性

職業生涯的階段性，是指每個人的職業生涯發展過程都有著不同的時期，每個時期又有著不同的任務，因而構成不同的階段。人的職業生涯各個階段之間，一般也有著內在的邏輯性。根據人的職業生涯各個階段的狀況，有必要進行有針對性的、完成不同任務的、採取不同手段的職業指導。

4. 終生性

人在職業生涯各個階段都有「發展」的任務，這構成了其終生性。這種動態發展的歷程，是根據個人在不同階段的需求而不斷蛻變與成長，直至終身。

5. 整合性

職業生涯的整合性，是指個人所從事的工作或職業往往會決定他的生活形態，同時職業與生活兩者之間又很難區別，因此職業生涯涵蓋人生整體發展的各個層面，而非僅局限於工作或職位方面。

6. 互動性

人的職業生涯，是個人與他人、個人與環境、個人與社會、個人與組織互動的結果，而非由單純的個人因素所致。因此，人的「自我」觀

念、人的主觀能動性、個人所掌握的社會職業資訊和職業決策技術等，都對其生涯產生重要影響。

（三）職業生涯的豐富現象

人們的職業生涯，有著種種不同的可能：有的人從事這種職業，有的人從事那種職業；有的人一生變換多種職業，有的人一輩子委身一個崗位；有的人不斷追求、事業成功，有的人窮困潦倒、無所作為；有的人以職業為榮、以職業為樂，有的人以職業為恥、以職業為苦；有的人從事同樣的職業勞動，在這個崗位上是「蟲」，在那個單位就成為「龍」……

從社會的角度看，人們的職業現象五光十色，成為經濟社會生活中的豐富內容。

二、職業生涯分期

（一）職業生涯一般分期

1.職業準備期

職業準備期是一個人就業前從事專業、職業技能學習的時期。這是人生職業生涯的起點，也是人們素質形成的主要時期。但是，對於這一重要的生涯起點，許多人是盲目的，甚至是由別人代替（主要是父母）而走過的。

2.職業選擇期

在職業選擇期，人要根據社會需要個人的素質與意願，做出職業選擇的這一重大決策，從而走上工作崗位。這是職業生涯的關鍵步驟，也

是個人的職業素質與社會「見面」、碰撞和獲得認可的時期。如果這時的選擇行為失誤，會帶來生涯的不順利、前途的不光明，抑或需要之後浪費光陰的再次選擇，還可能因為丟掉別的好機會而使人後悔莫及。

3. 職業適應期

職業適應期是人們走上職業崗位、從事社會勞動、找到自己的職業角色的時期，是對人的職業素質和方向的實際檢驗。在這一時期，基本具備工作崗位要求的人，能夠順利適應某一職業；素質較差者或者素質特點與職業要求相異者，需要透過教育、培訓來達到職業適應；自身的職業能力、人格特點與工作崗位的要求差距較大者，難於達到職業適應，可能重新進行職業選擇；個人素質超過崗位要求很多，即「大材小用」者，則可能進行高層次職業的選擇。

4. 職業穩定期

職業穩定期是人的職業生涯歷程的主體，從時間上看也占據職業生活期的絕大部分，基本上是人的成年、壯年時期。這一時期不僅是人們勞動效果最好的時期，也是人們養兒育女、擔負繁重家庭責任的時期。因此，人們在該時期往往穩定在某種職業、甚至某一特定崗位上。

在這一時期，如果從業者的素質能夠得到發揮和提高，潛力得以體現，在職業崗位上穩紮穩打，就有可能抓住機會，逐步取得成果、獲得生涯的成功。其中的一些人還能夠成為在某一領域的行家裏手、專家權威，獲得巨大的成就，進而達到該領域的巔峰，「一覽眾山小」。

5. 職業衰退期

職業衰退期是人們進入老年的時期。由於人的生理條件的變化，職業能力發生了緩慢的、不可逆轉的減退，因而心理上趨向於求穩妥，對待生涯的態度則一般是「維持現狀」和「保住位子」。

　　有一些老年人，其智力並沒有明顯的減退，而知識和經驗還在進行著積累，這種現象被學者稱為「晶態智力」。人的晶態智力發揮，能夠使他們的素質進一步提高，甚至出現第二次事業的高峰，再一次獲得成就。

6. 職業退出期

　　職業退出期即由於年老或其他原因，結束職業生活歷程的時期。這一時期往往是人生中短暫的過渡時期。

（二）工作三階段

　　從人在工作崗位的角度，職業生涯又可以分為早期、中期、後期三個階段，它們基本上與上面的「職業適應期、職業穩定期、職業衰退期」相同。這三個時期，人們的職業生涯有著不同的、特定的任務，因而需要給予不同的幫助和指導。

　　詳見下表。

表 7-1　工作生涯三階段

階段	個人關心的問題	需要給予的幫助
早期職業生涯	1. 第一位是要得到工作 2. 學會如何處理和調整日常工作中所遇到的各種麻煩 3. 為成功地完成所分派的任務而承擔責任 4. 做出改變職業和調換工作單位的決定	1. 瞭解和評價職業和工作單位的資訊 2. 瞭解工作和職位的任務、職責 3. 瞭解如何與上級、同事和其他人搞好（工作方面的）關係 4. 開發某一方面或更多領域的專業知識
中期職業生涯	1. 選擇專業和決定承擔義務的程度 2. 確定從事的專業，並落實到工作單位 3. 確定生涯發展的行程和目標等 4. 在幾種可供選擇的生涯方案中做出選擇（如技術工作還是管理職位）	1. 開闢更寬的職業出路 2. 瞭解如何自我評價的資訊（例如工作的成績效果） 3. 瞭解如何正確解決工作、家庭和其他利益之間的矛盾

後期 職業 生涯	1.取得更大的責任或縮減在某一點上所 　承擔的責任 2.培養關鍵性的下屬和接班人 3.退休	1.擴大個人對工作的興趣，擴大 　所掌握技術的廣度 2.瞭解工作和單位的其他綜合性 　成果 3.瞭解合理安排生活之道，避免 　完全被工作所控制

三、影響職業生涯的因素

人們的職業道路選擇、職業發展和事業成功，受到個人、家庭和社會多方面的影響。總的來看，影響職業生涯成功的因素包括以下幾個方面：

（一）教育背景

教育是賦予個人才能、塑造個人人格、促進個人發展的社會活動。它對人的生涯有著巨大的影響。教育對於人的生涯影響巨大的原因在於它奠定了一個人的基本素質。

首先，不同教育程度的人在職業選擇與被選擇時有著不同的能量，這種能量關係著職業生涯的開端與適應期是否良好，並關係著他（她）以後在發展、晉升方面是否順利。

其次，人們所學習的專業、職業種類，對於其生涯有著決定性的影響，往往成為其生涯開端以至一生的職業方向。即使人們轉換職業，也往往與其所學的專業有一定聯繫；或者以所學的專業知識、技能為基礎，流動到其他職業崗位。

此外，人們的不同教育等級、所學的不同學科門類、所在院校的不同教育思想，會帶來受教育者的不同思維模式與意識形態，從而使人們以不同的態度對待自己、對待社會、對待職業的選擇與生涯的發展。

（二）家庭影響

　　一個人的家庭背景也是造就個人素質和影響其職業生涯的主要因素之一。人在幼年時期就開始受到家庭的深刻影響，長期潛移默化的結果會使人形成一定的價值觀和行為模式；人還會受到家庭中父母兄長的教誨和影響，自覺、不自覺地學習一定的職業知識和技能。這種價值觀、行為模式和職業知識技能，從根本上影響著一個人的職業理想和職業目標，影響著其職業選擇的方向和決策行為，也影響著其對待職業崗位的態度和工作行為等。

（三）個人需求與心理動機

　　人們在就業時，出於不同的價值取向，要從眾多的社會職業中選擇其一，也要與眾多的求職對象進行競爭；就業以後，還要從可能的發展機會中進一步做出職業再選擇和生涯調整，從而使自身獲得較好的歸宿。為了達到自己的目標和取得成功，人們要付出各種努力、付出許多代價。

　　就一般情況而言，人在年輕時意氣風發，成功的目標和擇業的標準都比較高。人到成年，特別是人過中年，就越來越現實了。因為人們有了相當多的職業實踐和各種閱歷以後，儘管有了更好的素質條件和更多的機會，但也更容易看到社會環境的約束，其成功的目標和擇業、轉職的標準就會比較實際，從而適合社會及所在組織的客觀情況。

（四）職業機會

　　機會是一種隨機出現、具有偶然性的事物。這種「機會」，既包括社會各種就業崗位對於一個人而言的隨機性崗位，也包括所在的組織給個人提供的培訓機會、發展條件和向上流動的職業情境。

　　機會雖然具有偶然性，但由此就認為機會對於個人是「可遇而不可求」的，只能等、只能「碰」，這種想法顯然是太消極和不正確的。機會與素質有著一定的聯繫。天地之間，人是主人，大千世界中機會是客觀存在的，人具有了高素質和能動性，不僅可能透過「尋找」而得到新的發展機會，而且可能自己開拓和創造職業機會。

（五）社會環境

　　社會環境通常是指社會的政治經濟形勢、涉及人們職業權利的就業管理體制、社會文化與習俗、職業的社會評價與時尚等大環境。這些環境因素決定著社會職業崗位的總體數量、結構和崗位出現的隨機性，從而也決定了人們對不同職業的認定和步入職業生涯、調整職業生涯的決策。進而言之，社會環境決定著社會職業結構的變遷，也就決定了人們職業生涯變化的規律性。

　　除了上述宏觀方面的內容外，社會環境還指個人所在的學校、社區、家族關係、個人交際圈子等較小範圍的環境。這些小的社會環境因素，決定著一個人具體的社會活動範圍、內容及其所受到的限制，從而也決定了個人生涯的具體際遇。

第三節　個人的職業素質

一、能力素質

　　能力是指人們順利從事某種活動的心理條件，是一個人「在從事某些體力或腦力活動時所展現的才能」[3]。具有一定的能力是個人職業

3　〔英〕德‧朗特裏：《西方教育詞典》，第 1 頁，上海：上海譯文出版社，1988。

生涯順利發展的前提，因而研究人的能力也就成為職業指導的最基本內容。

從現實職業世界的角度看，能力要素包括體力、智力、知識、技能四部分，它們的不同組合形成人的素質的多樣化內容，也使得人具備了從事某種職業活動的特定能力。

（一）體力要素

體力是人的身體素質。從一般意義上講，體力包括力量、耐力（持久力）、速度、靈敏度、柔韌度等人體運動生理指標；從職業活動的角度來看，還包括對職業環境的適應能力、職業勞動的負荷能力以及恢復職業疲勞的能力。

體力在人的總體能力中處於基礎的地位。所謂「基礎」，有兩層意義：其一，它是人們在從事各種職業勞動時人體做功時能量消耗的物質提供者，也是能量補充的承擔者；其二，它是人體獲得智力、知識、技能和在各種職業勞動中發揮智力、運用知識技能的基礎。一般來說，沒有健康的身體，難以從事正常的社會勞動，也難以繼續提高自己的智力、知識、技能水平。

對體力要素，絕對不能理解為僅僅是從事體力勞動所需要、其他勞動就不需要。各種職業都有對體力要素的特定需要，許多非體力勞動的職業，其體力消耗還可能很大，如醫生中的外科手術大夫、科研人員中的地質勘探工作者、演員中的舞蹈演員。

（二）智力要素

1.智力

智力是一個非常重要又相當複雜的範疇，世界上關於智力的定義多達數百種。從總體上看，智力是指人們認識客觀事物、運用知識、解決實際

問題的能力，是一般能力。人的智力水平高低，反映了人的個體職業勞動的一般能力或總體能力水平的不同。一般來說，人的智商水平呈現正態分佈，智商越高者，所能從事職業勞動的複雜程度就越高。有的心理學家還提出了，人的心理活動過程是一個資訊加工過程的觀點，根據這種觀點，智力就集中表現在人認識事物並且做出反應的正確性、機敏性、深刻性、廣泛性上。因此，智力水平也應當體現在決策的正確性和輸出的有效性上。

2.智力結構

根據現代腦生理學的研究，人的大腦包括感覺區、記憶區、判斷區、想像區四個功能區。心理學家在分析智力結構時，一般都認為包括感知力（觀察力、注意力）、記憶力、思維力、想像力這四個方面。有的學者把思維力分為判斷力、思考力，或者稱為邏輯思維能力、邏輯推理能力；有的學者還在這四種「力」之外再加上實踐能力、創造力或社會智力等等。上述四種「力」具有科學實證的基礎，而且也比較全面地反映人們認識事物、運用知識、解決問題的內容。因此，這四種「力」可以說就是智力的內容或者要素，它們在人們頭腦中的不同搭配、不同組合，就是智力的結構。

在智力結構的四個要素中，感知力具有智力活動前提的作用，或者說是智力的初始環節。外界事物是透過人的感官進入大腦的，如果一個人的感知力差，不能從外界及時、準確、精細地獲取資訊，他就不能正確地進行思維。記憶力在智力活動中如同電子電腦的記憶體，它把已經感知的資訊分類整理，分別存入大腦細胞之中，以備加工應用。思維力是智力活動的核心，它包括歸納、概括、抽象、類比、具體化（形象化）、判斷、演繹推理等，顯然，思維要素在智力之中最為重要，人們所說的「聰明」，主要就是指思維能力強。想像力是對一事物進行基於原有模式的再造和創造出新的事物，它如同給智力活動添加了「翅膀」。

3.智力勞動

在知識經濟時代，知識成為重要的、甚至是主要的勞動對象。但是，進行知識勞動不是運用「死記硬背」的知識進行「照葫蘆畫瓢」式的模仿性輸出（這最多是個「模仿秀」而已），而是從事以智力為中心的、具有創造性的、拓展自身的知識勞動，即智力性知識勞動。智力勞動具有以下屬性：

第一，價值的多量性。智力勞動可以推動較為多量的物質資源，從而生產出大量的財富；智力勞動可以把思想化為物質，不耗用資源就能創造出財富。例如從事編制軟體、大眾媒體、經營管理等活動，可以使財富「無中生有」，可以使廢棄、無用的物質「化腐朽為神奇」。

第二，活動的創造性。智力勞動的對象一般是非單調、不重覆的，要依靠人的創造性來解決，例如技術發明、程式編制、產品設計、扭虧方案等。創造性包含了對客觀事物的探索和重新認識，因此創造性也可以說等於探索性。智力勞動的探索性，往往伴隨著艱鉅性。

第三，工作的人本性。智力勞動是用腦工作的，穩定的工作崗位、良好的工作條件、豐富的工作內容、自主的工作計劃、和諧的工作關係、優厚的工作報酬、自覺的工作態度、有趣的工作場景，以及產權的工作者所有等，都體現著智力勞動「以人為本」的性質。

第四，形態的多樣性。智力勞動在不同職業、不同行業、不同生產工藝類型中都有著各自特定的內容，它們是繁複多樣、差異巨大的。這就必須要求智力勞動從事者在特定領域內的知識要「專」、要「精」，其他有關方面的知識要「博」、要「活」。

第五，收益的共用性。智力勞動能創造出巨大財富，勞動者和所在組織無疑地能夠大大獲益。其創造的優質、低價、多樣的物質產品，為廣大社會成員所享用，從而為人們增進福利；其創造的精神產品，除了

直接為人們消費外，也成為促進物質財富生產的重要手段（如科學技術、教育培訓）；其產業化，則帶來政府的高稅收，透過再分配使社會共用。

（三）知識要素

1. 知識的定義

從人的能力角度看，知識是儲存於人們頭腦中的資訊，即頭腦中所記憶的經驗和理論。當知識帶有邏輯性、系統性和科學性時，就成為理論或者學說；經驗的特徵則是直接的、片斷的，一般來說，它是形成理論之前的東西，其正確度也相對較差。

2. 知識的內容

從職業勞動的角度看，人的知識可以分為三個部分：

第一，一般知識或者說普通知識。它反映了某個人力資源個體的一般文化水平。

第二，專業理論知識。專業理論知識以及一般知識的整體層次，基本上由一個人接受教育的等級所決定，這往往構成人力資源個體的市場競爭力的主要決定因素。

第三，工作知識。包括某種職業的工作技能水平、工作經驗積累和在個人的職業生活閱歷、體驗等。

（四）技能要素

技能，通俗地說就是技術或技巧，其含義是人們從事活動的某種動作能力，是人經過長期實踐活動所形成的順序化、自動化、完善化的動作系列。人的技能透過反覆練習而形成，經過對某種操作的反覆練習，

人的不協調的、錯誤的、多餘的動作會大大減少，以至於完全消除。這樣，就具有了某種活動技能。技能形成的標誌是動作的準確性，它包括動作的方向、距離、速度、力量的準確。

技能在勞動能力中極為重要，它可以分為一般技能和特殊技能兩大類。特殊技能即職業技能。各行各業都有自己獨特的技能，「三百六十行，行行出狀元」，所謂「狀元」就是各種職業勞動技能的出類拔萃者。

應當指出，對於技能這一範疇，不能理解為只是「簡單的、動手性、體力性、藍領工人性的技術」。就總體特徵而言，技能包含操作技能和心智技能兩方面內容，即每一種職業一般都有人體活動操作的具體技能和工作思考方法的心智技能兩個方面。在諸多的社會職業中，技能存在高低層次，例如不僅有砌牆疊磚整齊筆直的泥瓦匠操作技能，也有一分鐘 200 字以上的電腦打字技能，還有運用電腦高階語言的編程技能；有熟練地進行微雕的工藝美術工作者，更有使用電子顯微鏡的技術專家和在人的大腦中開刀的現代妙手「華佗」。中國有位高級技師，具有「焊飛機、辨火箭」的神奇技能，在一架外國製造的飛機起飛前機身出現裂縫、技術專家判定「需要國外專家來華修理，一週內修好」的情況下，僅僅 10 分鐘的時間就「焊」好飛機，讓技術專家讚歎不已。

就能力要素總體而言，需要考慮兩個問題，其一是「冰山現象」；其二是「核心能力」。冰山現象是指人的能力被認識的只是冰山一角，大部分能力尚處於潛在狀態。核心能力是指要把握的最重要的能力。

二、個性人格素質

（一）個性人格的含義

所謂個性，指的是人的「脾氣秉性」，用心理學語言來說，是人在心理條件方面的不同特點，即個體經常地、穩定地表現出來的心理特

徵（如性格、興趣、氣質等）的總和。在西方心理學中，則把之稱為「人格」。個性人格心理特徵，是在個體生理素質的基礎上和一定的社會條件下，透過個人的社會實踐活動，在教育和環境的影響下逐步形成和發展起來的。這種個性人格心理特徵是透過心理過程形成的，已經形成的個性心理特徵反過來又會制約心理過程，並在心理過程中表現出來。

人的個性人格與社會職業活動有著重要聯繫。首先，人們個性中的性格、興趣、氣質等，影響和制約著人們職業種類和就業單位的選擇。其次，在一定的職業崗位上，由於人的個性不同，其能力的運用及其效果也大不一樣。例如，劉強活潑好動，王娜文靜細心，同在公共關係崗位上，劉強會比王娜做得成功；若同在會計崗位上，王娜會比劉強做得出色。因此，人應當尋求適合自己的職業，在合適的工作崗位上發揮才能，發展和完善自己的個性。

（二）大五人格論

在現實的更簡明、更常見、更實用的，是科斯塔和麥克雷提出的「五大人格」或「大五人格」，（five-factor model, FFM）理論。這一理論把人格分為五個大的因素類別，依此也製成了大五人格測驗工具。「大五人格」的具體內容有：

1. 親和性（agreeableness），也稱為合作性。其特徵為具有親和力、體貼和同理心。
2. 可靠性（conscientiousness），也稱責任感。指注重細節、盡忠職守和富有責任感的特徵。
3. 外向性（extroversion）。內容包括有活力、主動性及社交性。
4. 情緒穩定性（emotional stability）。指標對情緒的控制力與對壓力的容忍力。

5. 經驗的開放性（openness to experience），也稱創新性。其特徵為獨立並能夠包容不同的經驗[4]。

北京師範大學孟慶茂教授認為，在中國人的人格中最主要的在於責任感、合作性和創新性三個方面。

（三）情感素質

1. 情感因素及作用

情感或者情緒，是人們對待客觀事物的態度體驗（或感受）以及相應的行為反應。人的情感是一個非常複雜的範疇。一個人的喜怒哀樂、七情六欲，往往是別人難以捉摸、無法把握的，但它的重要性又越來越被各界人士所肯定。

從心理學的角度看待情感範疇，即人們對待客觀事物的態度體驗及相應的行為反應，主要是人的自我認識和評價、自己的動力因素和對待外界的反應。因此，在人格因素中的「情感」就包含自信心、需要與動機、耐衝擊力以及情緒穩定性的內容。進一步來說，還有對待自己、對待自身活動、對待與他人關係的自覺看法。此外，人們處理自身與外部的關係，也屬於情感因素的能動性問題。

據國內外的研究，一個人的情感因素狀況，與其生涯的方方面面都有著重大的聯繫，「情商」在個人事業成功方面的作用大大高於智商的作用。美國學者小喬治・蓋洛普在 20 世紀 80 年代的研究，就得出「成功的最主要因素是『知情達理』，而智力因素僅僅排在第四位」的結論。

---

[4]　李誠主編，《人力資源管理的 12 堂課》，第 58-59 頁，北京：中信出版社，2002。

一個人的發展前途、功名利祿，甚至婚姻聚散、生老病死，都能夠從情感因素中找到線索。

2. 情感智力

對情感因素的把握方面，很重要的問題就是對它的測量，為此一些學者使用了「情商」（EQ）的概念。所謂「情商」，英文為「emotional quotient」，是指人們在情感方面的心理測試指標，如同「智商」是人們智力方面的心理測試指標一樣。對於這一複雜的問題，要完成科學量化的測量是極其困難的。

對此，現代情感學說的發明人、美國心理學家戈爾曼指出，人們在情緒方面的特徵是一種智力，因而稱為情感智力或情緒智力（emotional intelligence，EI）。但是，這種情感智力的各構成部分目前還不能夠全部測量，因而不能計算出其總體得分水平即「情感商」（emotional intelligence quotient，EIQ），而只能夠把握「情感智力」因素，即只能把握 intelligence 或 EI 因素而尚未達到能夠測量 EIQ 的水平。

從一般的角度看，人的情感智力的內容包括：

(1)對自身情緒的體察；

(2)對自身情緒的把握；

(3)對他人情緒的認識；

(4)對人際關係的把握；

(5)對於自身的要求和激勵。

基於對情感智力的應用，心理學家還提出了「情緒勝任力」的概念。

（四）個性人格與職業的匹配

每一個人的個體都具有一定的特點，這種特點與使用該從業者的職業崗位特點相適合，具有重要的意義。個性與職業之間的匹配問題不僅

是重要的社會實踐領域，而且也成為科學研究的範疇，形成「人職匹配」的理論。該理論可以分為人格特性與職業因素匹配和人格類型與職業類型匹配理論兩大類型。當屬於某一類型的人選擇了相應類型的職業時，即達到了匹配。社會對個人職業生活的指導，也要達到人格類型與職業類型的匹配。

美國職業指導專家霍蘭德從價值觀理論出發，經過大量的職業諮詢指導實例積累，提出了基於職業活動意義上的人格分類，包括現實型、調研型、藝術型、社會型、企業型、常規型六種基本類型。相應地，社會職業也分為這六種基本類型，由此形成了霍蘭德人職類型匹配學說與方法。這種學說與方法在現代職業指導中得到廣泛的應用。

從理論上說，每一種類型的人都有自己的特點和長處，也有一定的短處。但從社會的角度來看，人的心理差異無所謂哪一種好些、哪一種差些，而只有與職業類型是否協調、是否匹配的問題。社會中的人是複雜的，往往不能用一種類型來簡單概括，而是兼有多種性質以一種類型為主同時具備其他類型的特點。因此，職業問題專家進而提出若干種中間類型或同時具備三種類型特性的職業類型群方法。

對於人職匹配的兩種理論以及霍蘭德學說和方法的具體內容，詳見本書的第九章。

三、個體的行為

人，是一個蘊涵著一定神秘色彩的客體。不同的人具有不同的脾氣、個性，不同的人有著不同的價值取向、生活目標，不同的人對於同樣的事物有著不同的看法、反應和對策，不同的人有著不同的行為方式。研究人的職業問題，必須對其行為進行分析，進而把握人的意識這個根本。

　　按照行為科學家的研究，人的行為是由動機引起的，動機又是由人的需要決定的。這就形成了「需要－動機－行為」這樣一個鏈條。下面對該鏈條的內容進行分析。

（一）需要

1.需要的基本內容

　　所謂「需要」，是指人們缺乏某種東西而產生的一種「想得到」的心理狀態，通常以對某種客體的欲望、意願、興趣等形式表現出來。

　　人的生理狀態、個人的認知（思想）和外部環境與資訊的刺激，在一定條件下均能引起需要。需要和人的活動緊密相關，是行為的基本動力。需要一旦被意識到，就以動機的形式表現出來，激發人去行動，驅使人從一定的方向追求一定的目標，以求得自身的滿足。需要越強烈、越迫切，所引起的行動就越有力、越迅速，人的潛能調動也會越多。

　　人的需要多種多樣。按其起源，可分為自然需要和社會需要；按其對象，可分為物質需要和精神需要等等。人的不同需要造成需要結構的千差萬別，每一個人都有自己獨特的需要結構；在不同的時期和不同的條件下，同一個人的需要結構也不同。西方行為科學家們提出了多種理論，其中最著名的是需要層次理論、成就需要理論、雙因素理論等。

2.需要層次理論

　　馬斯洛的需要層次理論是最為人們熟知的需要理論，常見的是「五層次」的說法。實際上，馬斯洛在晚年又將之擴展為更完全的七層次論。這七個層次為：

　　(1)生理需要，即對維持生命所需要的衣、食、住等方面的需要，這是最基本的需要。

(2)安全需要，即希望得到安全保障，以免遭受危險和威脅的需要。

(3)社交需要，即歸屬感，希望得到夥伴、友誼、愛情以及歸屬於某一組織的需要。

(4)尊重需要，即自尊心，希望他人尊重自己的需要。

(5)求知需要，即好奇心、求知欲、探索心理和對事物的認知和理解。

(6)審美需要，即追求勻稱、整齊、和諧、鮮豔、美麗等事物而引起的心理上的滿足。

(7)自我實現需要，即希望施展個人抱負和有所成就的需要。

　　上述七個需要層次，構成一個由低到高、由寬到窄的金字塔形結構。馬斯洛認為，當某一層次的需要得到滿足以後，下一層次的需要就會產生，而已經得到滿足的某種需要也就不再成為行為的誘因。

3.成就需要理論

　　成就需要理論是由美國學者麥克利蘭提出，該理論認為，在人的生理需要基本得到滿足的前提下，人的基本需要有三種：成就需要、權力需要和友誼需要。在這三種需要中，成就需要的高低，對一個人以及一個組織的發展和成長起著特別重要的作用。高成就需要的人一般都較為關心事業成敗，喜歡挑戰性的工作，願意承擔責任和敢冒風險，並且希望得到對他們所做工作的具體反饋。

　　不同的人對於成就、權力和友誼三種需要的排列順序和所占的比重各有不同，人們的行為主要決定於被環境激起的那些需要。決定一個人成就需要水平的因素有兩個：直接環境和個性。人們的成就需要可以透過教育和培訓得到提高。

（二）動機

動機，是個人從事某種活動的心理傾向，是人的行為發生的內在驅動力和直接原因。動機通常以願望、念頭、理想的形式表現出來，並將人的活動引向一定的、能滿足某種需要的具體目標。人的動機有不同的分類：根據動機的起源，可分為內部動機和外部動機；根據動機的性質，可分為高尚動機與低級動機；根據動機作用的強弱，可分為主導動機和次要動機等等。

動機是在需要的基礎上產生的。當某種需要被意識到並成為推動和維持人們活動的動力時，這種需要就成為行為的動機。除了需要外，動機的產生還受到外在條件的影響。影響動機的個人心理因素有：個人的興趣、愛好、價值觀和抱負水準。個人興趣和愛好決定人的行為方向，價值觀和抱負水準影響動機強度和行為調動的程度。

動機是一種主觀狀態，具有內隱性的特點。只有透過一個人的言論、情緒、行動等外在活動，才可能間接地瞭解個人的真實動機。

（三）行為

行為，是指人們去做某種事，即人們的某種有意識、有目的的活動。行為是個體與環境相互作用的結果，用公式表示即：

$$B = f(P, E)$$

在這一公式中，B 為人的行為；P 為個體；E 為環境；f 是指它們之間的函數關係。其含義是：人的行為是在人的生理、心理等內部身心狀況基礎上，因時、因地、因所處環境的不同而表現出的不同反應。

人的行為受動機支配，而動機又以需要為動因、以目標為誘因而形成。個體內在的需要、願望、緊張、不滿等構成動因，是人產生行為的

內部原因;目標構成行為定向的誘因,是行為產生的外部原因。影響人的行為的主要因素有:

(1)個人因素。包括個人的家庭、教育、生活經驗與工作經驗、身心健康狀況、個人心理特點等。

(2)環境因素。包括自然環境和政治、經濟、法律等社會環境。

(3)文化因素。包括一般的社會文化因素和具體的組織文化因素等。

(4)情景因素。即透過製造一種情景使人改變行為,如利用組織賦予個人的權力影響人的行為或威脅他人以改變其行為。

人類的行為複雜多樣,可以按照不同的標準進行分類。根據行為主體的不同,可分為個體行為、群體行為和組織行為;根據行為的性質和內容,可分為政治行為、經濟行為、社會行為、管理行為、宗教行為等等。一個人「到何處就業」的職業選擇行為,具有經濟性質和社會動因,成為職業指導研究的重點。

四、人的價值觀

(一)價值觀的含義

所謂價值觀,是人們的最基本的理念,是從事活動時起決定作用的個人心理傾向,是把握著人們的社會意識、決定著人們社會行為的最基本心理動因。「價值」一詞是指對個人有用的或重要的東西,且往往是個人所追求的東西,因此,人的價值觀有助於形成人的特定行為,在人的職業選擇中和職業生涯的長期發展中具有決定性的意義。

（二）價值觀的類型

美國心理學家斯普蘭格提出了六種價值觀的學說，包括：

1. 理論型

具有理論價值觀的人，其最大興趣在於發現真理。這種人經常尋找事物的共同點和不同點，很少考慮事物的美或效用。他們一生中的主要目標是把知識系統化和條理化。

2. 經濟型

具有經濟價值觀的人，基本上是對事物的有用性發生興趣。這種人關心的是生產商品、提供服務和積累財富，他們是徹底的實用主義者，完全按照商人通行的框框辦事，追求物質利益。

3. 藝術型

具有藝術價值觀的人，對事物的形式與和諧賦予很高的價值，並願意表達自我，即使不是一位藝術家，他的主要興趣也在於人生中的藝術性插曲。例如，他們常常喜歡象徵華麗和權力的勳章，反對壓制個人思想的政治活動。

4. 社交型

具有社交價值觀的人，最重視對人的愛。這種人總是高度評價別人。他們善良、富有同情心、大公無私，把「愛」本身看成是人際關係的唯一合理形式。社交型的人愛幫助別人，其興趣與具有宗教價值觀的人很接近。

5.權力型

具有權力價值觀的人，感興趣的主要是權力，但這種人不一定是一個政治家。由於競爭和奮鬥在其一生中起很大作用，在任何需要有高權力價值觀才能獲得成功的職業或工作中，他都會做得很好。這種權力不僅僅是施加於人的（如當一名經理、指揮官），有時還會施加於環境（如工程師對「如何製造一種產品」做出最後的決策）。

6.宗教型

具有宗教價值觀的人，其最高價值是整體性。這種人會設法把他們自己與對宇宙整體的信仰聯繫起來。宗教型中的一些人，企圖與外部世界的現實生活脫離關係（如寺院裏的和尚）；而另一些人，則在當地參加教堂活動的人中間或在具有同一宗教信仰的人中間，進行自我克制和反省。具有宗教價值觀的人，往往會為了事業而奉獻自己。

人的不同的價值觀，影響和決定著人的職業崗位選擇方向，也在一定程度上決定著人在就業後的工作態度與勞動績效水平。

（三）職業價值觀

除了基本的價值觀，人們在職業、就業、工作、勞動方面，也有各種具體的觀念、想法和價值判斷標準。哪個職業好？哪種崗位適合自己？從事勞動的目的是什麼？這些就構成人們在社會生活中大量表現的、更加具體的職業價值觀或工作價值觀。

按照日本學者田崎仁的劃分，人的職業價值觀包括九種類型[5]，具體來說包括以下方面：

---

[5]　〔日〕田崎仁，《升學求職心理測驗》，第30-31頁，北京：北京日報出版社，1989。

1. 獨立經營型

這種類型的人不願受別人指揮，而憑自己的能力擁有自己的工作和生活領地，如個體工商戶、私人開業醫生、私人律師等。

2. 經濟型

這種類型的人認為「錢可通神」，金錢就是一切。他們認為人與人之間的關係是金錢關係，連父母與子女的愛也帶有金錢的烙印。

3. 支配型

支配型也稱獨斷專行型。這種類型的人想當組織的領導者，他們無視別人的想法，因支配他人而獲得心理滿足。

4. 自尊型

這種類型的人受尊敬的欲望很強，渴望能有社會地位和名譽，希望常常受到眾人尊敬；當欲望得不到滿足時，由於過於強烈的自我意識，有時反而很自卑。

5. 自我實現型

這種類型的人對世俗的觀點、利益等並不關心，一心一意想發揮個性、追求真理，不考慮收入、地位及他人對自己的看法。他們盡力挖掘自己的潛力，施展自己的本領，並視此為人生的意義。

6. 志願型

這種類型的人富於同情心，他們不願幹表面上嘩眾取寵的事，而是把別人的痛苦視為自己的痛苦，幫助別人就是自己的心理滿足與快樂。

7. 家庭中心型

這種類型的人過著十分平凡但又安定的生活。他們重視家庭，為人踏實，生活態度保守，不敢冒險，對待職業問題很慎重。

8. 才能型

這種類型的人單純活潑，重視個人才能的表現與被承認，把受到周圍人歡迎視為樂趣，能以不凡的談吐、新穎的服裝搏得眾人好感，常能使周圍氣氛活躍。

9. 自由型

這種類型的人開始工作時無目的、無計劃，但能調整行為以適應職業環境。他們不麻煩他人，無拘無束，生活隨便，常被周圍的人認為缺乏責任感，實際上他們能夠承擔有限的責任。

美國學者戴夫·法蘭西斯提出「人生源動力」的觀點，它與田崎仁的職業價值觀是完全一致的。

第四節　個人的職業選擇

一、職業選擇基本分析

（一）職業選擇的性質

職業選擇是人的生涯發展中極為重要的、關鍵性的環節。一個人的職業選擇恰當與否，關係到其職業意願、興趣能否得到滿足，關係到其才能能否得到發揮，關係到其在崗位上的工作狀況和晉升發展，關係到

其一生的生活道路。決定著職業選擇能夠實現的，有職業能力、職業意向和職業崗位三個要素，這三要素的相互協調、結合，職業選擇才能較好地完成。但是，三者的協調一致是比較困難的。

在現實的職業選擇中，人們雖然能夠面對諸多的職業，但在浩瀚的職業世界中往往難於遇到合適的機會、難於得到自己理想中最好的職業。有時即使遇到「好職業」的空缺，但面對著具有高要求的職業，自己卻不具備必要的能力，或者實力不足、在求職競爭中敗給他人，這也使得自己的職業選擇不能實現。

面對「理想職業」的有限性和隨機性，面對諸多求職者的嚴峻競爭，從總體上看，一個人實際的職業選擇往往是降低個人職業意向水平、適應社會客觀職業崗位狀況的過程。社會學把這一現實化過程，稱為個人職業理想與社會職業現實之間的「調適」。

（二）職業選擇的類型

個人的職業選擇可以分為以下幾種類型：

1. 標準型選擇

標準型選擇，即在人的職業生涯歷程中順利完成職業準備、職業選擇、職業適應期，比較成功地進入職業穩定期。

2. 先期確定型選擇

先期確定型選擇，即人們在職業準備期接受方向明確的職業、專業教育，並在準備期確定了自己的職業方向。作為教育培訓舉辦單位，有時還協助受教育者尋找職業，為他們介紹專業對口的工作崗位。

3. 反覆型選擇

反覆型選擇，即當一個人選擇職業、走上工作崗位後，不能順利完成職業適應，或者自己的職業期望又提高時，會導致的二次選擇，以至三次、四次的選擇。

（三）職業選擇的意義

1. 職業選擇是人生的重大決策

職業選擇，是個人對於自己就業方向和工作崗位類別的比較、挑選和確定，是職業生涯的一項重大決策。職業選擇是人們職業生活的正式開始，是人生道路的關鍵環節，也是人成為社會活動的主體、實現其人生價值的開始。選擇一個職業，走上新的崗位，無疑是人生命運的轉捩點。

2. 職業選擇是個人與社會崗位的結合

「人」是複雜的，人對職業崗位有不同的考慮、不同的選擇標準，而且，在擇業過程中會反覆比較，好中選優。社會的職業崗位對將要雇用的勞動者也必然進行選拔，對可能者會「百裏挑一」。在這裏，職業選擇是雙向的。

個人與用人單位既作為選擇對方的主體，個人的條件與用人單位的空缺崗位又是被對方選擇的客體。在這種雙向的相互選擇過程中，個人的能力、意願與社會的崗位結合在一起，即三者的統一能夠實現時，個人才真正實現了職業選擇的問題。

3. 職業選擇是個人社會化的過程

職業選擇，實際上是一種個人進入社會和被社會所接納的社會化過程。進一步分析，這種社會化又包含兩方面的內容。

其一，是個人向社會現實靠攏的過程。當個人的選擇意向與實際情況不盡相符、存在矛盾的時候（必須知道的是，這種不僅是大量的，甚至可以說是對所有人都存在），職業選擇就是一種打破幻想、承認實際、降低要求的過程，也就是向客觀現實靠攏的過程。

其二，是個人對「我與職業」關係的調適過程。向現實妥協，對於具有浪漫情調和幻想色彩的青年來說，可能是不情願的、不甘心的，甚至是痛苦的，但又是非常必要和不可避免的過程。因為，它使得人能夠真正地認識自我，認識個人在社會中的真實地位、狀況與際遇，是一種自我反思後合理解決「我與職業」的關係，從而科學、現實與合理地完成職業選擇的「調適」過程。

4. 職業選擇有利於促進人的發展

人經過職業選擇，可以培養的積極生活態度，培養人的自立、自主精神；有利於個人根據社會需求信號和自身條件努力學習，提高文化水平和專業、職業能力水平；有利於鼓勵人的進取精神，鼓勵人們透過自己的學習和勞動取得成就。

二、職業選擇的要素

（一）職業能力

要從事某一種職業、勝任一項工作，必須具備該職業所需要的能力。職業能力是一個人擇業的基本條件和「籌碼」。

1. 職業能力的形成

職業能力的形成是一個長期的過程，通常要經過相當長時間的學習以及一定的實踐活動才能完成。人的職業能力的形成，需要具備以下條件：

(1)先天條件

這裏所說的先天條件，是指人們職業勞動能力的自然生理基礎。不同個體之間的差異可能非常大：有的人「力可拔山」，有的人手無縛雞之力；有的人耳聰目明，有的人耳聾眼瞎；有的人機智伶俐，有的人愚笨癡呆。

人的先天條件包括父母的遺傳基因和出生前在母體內部發育所導致的先天素質，從廣義的角度來看，還可以包括出生後的早期發育環境。

(2)後天教育訓練

教育訓練內容是廣泛的，包括普通中小學教育、專業教育、職業教育和職業技能培訓。人的教育培訓途徑包括正規學校、業餘學校、工作單位、社區、家庭以及自學，其中最重要的途徑是正規學校教育和用人單位的在職培訓。衡量人的職業能力水平，一般注重學歷等級、專業職業教育門類和職業工作經驗。

個人的主觀能動性對於教育訓練有著重要作用。人具有較強的自覺性，就有可能大大提高自身素質，從而成為某種專業的精英、成為某種職業的行家裏手和出色人才。

(3)職業活動實踐

職業活動可以使得人的職業能力得到檢驗、得以確立和進一步積累。這也是影響人的職業勞動能力的一項重要內容。在經濟競爭激烈、技術進步迅速的情況下，用人單位在招聘員工時非常看重實際能力，許多單位優先錄用具有需求崗位從業經驗的人。

2. 職業能力的變化

職業能力形成後，隨著時間推移和內外部條件的變化，也會發生一定的變化。其變化包括下述三個方面：

(1)強化

人們透過長期特定職業的勞動，積累豐富的經驗；透過各種形式的學習，掌握廣泛、深入的理論知識。這使得人的職業能力大大增強。

(2)弱化

弱化又分為相對弱化、絕對弱化兩種類型。相對弱化指人的能力不變的條件下，由於客觀物質條件的變化——設備更新、工藝技術難度增加，導致的職業能力相對下降；絕對弱化指人們自身條件的變化，所導致的職業能力下降。

(3)轉化

轉化即職業能力方向發生轉移。這種轉移往往以原有的職業能力為基礎，轉移到與其相似、相關聯、相交叉的職業方面。這種轉化形成以後，原有職業能力可能減退，可能維持，也可能得到強化、形成「一專多能」的更高水準的綜合職業能力。

（二）職業意向

1.職業意向的意義

人是具有能動性的。所謂職業意向，是指個人對於社會職業的評價和選擇偏好。一個人可以對社會上各種各樣的職業做出評判：哪個最好，哪個差些？哪個自己最適宜，哪個自己不願從事，哪個自己難於勝任？這些問題都體現了他的職業意向，使得人自動趨向於某種職業。

在人們的思想觀念中，眾多的職業可以按照一定的「好」、「壞」標準順序進行排列，從而成為一個職業系列。決定其好、壞的標準，主要有職業的社會地位、勞動報酬的高低、個人興趣與才能的發揮、職業勞

動強度與環境、職業的社會意義及貢獻等因素,也就是說,人們通常是按照上述因素對職業進行評價、進行選擇的。有了意向,才有選擇。把握人的職業意向,是促進人的職業選擇合理化的途徑。

2.影響職業意向的因素

影響人的職業意向成長與確立的因素有:

(1)個人的生理條件與心理特徵;

(2)教育狀況,包括各個時期接受教育的內容,以及最後達到的教育水平和專業、職業類別;

(3)家庭影響,尤其是父輩及兄長所從事職業的範例作用;

(4)社會習俗、風尚、傳統及多種環境;

(5)個人的年齡、閱歷(特別是其職業經歷)和對人生的考慮;

(6)社會的人力需求狀況,以及職業資訊的傳播;

(7)社會政策對於職業方向的導向作用;

(8)職業知識教育和社會的職業指導。

3.職業意向的變化

由於各種條件的作用,人的職業意向確立以後,還會發生一定的變化。

(1)現實化

一般來說,青年人在就業前,往往對未來職業充滿天真爛漫、不切實際的幻想。當他們進入職業選擇階段、特別走上工作崗位以後,面對現實,就能比較客觀地看待問題、承認現實,並可能在一定程度上降低原有的意向水平,打消不切實際的想法。

(2)調整方向

人們在職業適應期以及職業準備期接受教育時，可能發現自己不能勝任某一職業，從而轉變職業方向；也可能發現自己雖然可以從事這一職業，但其他一些職業對自己更為適合，或者更加喜歡其他職業，這時也可能調整職業方向。

(3)意向水平提高

當一個人能力有較大的發展，所在的工作崗位不遂心意時，就可能提高意向水平，傾向於從事更類型的職業。

職業意向的變化，使人們對自身和崗位有了更好的瞭解，從而更現實地對待職業。

（三）職業崗位

1.職業崗位──選擇的對象

上述職業能力與職業意向，是一個人進行職業選擇的重要條件。職業崗位則是人們進行職業選擇的對象和前提。在社會總勞動體系中，各種職能的勞動體現為各種不同的職業崗位，它們構成人們選擇的具體對象。

一個人能選擇某種職業並在該崗位就業，必須以社會上具有這種職業的空缺、並需要馬上招收人員為前提。

2.職業崗位對於擇業行為的影響

雖然職業崗位是人們從業所選擇的對象，但是在個人選擇職業的同時，社會職業也在選擇適合的個人。人的就業，即人的職業實現，正是在這兩種選擇共同作用下形成的。社會職業崗位的狀況，從下述幾個方面影響著、甚至決定著人們的選擇：

(1)社會上存在著某種職業崗位，人們才可能對它進行選擇；

(2)社會現實空閒崗位能否作為一個人的選擇對象，還要受擇業者能力與意向、就業體制、職業資訊傳播等主客觀條件的制約和影響；

(3)不同的職業崗位具有不同的勞動特點，它們要對求業人員的能力及其他條件進行評價和選擇。

三、職業選擇決策

（一）職業決策步驟

美國學者蒂德曼（Tiedman）提出「職業決策階段」的學說。蒂德曼認為，著名學者金茲伯格所說的職業選擇過程，是一種「鑒別」和「綜合」的決策過程。這種決策過程，是人在一生的生涯中重覆進行的一系列步驟，每當人們遇到一定問題、或者具有一種需要、完成一種體驗時，這種決策過程就會被激發起來。

蒂德曼把職業選擇決策過程分為兩個階段：

1.期望與預後階段

這一階段包括四個步驟：

第一步，探索。即考慮與自己的經驗和能力有關的生涯發展目標。

第二步，成形。在上述基礎上準備進行具體的定向。這時要考慮個人確定職業生涯新方向的價值、目的和能夠獲得什麼報償等。

第三步，選擇。在生涯目標成形後做出決策，找到和確定自己所期望的具體職業。

第四步，澄清。進一步分析和考慮上述選擇，解除可能產生的疑問。

2.完成和調整階段

這一階段包括三個步驟：

第一步，就職。將職業選擇付諸實行，得到一個新職位，即就職或入職。人們在這個時候開始對自己的職業生涯目標和走上的職業崗位尋求認可。

第二步，重新形成。人在開始從事工作後，對於所從事的職業及其環境有了現實的一定瞭解和把握，這時就出現職業的自我感。這時，個人與團體也存在著互動，存在著相互影響。這也是職業生涯選擇目標在現實意義上的再次形成，或者現實化的調整。

第三步，綜合。個人瞭解自我，在職業崗位上也被他人看作是成功的，達到平衡。這就是職業選擇決策的完全實現。

（二）職業選擇公式

對於個人而言，可能得到某類職業的概率，用公式表示，即：

$$J = Q \times C \times A \times O$$

即：職業概率=職業需求量×競爭係數×職業能力水平×其他因素[6]

式中的 O 是其他因素，包括：該類職業機會出現的時間、該類機會出現的地點、家庭對個人的幫助、個人尋求職業的努力、以及社會職業介紹機構的幫助等等。用公式表示，即：

$$O = f\,(t, p, f, I, g, \cdots\cdots)$$

---

[6]　姚裕群，〈關於職業選擇〉，《教育與職業》，第 39 頁，1987 年 1 期。

　　由於各類職業需求數量（職業崗位數量）、各類職業的謀求人數、人們所具備的不同職業的能力水平以及其他因素各不相同。因此，對於一個人來說，可能得到的不同職業的概率各不相同。我們依據不同職業的期望值（即職業概率）大小，可以將它們順序排列。舉例如下：

　　　　A 職業（作家）＝0.001

　　　　B 職業（大學教師）＝0.005

　　　　C 職業（記者）＝0.01

　　　　D 職業（編輯）＝0.02

　　　　E 職業（銀行職員）＝0.05

　　　　F 職業（秘書）＝0.10

　　　　G 職業（中小學教師）＝0.20

　　　　H 職業（技術工人）＝0.50

　　　　I 職業（一般工人）＝0.80

　　　　J 職業（服務員）＝1.00

　　一般說來，期望值最小的職業，往往是人們理想中的最好職業；期望值極大的職業，則往往是現實的、但比較差的職業。因此，人們選擇職業時調適程度的大小，就體現為一個人在自己的職業期望序列中，所取的相應期望值低或高的職業。

第八章　社會層面的職業

第一節　社會職業崗位

一、從社會需求到職業崗位

（一）社會需求——職業崗位的根源

一個社會要進行生產經營、進行經濟活動，必然要對人力資源（即勞動要素或勞動力）、物質資源（諸如廠房、機器設備、原料）提出需求。但是，社會為什麼會提出這種資源需求？這有著其內在的原因——社會消費。

從社會經濟運行的總體來看，消費包括兩個部分，即物質產品的消費與勞務的消費。消費是導致社會經濟活動進行的動力，是社會生產得以持續進行的條件。當社會上有了一定的消費要求、以至形成一定的購買力以後，才會有要滿足這種需求的社會生產；而有了社會生產，才有對人力資源的需求。

（二）職業崗位的派生

社會對人力資源的需求，是社會職業崗位得以存在的原因。人作為職業勞動者，是一種對於企業、事業、機關等用人單位的經濟要素供給，職業崗位則是一種相對於人力資源供給的社會經濟要素需求。在社會上具有一定的支付能力的消費需求的情況下，一些經濟組織認為，自己能夠從事該種需求的產品生產或者勞務經營活動，可以從中獲利。如此，

這些經濟單位就有了對各種生產要素、包括對特定職業勞動者的需求，於是它們才會雇用人員。例如，許多家庭搬進樓房，他們希望居室的空氣清新濕潤，於是就出現了開辦生產加濕器的廠家，這些廠家就雇用各種技術人員、管理人員和生產工人。再如，當大家都希望買時裝的時候，時裝廠就會出現，它們就要招收時裝設計師和裁剪工人。這就是說，職業崗位需求是根源於社會消費、由滿足這種消費的生產經營單位所提出的，經濟學把它稱為「派生需求」或者「引致需求」。

用框圖表示這種聯繫，即：

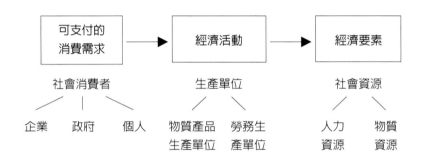

圖 8-1　職業崗位來源圖

二、社會職業崗位格局

一個社會的職業崗位「多」還是「不多」，不是一個崗位絕對量的問題，而是取決於人力資源的供給、需求兩個方面的關係。二者的這種數量比例關係，是導致一個社會就業狀況的最基本原因。

　　人力資源的供給與需求的關係，從總體上可以分為三種基本狀況，即「供過於求」類型、「供不應求」類型和「供求平衡」類型。下面分別進行論述。

（一）人力資源供過於求

　　人力資源供給大於社會對其需求的類型，表現為職業崗位缺乏、社會就業不足，存在著相當數量的失業人員或求業人員。這種狀況是對社會人力資源的閒置和浪費。此外，在人力資源供過於求的局面下，還會存在「在職失業」、「停滯性失業」、「潛在失業」等潛在的過剩狀態。

　　造成人力資源供過於求的原因，可能是由於資本缺乏、物質資源供給不足；可能是由於人口、人力資源數量增加過快；可能是由於生產停滯或者下降；也可能是由於生產過剩、企業減產、產業調整，使資本排斥已經吸納了的人力資源；還可能是由於企業、部門和國家因技術進步和採取提高經濟效益的措施，使現有的就業人員被辭退或者分流下崗。造成人力資源供過於求的原因是複雜的，解決方法也應該是多方面的。

　　在人力資源供過於求的情況下，社會的職業崗位缺乏，因而人們職業選擇的餘地減小，就業就存在較大的困難。

（二）人力資源供不應求

　　人力資源供給小於社會對其需求的類型，表現為一個國家或地區缺乏勞動力，結果是影響正常的經濟活動，使經濟增長受到一定限制。人力資源的供不應求，通常產生於經濟持續增長的情況下。當經濟持續增長、特別是處於經濟起飛的形勢下，人口、人力資源增加速度相對較慢，這時就可能出現人力資源供不應求的現象。

　　從社會的角度來看，這時社會上職業崗位的數量很多，就業形勢寬鬆，人們容易找到職業，因而職業選擇的餘地也就比較大。

值得注意的是，當某個地區、部門感到勞動力趨緊時，即社會的人力資源供給增加量趕不上對其需求的增加量時，應該分析這種擴大的人力資源需求，是否能透過企業自身產出率的提高，或者透過「物」對「人」的替代（即提高資本－勞動的比例），來滿足其中的一部分以至全部。

（三）人力資源供求平衡

人力資源供求平衡類型，是指人力資源的供給與社會對其的需求基本上達到一致的狀態。這種平衡首先應當包括宏觀方面的平衡，即在總體的數量、質量、職業類別等方面達到平衡，此外還應當在結構上、微觀上達到平衡。

從動態角度來看，人力資源的供給與需求都在變動，其方向、速度各有不同。這樣，又會對原有人力資源的供求關係產生影響：既可能擴大原有的不平衡狀態，又可能趨向於平衡，還可能發生轉化（即由供不應求變為供過於求，或者由供過於求變為供不應求）。

從理論上來說，一個國家或地區人力資源供求平衡的標誌是：一方面，人力資源的供給能夠為社會全部吸收；另一方面，社會的人力資源需求又能全部得到滿足。但是，在現實生活中這種理想狀況是罕見的，比較現實的目標是達到人力資源供求的基本平衡。從這個意義上講，人力資源的供求平衡也是相對的。

人力資源供求基本平衡的現實標誌是：要求就業的人絕大部分都能夠得到就業崗位，不存在大量的長期失業人員，同時也不存在長期和大量缺乏人力的部門、行業。少量的人力資源處於短期失業狀態，是經濟正常運行條件下不可避免的，這種現象的存在不能認為是打破了供求平衡狀態，而是人力資源供求實現結合的過程所必須要付出的代價。這是因為，個人要選擇職業，用人單位也要選擇人員，這兩種選擇都要花費一定的時間，由此所形成的失業被看作是合理的失業。在實行

市場經濟體制的西方國家，達到充分就業時，仍然會存在 4～5%的失業率。

第二節　社會用人體制

一、雙向選擇就業

在市場經濟國家，就業的最根本特徵是透過市場途徑而實現。

在市場就業格局下，勞動要素的「買方」與「賣方」自由選擇、自由競價，從理論上說，沒有人為的干預與壟斷，是在雙方共同認可的情況下實現工資成本與預期勞動的交換的。這類似於某個消費者到某個農貿市場上去買菜，在眾多攤位上、在各種蔬菜中選中一個菜攤的某種蔬菜，討價還價，最後以「XX 元一斤」的價格與攤主談妥，買賣成交。這就是市場選擇行為。當一個人畢業時，到職業介紹所去找工作，他要選擇工作單位；招聘單位反過來也要選擇他，看他符合不符合單位、工作崗位的要求。這就構成職業的雙向選擇。

求職者與用人單位雙方在市場中自由選擇、實現就業的體制，優點是能夠保證雙方以最優狀態（至少是雙方都認可的「較優－滿意」狀態）實現配置。這對於就業者的經濟收入與非經濟收入的取得，以至整個職業生涯的順利發展，都有著積極的作用。

在市場經濟國家，「人」是一種頗具主動性的範疇。市場經濟條件下要就業、要發展，一切都要靠自己。高官的兒子可能失業，去排隊領取失業救濟金；不爭氣的億萬富翁之子只能得到一筆生活費，而不能獲得和掌管家族的資產；而勤奮工作並卓有才能，小學徒可以升老闆；只要確有才能，下層社會家庭背景的人可能走入上層社會，成為經理階

層、科技精英和政界要員。可以說，市場經濟是「唯才是舉」的社會體制[1]，在這樣的體制下，工作能力較高的人在與其他人的就業競爭中、在與企業的工資競價中和在職業崗位的保持與發展晉升中，占據明顯的優勢。

二、單位優化用人

在市場經濟的條件下，就業是在微觀層次實現的。企業作為雇主，基於自身對商品市場的預測和預期利潤的追求來決定所要購買的人力資源品種與數量，再基於這種購買要求與人力資源市場上的賣方——求職人員見面並競價、協商完成雙向選擇。企業是資源配置的主體，在市場經濟下必然講求效益、追求資源的高效配置，使最優配置得以實現。

在企業因各種原因經濟效益下降時，原有的優化配置出現惡化趨勢，就要採取各種措施改變即有的資源配置。這時，企業往往要辭退裁員，從而造成勞動者的更替和失業，進而還可能做出重大經營決策，如轉產、減產、停工、閉廠，使資本外流和勞動要素閒置、過剩，導致大規模解雇員工。

三、個人競爭就業

在市場經濟體制下，勞動者具有人身自由，但沒有國家給予的鐵飯碗，要憑藉自己的實力在市場上尋找工作機會，參與就業競爭，被某個用人單位所雇用。在健全的市場經濟體制下，勞動者的擇業機會是充分的，所有的職業大門都對之打開，沒有人為的限制。

---

[1]　梁曉賓，《美國勞動市場》，第 131-132 頁，北京：中國社會科學出版社，1992。

個人在有充分擇業自由的同時，存在其他勞動者的競爭。也面臨著失業的高風險。市場這隻「看不見的手」從根本上決定了人的命運。此外，儘管人們都有充分的擇業自由，但許多條件差的人，如女性、中老年、殘疾人、無技能的青年、少數民族等，實際上處於被歧視的境地。

四、政府干預市場

從宏觀的角度來看，政府的經濟政策目標可促進充分就業、控制通貨膨脹、保持經濟增長和達到對外貿易的均衡。各國在經濟發展中，通常都把實現充分就業作為最重要的目標之一，甚至作為第一位的目標。

為此，政府要採取一系列的經濟政策和直接的就業政策，干預勞動市場，促進充分就業的實現。諸如擴大投資的財政政策、調節利率的貨幣政策、提高勞動者素質的人力政策、相關的對外貿易政策等等。

第三節　用人單位與職業崗位

一、用人單位──職業崗位的提供者

（一）職業招聘的主體

企業、事業、機關等用人單位，是龐大的職業世界之中的一個個細胞，是微觀的職業需求單位，是提供職業崗位、進行招聘活動的主體。人們要工作、要就業，必須到某一個用人的單位去求職。由於各個企業、事業、機關單位工作特點、生產與工作內容、單位規模、機構設置狀況等各不相同，就使它們的職業需求的種類、數量和用人招收人員條件各有不同。

　　每一個求職者，面對的是一個個具體的招收人員的單位。這些用人單位，自然要提出各種具體的要求：招收哪個崗位、哪種職業的人；工作任務是什麼；應招應聘人員的學歷、專業、身體條件是什麼；過去有過哪些工作履歷和經驗；應聘者的長處是什麼、擁有什麼資源等等。

　　有的用人單位非常渴求人才，有用才的新觀念，也非常注重「人」的發展、注重人的事業生涯，他們讓應聘者認識到：一個人如果到該單位就業，就會有良好的前途。例如，一家廣告公司的招聘廣告中寫道：「××的許諾——是金子讓你閃光，是千里馬助你騰飛。××人升起『不拘一格降人才』的大旗，歡迎志同道合、有志於獻身廣告事業的友人相識相聚。」

（二）存量需求和增量需求

　　用人單位在一定時期的人力資源需求，可以分為包括原有並仍然維持的人力資源需求和追加即新增的人力資源需求兩個部分。

　　原有的人力資源需求一般可以由原有的人力資源供給來滿足，其中少量部分會發生變化，例如離職、退休、辭退、辭職等，需要招收新的人員予以補充。當生產條件變化時（如壓縮生產經營業務、企業轉產或停業），還可能減少原有人力資源的需求量，即辭退人員，減少工作崗位。

　　新增的人力資源需求則來源於擴大生產經營規模、建立新的分支部門機構。這與用人單位的良好發展前景和發展戰略規劃緊密相連。

二、用人單位的雇用動機

　　所謂用人單位的雇用，是指企業、事業、機關等單位吸納勞動者、配置人力資源的主動要求。一個企業要進行生產經營，一個事業或機關

單位要開展工作，必然要使用人員、吸納勞動者，這能夠解決若干個到該單位工作的人的就業問題，為他們提供了職業崗位。各個用人單位雇用行為的總和，形成社會就業的總體吸納力。

　　這裏以企業為例，分析用人單位雇用勞動者的動機。一般來說，企業雇用人員的動機可以劃分為以下幾個方面：

（一）經濟動機

　　企業的基本目標就是營利。在正常情況下，只要企業的生產經營看好，就會有擴大生產經營、增雇勞動者的動機。當然，這一動機還要受到主客觀因素的限制，例如資金的數量、生產資料的供給、可能雇傭勞動者的數量質量、企業的人工成本等。在這些條件都具備的情況下，企業就可以增雇勞動者，吸收社會求業人員就業。

（二）創新動機

　　對於任何新舊企業，都有技術創新的問題。在經濟競爭和技術競爭嚴峻的環境下，創新是企業得以起步、生存、發展和擴充的重要動力。企業要進行創新，就必須先期投入相當多的財力、物力、人力，特別是投入高等級的人才。一些企業不惜千金、萬金聘才創新，一些人才不惜丟棄優越的工作環境自立創業，而後就帶來企業的大發展，從而才有大批各層次勞動者的就業。這一點在中國不乏其例。

（三）規模動機

　　一般來說，企業在適度規模的條件下，勞動生產率最高，邊際產出最大。當企業的勞動者人數不足最佳規模點的人數時，就要追加勞動要素，從社會吸收就業；而企業的勞動者人數超過最佳規模點的人數時，就要排斥勞動要素，向社會上推出多餘人員。因此，規模動機的效應必

然引起就業者的變動，使其達到經濟效益最佳點。這也可以看作是「節約動機」。

（四）發展動機

企業在自身前景光明的情況下，會把「發展」放在重要的位置。具有戰略眼光的企業家，能夠見微知著，敢於進行風險投資，開拓有生命力的專案，這就會吸收相當多的勞動者和人才就業。還有許多企業家採取擴股、招商、兼併、參股等方式發展實力，這也會保持和擴大社會就業。

三、用人單位的需求特點

（一）行業性

要滿足社會上不同的消費要求，社會就要存在不同的經濟活動部門、進行不同種類的勞動，或者說在社會上並存各種不同職能的勞動。勞動分工是社會進步的表現，社會產品越豐富、商品生產越發達、生產規模越擴大、生產力水平越高，社會勞動分工就越發展。經濟發達國家存在著數千以至上萬個職業、工種，正是分工發達的表現。

一般說，勞動分工表現為兩個方面：第一，是由社會產品種類不同所引起的分工，由此形成不同的產業、部門、行業對人力資源的需求。第二，是由勞動者從事工作的具體內容不同引起的分工，由此形成不同的職業對人力資源的需求。在現實社會的經濟活動中，這兩種勞動分工與這兩種勞動需求是相互交叉、融為一體的。有一些職業，是各個行業、各個部門、各種產業都需要的，它們分佈在各個企業、各個行業，例如會計、文秘人員等；有一些職業，可能為某些專門性行業、部門所需要，占據其職業崗位的大部分，其他部門則需求較少，或者根本不需要，例

如，機床製造廠需要大量金屬切削工人，機械維修部門需要的金屬切削工人數量較少，服務業則不需要這類工種。

由產品種類和經濟活動部門不同造成的勞動需求不同，最高的層次是產業需求。我們通常可以把產業分為農業、工業、服務業（均為廣義的），即第一產業、第二產業、第三產業。從社會勞動成果的形態來看，可以分為有形產品（物質產品形態）的物質生產部門和無形產品（勞務形態）的非物質生產部門。對於三大產業的深化與細分，農業可以分為種植業（狹義農業）、畜牧業、林業、漁業等；工業可以分為採掘業、製造業、建築業等；服務業包括諸多部門，可以分為商業飲食服務業（狹義）、城市公用事業、交通運輸與郵電業、文教衛生事業、科學研究、金融業、政府機關及團體等。上述各個部門、行業還可以進一步細分，如金融業可分為銀行業、保險業、證券業等。

（二）職業性

由人們所從事的工作內容不同，造成不同的職業需求。職業需求反映為某種工作崗位的空缺。

我們知道，「職業」一詞，有著多種含義、多種用法。從國民經濟活動所需要的分工類別的角度來看，是指不同性質、不同內容、不同形式、不同操作的專門性勞動崗位。職業分類正是以在業人口本人所從事的工作性質的同一性進行劃分的。對腦力勞動者，一般是以其所具備的技能、學識、經歷以及職務上所負的責任來進行劃分；對體力勞動者，一般是以其勞動或作業的操作程式、使用的工具設備及原料、所生產的產品或提供服務的種類、所服務的對象等方面來劃分。

不同的職業，不僅包含著勞動內容、勞動形式的差別，而且包含著勞動的體力腦力消耗量、特別是勞動質量的差別。

（三）地區性

社會對勞動要素的需求，受到地域的限制。在一般情況下，一個國家、一個地區人口遷移與人力資源的流動規模是有限的，這種流動的有限性，使得該國或該地區主要依賴本地的人力資源供給來滿足自身的需求。換言之，人力資源的需求具有地域的限定性。滿足本國、本地區的人力資源需求，主要應立足於對本國、本地區人力資源的開發利用，外部人力資源的供給往往只是一種補充渠道。

但是，在特定情況下，特別是一個地區人力資源與物質資源配比有較大失調的情況下，實行人口遷移和人力資源流動的政策，對於改善該地區的資源配置和促進經濟的發展具有積極的意義。此外，許多國家和地區實行人才吸引和人才爭奪的政策，以高工資報酬吸收外部的高質量人力供給，使自己的資金、設備很快創造出巨大效益，而且節約鉅額的人力投資（這等於極低廉地「生產」和購買了高價人力資源）。

第四節　用人單位對員工的管理

一、規劃——員工管理的起點

一個人進入工作單位，就成為了單位的員工，要在組織的總體發展戰略規劃和具體管理中適應、成長、發展。用人單位的人力資源規劃內容廣泛，主要包括內部晉升、外部補充、內部調配、培訓開發四個方面。

1.內部晉升規劃

晉升規劃是組織晉升政策的體現。對企業來說，有計劃地提升有能力的人員，以滿足職務對人的要求，是組織的一種經常性職能。從員工

個人的角度來看，有計劃的提升會滿足員工自我實現的需求。晉升規劃的狀況可以用指標來反映，例如晉升到上一級職務的平均年限和晉升比例。在早期的人力資源管理實踐中，出現了職位階梯網路的規劃，是立足於組織自身「補充人員」需要的規劃。而在現代的管理人本化氛圍下，內部晉升已經發展成為立足於員工的發展、達到組織與員工「雙贏」的規劃。

2. 外部補充規劃

外部補充規劃是組織吸引人才政策的具體體現，其目的是填補組織在目前和中長期內的職位空缺。外部補充與內部晉升是密切相關的。由於內部晉升規劃的影響，組織內的職位空缺逐級向下移動，積累在較低層次的人員需求比例就較大。這說明，對人員的吸收錄用必須考慮若干年後的對其的使用和相應的培訓開發問題。對一些稀缺性崗位，在人員流動頻繁的高新技術行業，以及新出現的職位，較高層的員工也往往要從外部補充。

3. 內部調配規劃

資源的配置是一個動態的過程。有時組織要對自身現有的員工進行提高效益的再配置，有時組織結構還會進行調整，一些組織也注重工作擴大化和員工的發展，因此，組織就會對現行的員工進行內部調配。此外，組織內部人員「未來職位」的分配，也需要透過組織內部的員工跨部門流動來實現。

4. 培訓開發規劃

培訓開發規劃的目的，是為組織中期、長期需彌補的職位空缺事先準備人員。在缺乏有目標、有計劃的培訓開發規劃的情況下，員工會自

己培養自己，但其效果未必理想，也往往不能符合組織的要求。如果組織進行培訓開發規劃，並把培訓開發規劃與晉升規劃、補充規劃、調配規劃聯繫在一起的時候，培訓的目的性就明確了，培訓的效果也就明顯提高。

二、崗位——員工管理的規範

職業崗位是個人職業生活的落實地點。個人從一開始到職業崗位上就業，就開始了自身職業生涯歷史的書寫。對於組織來說，職業崗位則是進行人力資源管理的基礎，這具體體現在「職務說明書」（或職位說明書、工作說明書）上。

首先，組織根據自身的發展目標，進行機構的設置和崗位的設計，這包括不同的職位種類和每種職位的數量。進一步，就是對各個崗位的工作進行分析，然後制定出工作說明書即崗位說明書。其後，組織要進行招聘，各個崗位的招聘條件就是以職務說明書的要求為依據的。

三、招收——組織對員工的吸納

組織招收雇用員工的基本目標，是使用這些員工完成生產經營和工作任務。在正常情況下，一個單位的生產經營前景看好，就會有擴大生產經營、增雇員工的動機。為此，用人單位透過校園招聘、發佈廣告、從勞動市場招聘、舉辦招聘會或參加招聘大會等途徑從社會上增雇員工。

透過招聘選拔，使優秀的人才進入本單位，是組織在競爭中致勝的一個法寶。「在所有的重要事情中，一位合格的管理者所得到的最偉大的讚美就是『你從哪裡找到如此好的員工？』」[2]

---

[2]　羅旭華，《實用人力資源管理技巧》，第 6 頁，北京：經濟科學出版社，1998。

四、任職——組織對員工的配置

當組織招聘人員並對其進行入職教育培訓後，就要進行任用了。組織對人員的任用，是基於工作需要、目標導向、比較選優、人職匹配、考慮發展的原則進行的。一個人走上某個職業崗位時所感受的文化，對其在組織中的行為會有一定的影響。尤其對新就業的人來說，其初次任職不僅是人生的一步，而且是人生的一大階梯。

從組織的角度來看，重要人物或特殊性成員的任職，往往要採取一定的儀式，它具有組織目標、組織綱領宣言性的象徵性意義。例如總統就職、名譽教授授銜、公司總裁上任等等。

對於一般性的成員，也可以舉行一定的任職儀式，因為這使得個人在進入組織的形式上有了嚴肅性，甚至有了莊嚴感和神聖感。這如同舉行成人儀式的功用，其作用是組織對新員工的薰陶，這種氛圍也有利於組織在其後對於新成員的塑造。

五、工作——組織對員工的使用

組織對於員工的使用，從表面上看只是「任職」，實際上它還有著豐富的內容。員工使用的核心，就是其在組織中的「工作」，即把員工真正投入運行，完成組織的任務，達到組織的預期目標。

其具體內容包括：工作內容的分配、工作環境的提供、工作條件的配備、工作能力的培訓、工作流程的控制、工作節奏的調節、工作關係的維持、工作動機的調動、工作績效的評價、工作薪酬的計發、工作潛能的開發等。

進一步來說，在對員工的使用中，還有組織本身與員工多方面的關係問題，這包括：雇用關係或勞動關係、勞動合同或人事合同關係、「頂

頭上司」等管理者與組織成員的管理關係、員工在產權方面的身份與權利（如員工持股、經營者擁有期權）、社會保障關係等等。

六、績效——組織對員工的評定

作為組織的成員，其平時的活動如何，從事工作的業績如何，對組織的貢獻如何等等，都是組織關心並要予以考察的。績效考評，即組織對成員的工作情況進行考核並做出評價。

績效考評的結果，可以成為組織控制工作流程、發放工資報酬、給予獎勵處罰、進行崗位培訓、調整工作崗位、進行提拔辭退等多方面員工管理活動的依據，也是組織對員工職業生涯的設計與實施及個人職業生涯設計與調整的重要依據，進而還是組織績效管理的重要內容。

績效考核的專案，根據組織的需要、目標管理的指標、工作崗位與內容的特點來確定。考評執行者包括員工部門的專業考評、上級的縱向考評、同事們的橫向考評、下級對上級的群眾民主評議和「投票」、自我考評、組織外部的專家考評等。績效考評的常見方法有綜合業績表方法、工作標準核對法、目標管理法、（得分等級）比例法、排隊法、分等法、配對比較法、評語法、自我考核法等。這裏不贅述。

七、薪酬——組織對員工的報償

員工在組織中從事勞動，為組織創造了價值，工資薪酬就是對其的報償。一般來說，個人所獲得的薪酬水平，從根本上取決於其在組織中的職位的高低、貢獻的大小和績效的高低。

基於組織的產業類型、考核方式、工資薪酬體系、組織與經營者的價值觀等方面的因素，員工所獲得的工資薪酬水平也有所差別，甚至是

大相徑庭。組織出於人才吸引政策和對自身工資競爭力的考慮，會提高員工的薪酬水平。

　　實際上，工資薪酬不僅是組織對於所使用員工的報償，而且也是對員工激勵的重要手段，是增加員工個體凝聚力和歸宿感的組織文化措施。

第九章　職業與職業指導學說

第一節　職業生涯發展學說

一、金茲伯格職業發展論

　　職業發展理論是美國著名職業問題專家金茲伯格（Eli Ginzberg）經過對實證材料的研究首先提出的。金茲伯格的職業發展理論闡述了人們職業意識和行為的發展和成熟過程，把青年的職業選擇觀念按照成熟程度分為三個階段。

（一）空想期

　　空想期即幻想期，該時期處於人的少年階段。這一時期以少年兒童想象「早日長大成人，成人後幹某種工作」的空想或幻想為特徵。這種空想不受個人能力與現實的社會職業機會所限制，似乎自己想幹什麼工作將來就能幹什麼工作，都能如願以償。實際上，這種職業想象往往是幼兒的一種模仿行為。

（二）嘗試期

　　嘗試期也稱試驗期或暫定期，這一時期一般從 10～12 歲之間開始，到 16～18 歲之間結束。嘗試期的特徵是人已經脫離了少年時代的盲目、隨意性幻想，開始考慮未來，思索考慮對職業的選擇了。但這一時期，青年人所依據的是自己的興趣、智力和價值觀，即依據主觀範疇來設計職業目標等。

（三）現實期

　　現實期一般從 16 歲至 18 歲之間開始，這一階段即人們正式的職業選擇決策階段。這一時期的選擇是真正的選擇，即把自己的職業選擇行為與個人客觀條件、外界客觀環境和具體的社會需求相結合。這種承認客觀、從現實出發的選擇是一種折衷和調適，其特徵是縮小個人選擇的範圍。

　　具體來說，現實期又可以細分為三個階段：

1. 探索階段

　　在這一階段，青年人試圖把自己個人的選擇與社會的職業崗位需要等現實條件聯繫起來。

2. 結晶階段

　　在結晶階段，青年人對一種職業目標有所專注，並努力推進這一選擇。

3. 特定化階段

　　特定化，青年人為了特定的職業目的，進入更高一級學校或接受專業訓練。已有工作但不滿意者，想重新進修或再找別的工作，也屬於這個階段。

二、金茲伯格職業決策論

（一）職業決策是職業發展過程

　　金茲伯格指出，職業選擇決策是人的一種發展過程，它不是一個某一時刻一下子就完成的「決定」，而是包含了一連串的決定，其中每一個決定都和童年、青年時期的個人經驗和身心發展有關。

（二）職業選擇是優化決策

金茲伯格認為，職業選擇的實現是個人意識與外界條件的折衷或調適結果。他進一步指出，一個人最終所做的職業決策，是個人尋求所喜愛的職業與社會所提供的機會之間最佳結合的優化決策。

（三）影響職業決策的因素

金茲伯格指出，影響職業選擇的因素，包括現實因素、教育因素、個人情感與人格因素、職業的價值與個人價值觀因素。

三、薩帕生涯整體發展論

美國學者薩帕（Donald E. Super）的職業發展理論，比金茲伯格的學說更為詳細和更進一步，擴大到整個人生或生涯。該學說主要包括以下論點：

（一）人是有差異的

第一，人的才能、興趣和人格各不相同。

第二，人們因自己的上述特性而各自適應於不同的若干種職業。

第三，各種職業均具有一套對於人的才能、興趣和人格的特定要求。但是，職業與人兩方面均有一定的改變餘地。

第四，職業生涯模式的不同性質，是由人們不同的家庭地位與經濟狀況、個人智力水平與人格特徵，以及個人的機遇所決定。

（二）職業選擇與調適構成連續過程

第一，人們對於職業的偏愛和資格、人們的生活與工作情境，以及人們的自我概念，都會隨時間和經驗而改變，這使得職業的選擇與調適成為一種長期的、連續的過程。

第二，職業的選擇與調適可以分為探索階段和固定階段兩大階段。

第三，從更大的範圍來看，人的職業成長、探索、確立、維持、衰退這個階段的總和，即構成一連串的人生階段。關於人生階段的具體內容詳見本章第二節，這裏不贅述。

（三）職業發展過程與自我的關係

第一，職業發展的過程，從根本上說是一種完成自我概念的過程。這種「自我」是個人自身條件與外界各種條件、各種反響相互作用的產物，即自我概念的建立也是一種折衷、調和的過程。

第二，個人與社會、自我概念與現實之間的折衷調和，是人們把自身放入社會的職業角色的過程。這種角色的進入和「扮演」，也是一個人從青年的空想，到職業選擇諮詢商談，再到工作初任等的系列性演進的過程。

第三，一個人對工作的滿意程度，視個人的才能、興趣、人格特徵和價值觀能否得到宣洩、即能否找到對應的歸宿，或者說要視上述各方面的適應程度而定。

第四，職業發展的各個階段可以透過指導而加以改善。這裏既包括培養青年人的職業才能與職業興趣，使之達到成熟，也包括幫助青年人試行選擇和幫助青年人發展對職業與自我的認識。

四、薩帕職業生涯三層面論

薩帕認為，人生的整體發展是由時間、領域和投入程度所決定，即職業生涯包括時間、領域和投入程度三個層面。這一理論也稱為「彩虹理論」。其具體內容為：

（一）時間層面

職業生涯的時間層面，即按人的年齡和生命歷程劃分的成長、探索、確立、維持和衰退五大階段的各自不同時間。

（二）領域層面

職業生涯的領域或者範圍層面，英文為「breadth」或「scope」，指一個人終生所扮演的各種不同角色，如兒童、學生、公民、賦閒在家者、工作者或家庭主婦等。

（三）深度層面

深度，即職業生涯的投入程度，指一個人在扮演每一個角色時所投入的程度。

第二節　職業生涯階段學說

一、薩帕職業生涯階段論

薩帕對於人生生涯的分析是圍繞著職業生涯的不同時期而進行的，這構成了他的職業生涯階段理論。該理論關於各階段的具體內容如下：

（一）成長階段

　　成長階段從出生至 14 歲。人在這一階段，自我概念發展成熟起來。成長階段初期，個人欲望和空想起支配作用；成長階段後期，對社會現實產生注意和興趣，個人的能力與趣味則是次要的。

　　在成長階段中，又可以分為空想期、興趣期和能力期三個小的時期。

（二）探索階段

　　探索階段從 15 歲至 24 歲。探索階段是人生道路上非常重要的轉變時期，又可以分為暫定期、過渡期和試行期三個小的時期。在這一階段，個人從自己所處的學校生活與閒暇活動中認識自我並進行職業上的探索。

1. 暫定期

　　暫定期從 15 歲至 17 歲。在這一時期，個人在空想、議論和學業中開始全面考慮意願、興趣、能力、價值觀和社會就業機會等，依此做出暫時性的選擇。

2. 過渡期

　　過渡期從 18 歲至 21 歲，這是個人接受專業教育訓練和進入勞動市場、正式進行職業選擇的時期。個人在這一時期著重考慮現實，在現實和環境中尋求「自我」的實現。

3. 試行期

　　試行期從 22 歲到 24 歲。這個時期個人進入了似乎適合的職業，並想把它當作終生職業。

（三）確立階段

確立階段從 25 歲至 44 歲。人在就職以後，要發現真正適合自己的領域，並努力試圖使其成為自己的長久性職業。

這一階段又可以分為試行期和穩定期兩個小的時期。在試行期，人們在崗位上「試驗」，若不合適就會改做其他的職業。而後，人們就都在某種職業崗位上穩定下來，從而確立自己的職業生涯方向。

（四）維持階段

維持階段從 45 歲至 64 歲。在這一階段，人們主要是要「保住現有的職業位子」，在既定的生涯方向工作。極少數人會冒險探索新領域，尋求新的發展。

（五）衰退階段

衰退階段處於人的 65 歲以後。這是個人精力、體力逐步減退的時期，也是他們逐步退出職業勞動領域的生涯下降時期。

二、利維古德生涯擬合論

（一）利維古德三因素與三階段論

荷蘭學者勃納德‧利維古德有著更加開闊的思路。他在對人的發展和生活道路問題進行了四十多年研究的基礎上，從人的生理、心理和精神三方面因素擬合、統一的角度，對人生進行了分析。

利維古德從事過廣泛的「人」的研究，包括兒童、青年、成年、老年各個時期的人，也從事醫療、精神病理、教育、培訓、管理人員、企業方面的研究。他集上述研究於一身，將之歸結為「人的發展」。

利維古德相當關注人生的發展階段，其立足點是「幫助一個人尋求新的前途」和主張人的「自我終身教育」。他在大量分析有關生涯階段學說的基礎上，將人生劃分為「生長期、平衡期、衰老期」三大部分。在生長期，人的成長超過了衰退；在平衡期，人的成長與衰退之間是平衡的；在衰老期，顯然衰退速度加快和超過成長的速度。

利維古德指出，在成年之前的生長期，生理發展規律影響最大；在成年、中年階段的平衡期，心理發展顯得最為明顯；在人到老年、處於生命後期的衰退期，精神發展則成為主要特徵。

（二）利維古德的職業生涯分期

利維古德將人的職業生涯劃分為下述 6 個時期：

1.青年期

青年期一般從 16～17 歲至 21～22 歲。這段時期是人的「覺醒」時期，其青少年時期的幻想破滅，而需要從現實出發做出人生的抉擇了。這時的青年，已經具有「成為與眾不同、有所作為的人」的意識，但是，青年期在職業抉擇方面往往有較大的盲目性。

2.成年初期

成年初期，即人的「初入成年階段」。這一階段是人在 20 多歲的時期。成年初期的人開始對自己的行為負責，並從主觀與客觀的相互關係中確立自己的地位。他們要成家和「立業」，往往從工作變換中尋找自己的價值。

3.組織階段

這一階段一般從 28 歲至 35 歲左右。在這一時期，人們「尋找好工作」的職業變換嘗試性行為停止，而是要從自己現在從事的職業中尋找出路了。

4. 繼續階段

這一階段是從 35 歲左右至 40 歲左右。該階段也是維持階段，這時的人們真正地現實了。當工作順利時，也就心安理得，感到「順心」。

5. 危機階段

危機階段處於整個 40 多歲的時期。這一階段人的體力開始衰退，該階段期末又進入生理的更年期。在該階段，人的精神有進入危機的傾向，對已經取得的一切、自己追求的目標，以至對自己所持的價值觀等統統產生懷疑。進而，人在精神方面也出現不同的分化：有的人覺得失敗，有的人覺得成功。不同人的人生歷程，也有「失敗」（走下坡路、無所追求）和「成功」的分化。

6. 晚年階段

這一階段即人們 50 多歲的時期。在該階段，人生的發展會再次出現不同的分化，有的人還會出現新的成功的高峰。到了 56 歲以後，人們傾向於對一生的生涯際遇做出總結。

三、薛恩職業週期階段論

美國學者愛德加‧薛恩（Edgar H Schein）是著名的心理學家和管理學家，其《組織心理學》、《職業動力學》（中譯本為《職業的有效管理》）等著作具有重要的學術影響和實踐價值。例如，他的「協調組織與個人目標、實現一系列匹配」的學說，成為人力資源管理學科的基本理念[1]；他提出的職業發展觀，是現代組織發展（OD）學說的重要基礎。

---

[1] 〔美〕愛德加‧薛恩，《職業的有效管理》，第 7 頁，北京：三聯書店，1992。

薛恩把人的職業生涯劃分為 10 個階段，他把個人的發展與人在組織中的角色緊密聯繫起來，闡述了在職業週期的每個階段人的角色特徵、面臨的問題和特定的任務。這一學說在闡述職業生涯發展方面有著深刻的見解。這裏對該學說的內容介紹如下[2]：

表 9-1 薛恩職業週期階段

階段	面臨的廣義問題	特定任務
1. 成長、幻想、探索 （年齡：0～21 歲） （角色：學生、候選人、申請人）	1. 為進行實際職業選擇打好基礎； 2. 將早年職業幻想變為可操作的現實； 3. 對基於社會經濟水平和其他家庭境況造成的現實壓力進行評估； 4. 接受適當的教育或培訓； 5. 開發工作世界中所需要的基本習慣和技能。	1. 發現和發展自己的需要和興趣； 2. 發展和發現自己的能力和才幹； 3. 學習職業方面的知識，尋找現實的角色模式； 4. 從測試和諮詢中獲取最大限度的資訊； 5. 查找有關職業和工作角色的可靠資訊源； 6. 發展和發現自己的價值觀、動機和抱負； 7. 做出合理的教育決策； 8. 在校品學兼優，保持盡可能開放的職業選擇； 9. 在體育活動、業餘愛好和學校的各項活動中尋找機會進行自我測試，以發展一種現實的自我意象； 10. 尋找試驗性工作和兼職工作的機會，測試早期職業決策。
進入一個組織或初任一個職業		
2. 進入工作世界 （年齡：16～	1. 進入勞動市場，謀取可能成為一種職業基礎的	1. 學會如何找一項工作、如何申請、如何完成一次工作訪談；

2　〔美〕愛德加‧薛恩，《職業的有效管理》，第 42-47 頁，北京：三聯書店，1992。

25 歲） （角色：應聘者，新學員）	第一項工作； 2. 達成一項正式可行的和心理的契約，保證個人和雇主的需要都能滿足； 3. 成為一個組織的成員——穿越第一個主要的包含邊界。	2. 學會如何評估一項工作和一個組織的資訊； 3. 透過挑選和目測； 4. 做出現實的和有效的第一項工作選擇。
3. 基礎培訓 （16～25 歲） （年齡：角色：實習生，新手）	1. 應付工作和成員資格實際上是怎麼回事的現實衝擊； 2. 盡快成為一名有效的成員； 3. 適應日常的操作程式； 4. 作為正式的貢獻者被承認，穿過下一個包含邊界。	1. 克服缺乏經驗帶來的不安全感，增加一種信任感； 2. 譯解文化，盡快「瞭解內情」； 3. 學會與第一個上司或培訓者相處； 4. 學會與其他受訓者相處； 5. 接受始業儀式和其他與做一名新手有關的儀式，從中學到點東西（多幹下手活和「單調乏味」的任務）； 6. 負責地接受所進入組織和承認的正式符號：制服、徽章、身份證、停車證、公司手冊。
4. 早期職業的正式成員資格 （年齡：17～30 歲） （角色：新的正式成員）	1. 承擔責任，成功地履行第一次正式分配的有關義務； 2. 發展和展示自己的特殊技能和專長，為提升或進入其他領域的橫向職業成長打基礎； 3. 在自己的獨立需要與組織約束和一定時期附屬、依賴的要求之間尋求平衡； 4. 決定是否在這個組織或	1. 有效地工作，學會如何處事，改善處事方式； 2. 承擔部分責任； 3. 接受附屬狀態，學會如何與上司和自己的同事相處； 4. 在有限的作業區內發展進取心和主動性； 5. 尋求良師和保護人； 6. 根據自己的才幹和價值觀，以及組織中的機會和約束，重估當初決定追求的工種； 7. 準備做出長期承諾和一定時期的

	職業中幹下去，或者在自己的需要和組織約束和機會之間尋求一種更好的配合。	最大貢獻，或者流向一個新職位和組織； 8. 應付第一項工作中的成功感或失敗感。
5. 正式成員資格，職業中期（年齡：25 歲以上）（角色：正式成員，任職者，終生成員主管：經理）（個人有可能停在這個階段）	1. 選定一項專業，成為一名多面手或進入管理部門，如何保證成為一名專家； 2. 保持技術競爭力，在自己選擇的專業（或管理）粳城內繼續學習； 3. 在組織中確立一種明確的認同，成為人所共知的人； 4. 承擔較高水準的責任，包括對他人和對自己的工作； 5. 成為職業中的一名能手； 6. 根據抱負、所尋求的進步類型、用以衡量進步的指等，開發個人的長期職業計劃。	1. 取得一定程度的獨立； 2. 提高自己的業績標準，相信自己的決策； 3. 慎重評估自己的動機、才幹和價值觀，依此決定要達到的專業化程度； 4. 慎重評估組織和職業機會，依此制定下一步的有效決策； 5. 解除自己與良師的關係，準備成為他人的良師； 6. 在家庭、自我和工作事務間取得一種適當調節； 7. 如果業績平平、任職被否定，或失去挑戰力，應付失敗情緒。
6. 職業中期危機（年齡：35～45 歲）	1. 針對自己不得不決定求安穩、換工作或迎接新的更大的挑戰的想法，著重重估自己的進步； 2. 從中年過渡的普遍性內容方面（一個人夢想和希望與現實的比較），評估職業抱負； 3. 決定工作和個人職業在自己的一生中究竟有多	1. 開始意識到個人的職業錨——個人的才幹、動機和價值觀； 2. 現實地評估個人職業錨對個人前途的暗示； 3. 接受現狀或者爭取看得見的前途作出具體選擇； 4. 圍繞所做出的具體選擇，與家人達成新的調節； 5. 建立與他人的良師關係。

	大的重要性； 4. 適應自己成為他人良師的需要。	
7. A 非領導者角色的職業期 （年齡：40 歲～退） （角色：骨幹成員、有貢獻的個人或管理部門的成員，有效貢獻者或朽木） （許多人停留在這個階段）	1. 成為一名良師，學會發揮影響，指導、指揮別人，對他人承擔責任； 2. 擴大興趣和以經驗為基礎的技能； 3. 如果決定追求一種技術職業和職能職業的話，要深化技能； 4. 如果決定追求全面管理角色的話，要擔負更大範圍的責任； 5. 如果打算求安穩，在職業或工作之外尋求成長的話，接受影響力和挑戰能力的下降。	1. 持技術上的競爭力，或者學會用以經驗為基礎的智慧代替直接的技術能力； 2. 發展需要的人際和群體技能； 3. 發展必需的監督和管理技能； 4. 學會在一種政治環境中制定有效決策； 5. 應付「嶄露頭角」的年輕人的競爭和進取； 6. 應付中年危機和家庭的「空巢」問題； 7. 為高級領導角色作準備。
穿越包含和等級邊界		
8. B 處於領導角色的職業後期 （可能年輕時獲得，但仍會被看做是在職業「後期」） （角色：總經理、官員、高級合夥人、企業家、資深幕僚）	1. 為組織的長期利益發揮自己的才幹和技能； 2. 學會整合別人的努力和擴大影響，而不是進行日常決策時事必躬親； 3. 挑選和發展骨幹成員； 4. 開闊視野，從長計議，現實地評估組織在社會中的作用； 5. 如果身為有貢獻的個人或企業家，學會如何推銷觀點。	1. 從主要關心自我，轉而更多地為組織福利承擔責任； 2. 負責地操作組織機密和資源； 3. 學會操縱組織內部和組織與環境邊界兩方面的高水準的政治局面； 4. 學會在持續增長的職業承諾與家庭、特別是配偶的需要之間謀求平衡； 5. 學會行使高水準的責任和權力，而不是軟弱無力或意氣用事。
9. 衰退和離職 （年齡：40 歲	1. 學會接受權力、責任和中心地位的下降；	1. 在業餘愛好、家庭、社交和社區活動、非全日制工作等方面，尋

～退休，不同的人在不同的年齡衰退）	2. 基於競爭力和進取心下降，學會接受和發展新的角色； 3. 學會管理很少由工作支配的一種生活。	找新的滿足源； 2. 學會如何與配偶更親密地生活； 3. 評估完整的職業，著手退休。
離開組織或職業		
10.退休	1. 適應生活方式、角色和生活標準的急劇變化； 2. 運用自己積累的經驗和智慧，以各種資深角色對他人進行傳幫帶。	1. 在失去全日制工作或組織角色後，保持一種認同感和自我價值觀； 2. 在某些活動中依然盡心盡力； 3. 運用自己的智慧和經驗； 4. 回首過去的一生，感到有所實現和滿足。

第三節　職業自我意識學說

一、職業性與職業自我

（一）職業性

　　要進一步理解職業生涯理論，必須深入把握「職業性」概念的含義。

　　「職業性」這一概念，是由美國著名學者金茲伯格提出，其基本含義是指，人的職業能力和對職業的認識之類的特徵是發展的、演進的，是一個不斷成長、不斷成熟的過程。這種「職業性」導致人的職業選擇行為，導致了其選擇是否成功、是否正確。

（二）職業自我認識

1.自我的作用

美國著名學者薩帕對人的「自我概念」（亦即「自我意識」）和職業行為之間的關係，進行了大量研究。他把金茲伯格的「職業性」進一步看作是「自我意識」。這種自我的意識，是人們（尤其是青年學生）明確認識自己與外界環境的關係，特別是就外界對自己的看法和認定而認識的自己。這種自我意識，成為人們邁入社會生活、完成社會化的動力與導向。而人的職業性發展，也就是人們的「自我」概念或「職業自我」意識建立和發展的過程。

2.自我的內容

班尼斯特和福朗塞拉對「自我」作了比較全面的歸納，他們指出：

第一，每個人都有區別於他人的、獨特的、並依賴於自我意識的「自我」特性；

第二，每個人都有自身體驗的完整概念，而且自己就是這種「體驗」本身。其含義是，人們把事物分為「與自己有關」和「與自己無關」兩種，與自己有關的事物即「我的世界」；

第三，每個人都有自己的歷史和自己的環境，這對自己的未來有一定的影響；

第四，每個人都有自己的目標，都在自己進行選擇，也要為自己的行動負一部分責任；

第五，人們透過自己與別人的類比和區別來定義「自我」，也可以推論出別人的「自我」；

第六，人們的經歷即體驗，人也要對此反思、總結、評價、分析。一個人的反思能力體現了其「自我」的水平[3]。

（三）自我概念形成的因素

人的自我概念形成有著多種影響因素，包括個人條件、外部環境與機會和職業體驗等。在人的思想與外部職業世界的碰撞中，職業自我的概念得以形成。

薩帕就此指出：「職業性發展是一個妥協過程。在此過程中，天生才能、神經系統和內分泌組成、起各種作用的機遇、對所起作用（指個人作用）得到的上級和同事的讚許程度的評價等，所有這些因素的相互作用產生了自我概念」[4]。

（四）自我與職業的聯繫

薩帕進而指出，這種自我認識和自我概念反映的是：作為持續發展的人，當經驗表明需要變化以適應現實時，就會在生活中做出轉變。也就是說，人的自我概念的轉變，必然導致人的職業行為及意識的變化，從而導致不同的職業選擇，即「我→職業」。

同時，職業的客觀存在，不論是可能的工作內容、需求結構、就業機會，還是現實的職業勞動與職業人際環境，又都對自我產生影響，迫使個人重新認識自己，樹立新的自我概念，即「職業→我」。

英國學者羅伯茨看到人（即自我）與職業之間相互作用的上述關係，還得出「年輕失業者看待自己的不同方式，是其失業因素中的重要

---

[3]　〔英〕魯思・霍爾茲沃思主編，《職業諮詢心理學》，第 141-143 頁，天津：天津大學出版社，1988。

[4]　〔英〕魯思・霍爾茲沃思主編，《職業諮詢心理學》，137 頁，天津：天津大學出版社，1988。

一環」的結論[5]。其含義是，不能正確認識自我、不能正確地進行職業調適而在職業選擇中處於盲目狀態，是導致年輕人失業的原因。

二、生涯認知發展論

上述學說中，均涉及了自我觀念與生涯發展的關係。無疑地，人們在生涯發展中實現自我的歷程必然要思考、要認知自我，即認知自我非常重要。但是，上述學者未能闡明認知的具體內容。涅菲卡門波（Knefelkamp）和斯列皮察（Slepitza）從認知發展學說的觀點出發，結合埃裏克森的人格發展階段學說和其他多位學者實證研究的結果，提出了認知發展的生涯發展模式理論[6]。

（一）生涯認知變化的專案

在涅菲卡門波和斯列皮察的實證研究中，發現在大學生的生涯發展歷程中，有一系列認知專案在發生變化，它們構成了一個發展的系列。其內容有以下 9 項：

1. 控制焦點

控制焦點（locus of control）指個人對決定自己職業生涯因素的認定。據研究，大學生生涯認知的變化方向是由強調外在因素轉變為以內在結構為核心的立場。

---

[5]　〔英〕魯思・霍爾茲沃思主編，《職業諮詢心理學》，138 頁，天津：天津大學出版社，1988。

[6]　邱美華、董華欣，《生涯發展與輔導》，第 100-104 頁，臺北：心理出版社，1997。

2. 分析能力

分析能力（analysis）指個人從不同觀點瞭解問題的能力，其變化方向是對生涯的分析能力水平提高。

3. 綜合能力

綜合能力（synthesis）指將事物中不同的成分整合在一起的能力。大學生在生涯方面綜合能力的提高，多在生涯的較後期階段才出現。

4. 語意結構

語意結構（semantic structure）指大學生在講話或寫作時，會逐漸地從絕對性的語意結構變為較有彈性及開放性的辭彙。這反映了大學生在職業生涯認知的思維模式改變，即客觀性思維的增加。

5. 自我處理

自我處理（self processing）指大學生檢視自我並瞭解影響自我生涯發展因素的能力。大學生的這一能力與上述「分析能力」相似。

6. 開放及有彈性的見解

開放及有彈性的見解（openness and alternative perspectives）指知覺並認識到不同的觀點與可能的解釋方法，並能用開放的態度去瞭解並接納與自己看法不相符的觀點。這一控制因素與上述「語意結構」的變化是相同的，不同之處在於，它涉及和解決具體問題。

7.自負責任

自負責任（ability to assume responsibility）指大學生在職業生涯方面，願意接受自己的決定或行為的結果，而不去計較一些未知的或不可抗拒的阻礙等因素。

8.扮演新角色的能力

扮演新角色的能力（ability to take on new roles）指大學生主動尋求扮演新角色的機會，並能在新角色或新活動的情境中擴展個人能力與行動的基礎。

9.對「自我」冒險的能力

對「自我」冒險的能力（ability to take risks with self），類似上述「扮演新角色的能力」，其不同之處在於當新的機會來臨時，大學生會不顧及「自尊」地冒險進入。因為他對自己具有信心，認為能接受新的學習及經驗，所以就不擔心「自我」是否會受到傷害。

（二）生涯認知發展分期

根據上述 9 個方面的專案的變化，該理論把人的生涯認知發展過程分為 4 個時期、9 個階段。認知過程的發展層次，是逐漸朝向對個人「自我」的認定，是對價值觀與整個生涯歷程間的互動關係有更加整體性的瞭解，因此也就能做出更為滿意的生涯抉擇。

第一時期：二分法時期

這一時期，個人缺乏綜合、分析的能力，僅能做粗淺的自我探索工作。其思維方式是「非黑即白」的二分法簡單思維，認為人的生涯問題

是完全由外界環境所控制，相信只有一條正確的職業生活道路，即「非對即錯」。該時期包括兩個階段：

1. 平衡階段

在平衡階段，人們完全依賴外界，因此在生涯決策方面沒有心理衝突和失調，只想找到唯一可能的正確職業。

2. 焦慮階段

在焦慮階段，人們逐漸覺察正確抉擇的可能性，因此開始產生焦慮及心理失調，但僅能粗淺地瞭解抉擇的過程，卻無法有效地處理困擾。就個人來說，必須依靠具有權威者為其解疑，提供正確的答案。

第二時期：多元論時期

隨著個人認知內容的增加和認知作用的逐漸複雜化，其心理失調現象也愈加嚴重，於是開始注意職業諮詢人員所提供的有關職業選擇的資訊。這時，雖然個人已經能對「自我」進行檢視，並具有一定的分析能力，能瞭解若干生涯方面的因果關係，但這一階段，人對職業生涯「控制焦點」即決定性因素的認識，仍然以外在因素為主。該時期包括兩個階段：

1. 衝突階段

在衝突階段，個人瞭解到在生涯的抉擇過程中有非常多的可能性，導致個人的心理矛盾與衝突的增加。這一階段，在諮詢人員的協助下，個人開始進行自我分析的工作，逐漸考慮自我，思索自我價值與生涯抉擇的關係。

2.區分階段

在區分階段，個人更加瞭解抉擇過程中的各部分細節，並能區別和分辨影響職業生涯的內在因素與外在因素。但這時，外在因素仍然是對個人的主導力量，個人仍然依賴職業諮詢人員。

第三時期：相對期

人們進入這一時期後發生重大轉變，對「控制焦點」的認識由外在因素轉變為內在因素。在相對期，個人逐漸相信自我的抉擇能力，能夠運用自我檢視和自我分析能力，進行適合自身特殊情況的抉擇，並瞭解多種可能途徑，以及新的角色情境。該時期包括兩個階段：

1.檢視階段

檢視階段是個人對自身生涯的探索──實踐階段。在這一階段，個人瞭解到各種可能的選擇，並列出個人需求的優先順序，從而分析清楚自己對生涯的期望，檢視自己生涯的各種可能途徑。

2.綜合階段

在綜合階段，個人要綜合上一階段即「檢視階段」的所有檢視成果，但面對職業生涯的最後抉擇問題，仍不敢有所承諾。

第四時期：相對承諾期

個人不僅具備了對職業生涯的綜合、分析的能力，對生涯抉擇的責任也能夠加以承擔。這時，個人由早期的焦慮狀態轉為自我世界的擴展，能夠整合自我與外在世界。而個人的價值觀、思想與行為也更趨一致，從而能夠面對新的挑戰及改變環境。該時期包括三個階段：

1.整合階段

在這一階段,個人整合了自我及生涯的角色,有了自信,不再處於焦慮狀態,而會思索自己如何去實踐新的角色。這是人的職業生涯認知開始取得結果的階段。

2.承諾階段

承諾是建立在「自知之明」基礎上的。在這一階段,個人從各種承諾中,要進一步澄清自己的價值觀、目的與對自我的認定。這一階段也可以說是驗證階段。

3.自覺階段

自覺階段是人的職業生涯認知過程已經清晰了的完成階段。在這種「自覺」的階段,個人能夠自我肯定,也能夠深入瞭解他人、自我及環境的交互作用,積極尋求新的學習經驗及發展。

涅菲卡門波和斯列皮察的生涯認知發展理論,雖然尚有一些有待證明之處,但它為職業生涯理論發展和職業生涯指導實踐,都提供了新的方向。

三、薛恩職業生涯繫留點論

(一)職業生涯繫留點的由來

美國學者愛德加‧薛恩的職業生涯繫留點理論,是職業理論中一個非常重要的內容。它根據人們在有了相當豐富的工作閱歷後所認定的職業,挖掘出人進入成年期的潛在需要和動機、並把它作為終身職業歸宿的思想原因。

　　薛恩和巴林等人對美國麻省理工學院的 44 名管理系碩士研究生進行了長達十幾年的追蹤研究，進行了大量採訪、面談和態度測量和分析，得出的結論是，這批人在畢業時所持有的就業動機與職業價值觀，與十多年後的實際狀況——心理需求、就業動機、職業價值觀和現實職業崗位各方面，都有一定的出入。前者與後者差異的原因在於，大學畢業生對自己和外界的認識有盲目及不準確之處，要經過相當長的時間，受到客觀實踐的矯正。薛恩指出，作為「自我概念」中最重要的是「人對自身才能的感知」，這要在有了職業經歷、有了工作體驗後，才能夠正確、清楚地估測出來。

　　在漫長的職業生涯歷程中，經過長期的職業實踐，人們對個人的「需要與動機」、「才能」、「價值觀」等各方面都有了真正的認識，即尋找到了職業方面的「自我」與適合自我的職業。這就形成人們終身認定的、在再一次職業選擇（包括真實選擇和假定的選擇）時最不肯捨棄的東西，即「職業生涯繫留點」[7]。或者說，某種因素把一個人「繫」在了某一種職業上。薛恩指出，根據定義，這種繫留點在有工作之前是不存在的，它是「自我意向的習得部分，與自省動機、價值觀和才幹相聯繫。」[8]

　　近年的職業生涯著作中，把這一理論也被稱為「職業錨」理論，即人們因為某種思想原因選中一種職業，就此「拋錨」、安身。有的學者把之翻譯為「職業著眼點」[9]。

（二）五種職業生涯繫留點

　　薛恩把麻省理工學院管理學院畢業生的繫留點劃分為五種類別：

---

[7]　〔美〕愛德加‧薛恩，《組織心理學》，第 104-107 頁，北京：經濟管理出版社，1987。

[8]　〔美〕愛德加‧薛恩，《職業的有效管理》，第 176 頁，北京：三聯書店，1992。

[9]　王薔，《組織行為學》，第 404 頁，上海：上海財經大學出版社，2002。

1. 技術性能力

這種人的整個職業生涯核心，是追求自己擅長的技術才能和職能方面的工作能力發揮。其價值觀是願意從事以某種特殊技能為核心的挑戰性工作。這類畢業生最後從事的是技術性職員、職能部門領導等各種職業。

2. 管理能力

這種人的整個職業生涯核心，是追求某一單位中的高職位。他們沿著該單位的權力階梯逐步攀升，直到一個全面執掌權力的高位。這種管理能力體現為分析問題、與人們的周旋應付和在不確定情況下做出高難度決策的能力。他們追求的職業目標為總裁、常務副總裁等。

3. 創造力

這種人的整個職業生涯核心，是圍繞著某種創造性努力而組織的。其努力的結果是他們創造了新產品和新的服務業務，或者搞出某種發明，抑或開拓、建立了自己的某項事業。在這批畢業生中，有的人為之所奮鬥的事業、創造等已經獲得成功；有的人則仍然在奮鬥和探索。

4. 安全與穩定

這種人的整個職業生涯核心，是尋求在一個組織機構中的安穩職位。這種職位有能長期的就業、穩定的前途，能夠達到一定的經濟地位從而充裕地供養家庭。

5. 自主性

這種人的整個職業生涯核心，是尋求「自由」和自主地工作，他們要自己安排時間、按照自己的意願安排工作和生活方式。這類人最可能

離開常規性的公司、企業，但是其活動與工商企業活動及管理工作仍然保持著一定的聯繫。其職業如教書、搞諮詢、寫作、經營一家店鋪等。

（三）其他職業生涯繫留點

薛恩和巴林的上述研究是對明星大學管理專業畢業生的研究，其結論的適用性是有一定範圍的。鑒於社會職業的廣泛性，薛恩還提出了不同於明星大學管理系科畢業生的社會從業人員可能具有的 4 種職業生涯繫留點。這包括：

1.基本認同

基本認同的含義是在一些社會階層較低的職業層面，一個人的頭銜、制服和其他職務標記可以成為「自我」定義的根據。薛恩指出，具有這種繫留點的人，是將頭銜、制服、標誌或其他一目瞭然的工具，外在地定義為自己的職業角色，他們一般是認同一個有聲望的雇用單位，以其為工作的符號，即使這種符號可能與自己從事的工作關係不大。換言之，他們是以「好單位」的名聲替代自己「壞職業」的崗位身份。例如，肉類加工廠工人在被問到他們的生產線工作時，他們會說自己是「××大公司」的人；同樣，低級公務員會說自己「為聯邦政府工作」；再如，大學的工友或傳達室人員會說他們是「哈佛大學」或「麻省理工學院」的工作人員。

2.服務

服務，亦即勞務[10]。薛恩認為，在社會福利部門、某些醫療部門、教育部門以及行政部門，其工作體現了自由、發揮才幹和協助他人與合作的價值觀。在這些部門，「人際能力」和「協助」本身就是目的，在這種單

---

[10] 在薛恩的《職業動力學》的中譯本《職業的有效管理》中，將該繫留點翻譯為「勞務」。

位中工作的一些人就以從事服務為繫留點。這一繫留點類別，是與霍蘭德的社會型職業人格和日本學者田崎仁的志願型職業價值觀基本吻合。由於女性有較大的附屬性，因而有較高比例的女性以服務型職業為其繫留點。

3.權力欲及全面管理

薛恩指出，人們有追求權力的需要和運用權力的才幹，但其存在狀態是複雜的。在政治家、教師、醫生和部長中，可以看到有些人的繫留點正是要控制和左右他人。

但是，有些人的權力追求與前述的「管理能力繫留點」可能有一定的重合，或者與其他需要和才幹相結合，這就出現了一種比純粹關心權力更好的情況——即「全面管理」的繫留點取向。

4.多樣化

有些人在人生中有多種追求。如薛恩指出，在各行各業都有「心神不定」的人，有些人多才多藝，他們表現這種特點，而不是在一個較短的時期內深入地發揮受到更多限制的才幹，用通俗的話說，這些人追求當博學的「雜家」而不是精深的「專家」。據一些教授、技工、商人、顧問、經理和檢修工的說法，吸引他們和使他們安於本職工作的東西，是他們遇到了層出不窮、形形色色的挑戰。

第四節　人與職業匹配學說

人與職業，是相互關聯的兩個範疇，個人進行職業選擇的同時就是職業對於個人的選擇。要較好地完成職業選擇，必須以兩者相互一致、相互適應、相互匹配為前提。

　　人與職業匹配的理論，可以劃分為「人格特性與職業因素匹配」和「人格類型與職業類型匹配」兩大方面。對應於這兩種理論，在職業選擇和職業指導中出現了不同的模式。下面對這兩大學說進行簡要敘述，並側重對最有影響的霍蘭德類型匹配論進行闡述。

一、人格特性──職業因素匹配論

　　所謂人格特性──職業因素匹配理論，指的是依據人格特性及能力特點等條件，尋找具有與之對應因素的職業的理論，也稱「特性──因素匹配理論」。該理論是由職業指導的創始人、美國波士頓大學教授帕森斯所創立。

（一）人格特性──職業因素匹配過程

　　人格特性──職業因素匹配理論認為，每個人都有自己獨特的人格特性與能力模式，這種特性和模式，與社會某種職業的實際工作內容及其對人的要求之間有較大的相關度。個人進行職業選擇，以及社會對個人進行擇業指導，應當盡量做到人格特性與職業因素的接近和吻合。這種匹配過程包括以下三個步驟：

1.特性評價

　　特性評價是指對將要選擇職業者的各種生理、心理條件及其社會背景進行的評價。具體來說，包括對擇業者的身體檢查、一般能力測驗、職業能力測驗、興趣測驗、人格測驗、學業成績、家庭經濟收入、父母職業、家庭文化背景等多方面的材料，做出綜合評價。

2. 因素分析

因素分析是指將職業對人的要求的各項因素進行分析。它包括各種職業（職位、職務）的不同工作內容、職業對人的不同生理、心理、文化等條件的要求等。透過對職業的詳細分析，使個人瞭解和掌握正確的選擇目標。

3. 二者匹配

匹配是指把對個人的特性評價與對職業的因素分析兩個方面的結果加以對照，從而使人能夠尋找到自己適合的職業。

（二）人格特性的劃分

人格特性──職業因素匹配理論的基礎是人格特性理論。人格特性理論認為，人格可以劃分為若干種特性，每一特性都是人所共有的，但不同人在同一特性方面的強度或水平是不同的。不同的人有不同的人格特性結構，因而就有了人格的差異。關於人格特性的劃分有著不同的理論，影響較大的是阿爾波特的理論和卡特爾的理論。

1. 阿爾波特的人格論

美國著名社會心理學家和人格心理學家阿爾波特（G. Allport）的人格理論，將人格的特性分為「支配、自我擴張、堅持、外傾（即外向）、對自己能批評、自炫、合群、利他、社會智力水平、對理論的興趣、對經濟的興趣、對藝術的興趣、對政治的興趣、對宗教的興趣」14 項一般人格特性，並與人的生理、心理基礎方面的 7 項特徵合併成 21 個專案，製成心理圖示評定量表。

阿爾波特還將這些特性分為「共同特性」和「個人特性」兩種，個人特性具有獨特性，為個人所獨有，代表了不同個人的特定行為傾向。

個人特性又可以分為「主要特性」、「中心特性」和「次要特性」三種類型。

2.卡特爾的 16 種特性論

卡特爾（R. B. Cattell）的特性理論發展了阿爾波特的理論，把人格特性分為「表面特性」（Surface traits）與「根源特性」（Source traits）兩大部分。根源特性指人格中相當穩定和持久的基本特性，包括「樂群性、聰慧性、穩定性、好強性、興奮性、有恆性、敢為性、敏感性、懷疑性、幻想性、世故性、憂慮性、激進性、獨立性、自律性、緊張性」16 項，這就是著名的「卡特爾 16PF」學說。根據一個人在這些專案上的不同水平，可以判斷其人格特性總體狀況。

卡特爾這一研究發現，人的根源特性因素對其職業方向和婚姻關係等方面都有明顯的影響。

二、人格類型──職業類型匹配論

人格類型與職業類型匹配理論的基礎，是人格類型理論。人格在一定意義上是對社會刺激的反應，是人與環境、人與社會互動的反映。人格類型的劃分，比人格特性的劃分簡明方便，在人們進行職業選擇及職業定向時常採用。

人格類型──職業類型匹配理論，是將人格與職業均劃分為不同的大的類型，當屬於某一類型的人選擇了相應類型的職業時，即達到了匹配。社會對個人的職業指導，就是要達到人格類型與職業類型的匹配。

人格與職業類型的匹配可以從多方面進行，包括氣質與職業匹配、性向與職業匹配、興趣與職業匹配、價值觀與職業匹配等方面。

　　美國著名職業指導專家霍蘭德（Holland）提出人格與職業類型匹配學說，沿用至今，成為公認的最重要理論和方法。霍蘭德從心理學價值觀理論出發，經過大量的職業諮詢指導實例積累，提出了職業活動意義上的人格分類，包括現實型、調研型、藝術型、社會型、企業型、傳統型6種基本類型。相應地，社會職業也分為6種基本類型。鑒於這一理論與方法的重要性，下面具體進行闡述。

三、霍蘭德人職匹配類型論

　　霍蘭德人格與職業的類型，具體內容包括：

（一）霍蘭德的類型劃分

1. 現實型——R型

　　現實型，也稱實際型。屬於現實型人格者，喜歡從事技藝性的或機械性的工作，能夠獨立鑽研業務、完成任務，長於動手並以「技術高」為榮。其不足之處是人際關係能力較差。

　　屬於這一類型的職業主要有：飛機機械師、機器修理工、電器師、自動化技師、電工、木工、機床操作工（車工、鉗工等）、機械工人、製圖員、農民、X光機技師、魚類和野生動物專家、火車司機、長途汽車司機等等。

2. 調研型——I型

　　調研型，也稱調查型、研究型或思維型。屬於調研型人格者，喜歡思考性、智力性、獨立性、自主性的工作。這類人往往有較高的智力水平和科研能力，注重理論。其不足之處是不重視實際，考慮問題偏於理想化，領導他人、說服他人的能力較弱。

屬於該類的職業主要有：科研人員、技術發明人員、電腦程式設計師、實驗員、科學報刊編輯、科技文章作者、天文學家、地質學者、氣象學者、藥劑師、植物學者、動物學者、物理學者、化學家、數學家等等。

3.藝術型──A型

藝術型人格者，喜歡透過各種媒介表達自我的感受（如繪畫、表演、寫作），其審美能力較強，感情豐富且易於衝動，不順從他人。其不足之處是往往缺乏文書、辦事員之類具體工作的能力。

屬於該類的職業主要有：作曲家、畫家、作家、演員、記者、詩人、攝影師、音樂教師、編劇、雕刻家、室內裝飾專家、漫畫家等等。

4.社會型──S型

社會型，也稱服務型。屬於社會型人格者，喜歡與人交往，樂於助人，關心社會問題，常出席社交場合，對於公共服務與教育活動感興趣。其不足之處是往往缺乏機械能力。

屬於該類的職業主要有：社會學家、福利機構工作者、社會工作者、諮詢人員、心理治療醫生、社會科學教師、學校領導、導遊、精神病工作者、公共保健護士等等。

5.企業型──E型

企業型，也稱決策型或領導型。屬於企業型人格者，其性格外向，直率果敢，精力充沛，自信心強，有支配他人的傾向和說服他人的能力，敢於冒險。其不足之處是忽視理論，自身的科學研究能力較差。

屬於該類的職業主要有：廠長經理、營銷員、律師、政治家、行政官員、校長、廣告公關人員等等。

6.常規型——C 型

常規型，也稱傳統型。屬於常規型人格者，喜歡從事有條理、有秩序的工作，按部就班、踏實穩重、循規蹈矩，講求準確性（如數位、資料），願意執行他人命令、接受指揮而不願獨立負責或指揮他人。其不足之處是為人拘謹、缺乏創新。

屬於該類的職業主要有：記帳員、會計、銀行出納員、法庭速記員、成本估算員、稅務員、核對員、打字員、辦公室職員、統計員、電腦操作者、圖書資料檔案管理員、秘書等等。

從上面的劃分可以看出，每一種類型的人都有自己的特點和長處，也都有一定的短處。但從全社會的角度看，以及從人的心理差異的角度來看，則無所謂哪一種好、哪一種差，而只有一個人與其從事的職業類型是否協調、是否匹配的問題。

由於社會中的人是複雜的，往往不能用一種類型來簡單概括，而是兼有多種性質，即以一種類型為主、同時具備他種類型的特點。因此，職業問題專家進而提出若干種中間類型或同時具備三種類型特性的職業類型群方法。

（二）霍蘭德的個性與職業環境分析

在霍蘭德的學說中，還對人的個性特點和職業環境特點作了進一步的分析。具體內容為：

表 9-2　霍蘭德六類型的個性和職業環境特點[11]

類型	個性特點	職業環境特點
現實型	攻擊性 機械呆板傾向 重視現實 體魄強壯 傳統的男子氣質 借助手勢表達問題 避免人際關係的任務	要求明確的、具體的、體力的任務 戶外的 需要立即行動 需要立即強化 較低的人際關係要求
調研型	思考問題透徹 講究科學性 有創造力 簡明扼要	要求思考和創造性 思考任務傾向 極少社會要求 要求實驗室設備但不需要體力勞動
藝術型	成就感 害羞 徹底性、獨創性 不合群 不喜歡有程式和內容要求的任務 較多的傳統女性氣質 情緒性的	解釋和修正人類行為 對於優異有模糊的標準 喜歡長時間的埋頭苦幹 單獨工作
社會型	責任感 人道主義 接受傳統的女性氣質的衝動 具有人際技能	解釋和修正人類行為 要求高水準的溝通 幫助他人
企業型	避免智力性的解決問題 擅於口頭表達 傾向於權力和地位	強調威望 完成督察性角色 需要說服他人 需要有管理行為
常規型	偏愛有程式和內容要求的工作 高度的自我控制 對權力和地位的強烈認同	體力要求極低 室內的 人際技能需要較低

---

[11]　李宏、周正訓，《21世紀人生職業規劃》，第40-41頁，北京：金城出版社，2001。

（三）霍蘭德六類型的關係

霍蘭德用六角形將上述現實型、調研型、藝術型、社會型、企業型、常規型六種人格的類型畫出，並把其相互聯繫在圖中表示，形成六類型的相關圖。見圖 9-3：

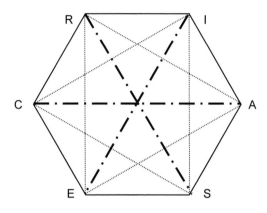

圖 9-3　霍蘭德人格類型相關狀況

圖中的「密切相關類型」是每兩個性質最接近的類型，在排列順序上是左右緊挨著的，如調研型與現實型，它們用實線來表示。「一般相關類型」或「次相關類型」為在性質上有一定差異的兩種類型，如調研型與常規型，它們用虛線來表示。「相斥類型」為性質上截然相反的兩種類型，如傳統型與藝術型之間，它們用點連線來表示。霍蘭德對職業人格六種類型之間的相互關係還進行了定量分析。

上述劃分在職業指導中有重要的實用價值。例如一個人屬於藝術型時，若選擇藝術型以及「密切相關」的調研型、社會型的職業，能夠達到職業協調；若選擇「一般相關」的現實型、企業型職業，其結果屬於職業次協調；若選擇「相斥」關係的傳統型職業，往往就處於職業不協調的狀態。

第十章　大學生職業意願研究

第一節　大學生職業意願基本分析

一、大學生就業期望

（一）畢業出路的選擇

在大學生畢業出路意向的選擇上，一個明顯特點是 2002 年以來「考研」人數急速上升，「考研一族」的群體行為已在大學畢業生中形成。2000 年在國內報考研究生的大學生只有 14%，而到 2002 年該指標急劇上升為 23.6%，增幅達到 68.8%。而同期大學畢業後願意參加工作的大學生從 2000 年的 72% 下降到 66%。2003 年參加研究生考試的大學生占調查對象的比例，進一步上升為 42.5%。資料表明，「考研熱」正在急劇升溫。

越來越多的應屆本科畢業生開始努力獲取更高學歷的學習機會，這應該不是壞事。不過從「考研」的動機來看，為數不少的大學生（77%）或多或少是由於就業壓力而選擇報考研究所的，「考研者」中有 33.4%的人承認，如有一份滿意的工作他們將放棄讀研究所，這充分反映出大學生對就業形勢判斷並不樂觀，目前「考研熱」的背後有著一隻「就業困難」的市場之手在推波助瀾。由資料可以看出，2003 年大學生的工作信心處於歷年來的最低點，明顯與該年就業形勢相關。見下表。

表 10-1　你畢業後的意向選擇

單位：%

	參加工作	在國內報考研究所	出國深造	自己創業	其他
2002	66	23.6	5.6	1.1	3.7
2001	71.9	15	7.7	2.2	3.2
2000	72	14	7	1	6

　　「考研熱」與「就業困難」的關聯性還可以從一份專業的調查資料中看得更明顯。資料顯示，「考研」比例高的專業，如文史哲類（48.1%）、法律社會學類（50.6%），其「考研」者是因就業壓力而考研的比例也高於其他專業（分別為 81.1%和 82.0%）。由此可說明，就業壓力大的專業，「考研」的人就多，「就業困難」推動了「考研熱」的持續升溫。

（二）就業地區與單位的選擇

　　在就業地區的選擇上，選擇北京的學生高居首位，在有效資料中占了 74.8%。這反映了一個基本趨勢：大學生對就業地區的選擇高度集中，大多數畢業生選擇呈現「難離北京」的狀態。詳見本書第十章。

　　中國的改革開放要完成經濟體制的轉軌，而這種轉軌佈局涉及在職人員的下崗、流動等，而且也從根本上制約著新進入社會勞動隊伍的人們的選擇行為。調查資料顯示，外資或合資企業在畢業生的選擇中位居第一，畢業生對以「國」為單位的企業選擇比重高達 60.7%，說明收入水平在大學生的就業單位選擇時影響很大，工作穩定性無疑也是大學生就業選擇所關注的重要因素。

　　同時，我們還看到一種現象：僅有 2.5%的人首選私營企業為其就業方向。這顯然與私營企業既無高薪又不穩定有關，但同時與大學生就

業體制方面的原因，如留京戶籍指標、檔案管理等方面的問題有關係。無疑地，這種狀況與中國改革以來私營企業的大發展態勢和提供的大量就業崗位是不相適應的。

（三）就業收入預期

　　調查發現，北京市大學生的就業收入預期底線狀況是：1000 元以下的 1.7%，1000 元至 2000 元的 42.7%，2000 元至 3000 元的 40.3%，3000 元至 5000 元的 11.7%，5000 元以上的 3.6%，其均值為 2344.89 元。可以說，本次調查資料顯示，大學生就業收入預期水平與市場的初次就業工資相比明顯偏高。

　　從 2002 年北京大學畢業生月薪期望值與實際收入調查資料的比較可以得出同樣的結論。見圖 10-1。

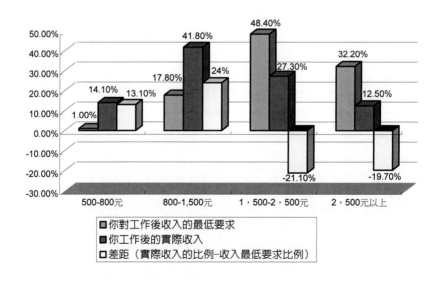

圖 10-1　北京市大學畢業生月薪期望值與實際收入

二、大學生就業價值判斷

（一）個人發展和空間是首要考慮要素

　　本調查就大學生們選擇職業時最看重的 10 個要素，請調查對象任意選擇 3 個並排序，結果是：個人的發展與晉升因素排列首位，工資福利因素和就業所在地區因素緊隨其後。3 項的得分差異不大，重要性指數都在 20～25%之間。上述資料表明，當代大學生的職業觀「以個人發展為目標，以經濟利益為導向，以就業地區選擇為保障」的特點。

　　該資料顯示，大學生對「工作穩定性」是相當忽視的，其重要性指數僅為 2.6%，遠低於個人發展、工資福利和地區選擇。這能夠說明大學生對社會變化有較好的適應性。

表 10-2　大學生擇業的影響因素

	首選	二選	三選	平均分	重要性指數（%）
有利於個人的發展與晉升	576	533	348	523.7	24.80
工資水平及福利	395	591	180	474.5	22.48
就業地區選擇	560	369	201	436.5	20.68
單位類型及規模	343	179	147	255.7	12.11
對工作本身的興趣	316	101	360	251.7	11.92
工作的環境與舒適性	45	87	208	86.2	4.08
工作穩定性	21	74	118	54.8	2.60
父母意見	10	31	63	25.8	1.22
老師建議	3	1	3	2.3	0.11
合計	2271	1966	1928	2112.2	100.00

（二）更加開放的擇業觀

問卷中就下列有關大學生擇業觀念調查了畢業生的看法，資料顯示出大學生的擇業觀趨向成熟，能用發展及長遠的眼光看待自己的工作選擇，能夠樹立更為開放的擇業觀。資料顯示，超過半數的人（56.7%）贊成大學生就業完全市場化，反對者只有 16.6%。但與此矛盾的是，63.5%的大學生認為國家應給予大學生就業更多的政策照顧。

從 1986 年中國大陸開始實行勞動合同制以來，勞動人事制度改革已經進行了二十年，進入新世紀以來不少大城市在戶籍制度等多方面進一步搞活。贊成「先就業，後擇業」、接受打工和以靈活方式就業的大學生分別占 65.0%和 67.2%，認為戶籍制度仍是就業障礙的人占到52.2%。這為大學生們在北京從事靈活就業提供了思想基礎。據估計，目前北京市在科技、媒體、文教等需要高等教育水平的行業單位從事靈活就業崗位工作的人（我們稱呼其為「新北漂」）有 30 萬人以上，基本上都是具有大專文憑以上的人。

（三）擇業最重要的影響因素

在畢業生眼裏，用人單位在選人時又看重些什麼呢？是學習成績還是政治條件，是人情關係還是實際工作經歷？設計選擇要素共 13 項，答案採用 Likert 5 級分類標識，其中 1 代表完全不重要，5 代表非常重要（見表 10-3）。

表 10-3　你認為用人單位最看重什麼？

	面試表現	學歷層次	工作經歷	本地生源	專業對口	性別	人情關係	學習成績	老師推薦	學生幹部	相貌身高	政治條件
回答人數	2192	2229	2217	2230	2223	2219	2209	2241	2223	2219	2214	2214
平均值	4.33	4.14	4.05	3.94	3.73	3.55	3.52	3.46	3.15	3.11	3.00	2.64
標準差	0.83	0.86	1.00	1.12	1.04	1.12	1.22	0.99	1.15	0.99	1.04	1.07

　　上表中的資料顯示，在畢業生的眼裏，用人單位最注重的因素依次是：面試表現、學歷層次和工作實踐經歷等；而相對忽視的是：學習成績、是否做過學生幹部以及政治條件和相貌身高等個人自然條件。需要指出，這是畢業生們的看法，是否符合大多數用人單位實際的用人狀況，是需要在進行用人單位需求分析後做進一步對比的。

三、大學生對職業指導的需求

（一）大學生需要單位資訊

　　需求單位的資訊，是大學生對就業指導所關注內容的第一位。從大學生的角度來看，他們在對用人單位進行選擇時，要瞭解用人單位的哪些情況和資訊呢？調查表明，用人單位的業務和發展前景、薪酬福利水平和單位性質、規模是排列前三位的最重要資訊。此外還有一些其他的內容，如內部管理、企業文化等。

（二）需要職業指導的內容

　　在需要學校給予職業指導的工作內容當中，學生們最需要的是發佈職業需求資訊、組織校內招聘活動；其次，他們關注政策法規諮詢、就業協議書指導、提高求職技能，最後是職業生涯指導和心理輔導。

　　學生對就業指導的需求是普遍的，多方面的，但實實在在的、需要的是提供招聘資訊和組織招聘活動。在另一項問題的答案中，81.5%的學生希望能在大四以前開始就業指導，其中認為應該大三時開始的比例最大，為57.1%。而據瞭解，目前北京市大多數高校的就業指導工作是主要針對大四學生開展的。

（三）就業合同的簽訂輔導

根據中國現行的大學生就業體制，在畢業生和招聘單位雙方的求職和聘用意向確定之後，在學校、學生及用人單位三方之間需要簽訂一份「三方協定」，以確認和約定在學生正常完成學業畢業後該聘用意向的實現。聘用雙方如有違約，將承擔一定的經濟賠償責任。

對於這種三方協定，不少大學生就業管理部門和學者提出質疑。

對大學生的調查資料顯示，有 83.3%的學生認為「三方協定」的簽署是有必要的，但他們對「三方協定」的內容瞭解較少和完全不瞭解的學生卻高達 53.8%，這一資料側面反映出就業指導工作的薄弱與不足。調查資料表明，有 27.8%的人選擇不惜違約，這表明違約是一個常見的現象，應當引起人們對這種協定的反思，應該考慮用一種更加有效的方式來代替它。

我們認為，學校就業指導部門就應當強化對於規範化就業協定內容和程式的宣傳，並進行具體簽訂就業合同知識的指導，同時伴隨對大學生樹立就業法制觀念的教育，和幫助大學生瞭解和適應市場就業的體制內容。

第二節 大學生職業意願的差異

在上面的問題分析中，我們存有一個疑問，在因為性別、專業、生源地、家庭狀況的不同形成的不同群體間，他們的擇業意願及行為有無差異，如果有，到底是哪些因素導致了這些差異？在這一部分，採用的方法主要是應用 Spss 中的交叉分析法（Crosstab），分析不同影響因素的交互作用。

一、不同大學生的就業意願

在上面的描述性結論中，我們發現，學生們的就業意願低，體現在首選去工作的人比例較低，而「考研」升溫。本調查顯示，就業選擇為求職工作的僅為 44%，「考研」的則達到調查對象的 42.5%。那麼，性別、專業、生源地和家庭的經濟狀況等因素對此有什麼影響，不同群體之間又存在哪些差別？

從資料的情況來看，性別的影響在於：男性工作的更多，女性「考研」的多些；專業的差別在於：經濟管理類和工科工作的比例最高；文史哲類「考研」的比例最高；法律和社會學的出國比例最高；生源地的影響體現在：北京生源具有很強的就業意願，非北京生源則具有明顯的「考研」意願；家庭經濟條件的影響在於：條件較好的具有相對較高的出國意願，條件在一般以下的，工作是他們的第一選擇。詳見表 10-4。

二、不同大學生的就業形勢判斷

在大學生群體之中一直有這樣現象存在：「考研」是因為本專業的就業形勢不好。我們下面透過「考研原因」做交互分析，來看學生們對於就業形勢的判斷。我們運用的資料如下：

性別：男生為 29.9%；女生則為 25.1%，男生比女生稍高一些，但是差距並不明顯。

生源地：北京生源是 39.3%，外地生源是 26.2%。差距是比較明顯的。需要注意的是，北京生源的學生「考研」參與率明顯較低，為 24.3%；非北京生源的學生參與率則為 47.9%；這一數字表明了不同生源地大學生對於「考研」與就業選擇明顯的差異。

表 10-4 畢業出路的差異

(%)

		畢業首選				總數
		求職工作	國內讀研究所	出國	其他	
性別	男	48.8	37.4	12.8	1.0	100.0
	女	39.4	42.7	16.7	1.2	100.0
專業類	經濟、管理類	48.3	37.1	13.7	1.0	100.0
	文、史、哲等	31.5	50.0	17.7	0.8	100.0
	外語類	42.6	38.0	19.4		100.0
	法律、社會學	32.1	44.0	23.8		100.0
	理科	29.3	45.6	23.6	1.5	100.0
	工科	47.4	39.4	12.0	1.3	100.0
	其他	40.0	33.3	26.7		100.0
來源省	北京生源	60.6	20.8	17.3	1.3	100.0
	非北京生源	39.8	45.5	13.8	0.9	100.0
家庭經濟狀況	很好	31.9	38.9	27.8	1.4	100.0
	較好	37.1	35.0	25.8	2.1	100.0
	一般	46.3	41.1	12.0	0.7	100.0
	較困難	49.7	43.4	6.3	0.7	100.0
	很困難	42.2	37.5	15.6	4.7	100.0

專業：經濟管理類：26.3%；文史哲類：18.9%；外語類：43.1%；法律、社會學 16.3%；理 25.2%；工 29.5%；其他 50%，平均 27.8%，這個數字反映了各個專業對於就業形勢的不同判斷，從另外的側面反映了不同專業的擇業困難程度。

家庭經濟條件的影響是：家庭條件越好的，對於就業形勢的判斷越為樂觀；家庭條件最差的，二分現象比較突出，認為困難和不困難的，比例都很高。這可能是他們自己在學校的努力以及家庭的經濟壓力綜合造成的結果。

　　得出的結論是：其一，性別差異不大；其二，專業的影響較大，具體表現為，法律和社會學專業最為不利，外語類專業最為樂觀，其他專業差距不大；其三，生源地有影響，體現為北京生源相對樂觀；其四，家庭經濟條件影響較大：家庭經濟條件越好，判斷越樂觀（詳見表10-5）。

表 10-5　從「考研」的原因來看「就業困難」（%）

		因就業困難而「考研」			總數
		主要是	有一些	沒有	
性別	男	18.9	51.2	29.9	100.0
	女	16.1	58.7	25.2	100.0
專業	經濟管理類	14.1	59.5	26.3	100.0
	文史哲等	18.9	62.2	18.9	100.0
	外語類	15.9	40.9	43.2	100.0
	法律社會學	40.8	42.9	16.3	100.0
	理科	16.2	58.6	25.2	100.0
	工科	18.4	52.1	29.5	100.0
	其他	20.0	30.0	50.0	100.0
生源地	北京生源	15.5	49.4	35.1	100.0
	非北京生源	18.3	55.4	26.3	100.0
家庭經濟狀況	很好	15.8	39.5	44.7	100.0
	較好	15.4	51.2	33.5	100.0
	一般	16.1	57.4	26.4	100.0
	較困難	26.0	56.0	18.0	100.0
	很困難	33.3	26.2	40.5	100.0

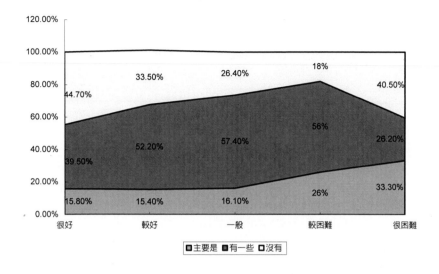

圖 10-2　不同家庭經濟條件的大學生考研原因

　　從圖 10-2 中也可以看出，家庭經濟條件很好的只有 15.8%，主要是因為認為就業困難而選擇「考研」，家庭經濟條件較好的有 15.4%，家庭經濟條件一般、較困難和很困難的，因為認為就業困難而選擇「考研」的比例依次遞增，分別為 16.1%、26%和 33.3%，這表明家庭經濟條件不好的大學生畢業後更傾向參加工作以緩解經濟壓力，而選擇繼續「考研」的主要原因還在於社會資本不足，不能實現較好的就業，因而「考研」在某種程度上是一種奢侈的選擇。

三、不同大學生的擇業因素

　　透過對下表中影響大學生擇業的各因素資料分析，可以看出：第一，影響擇業的性別差異不大；第二，各專業類關注的問題高度統一，只是法律和社會學類更加關注對於工作本身的興趣；第三，生源地的差

別只是體現在對地域選擇的關注上，從「北京生源首選工作為地域北京
的比例高達 94.5%」這一點看，儘管生源地不同，實際上大家的關注是
相同的（即都選擇大城市、尤其是選擇北京）；第四，家庭經濟條件的
影響體現在：條件差的更加關注穩定（更加關心單位類型和地域），相
反地，家庭條件好的更加關心的是收入。見表 10-6。

表 10-6　擇業關注因素

（%）

		單位類型及規模	就業地區選擇	工資水平及福利	有利於個人的發展與晉升	對工作本身的興趣	工作穩定性	工作的環境與舒適性	父母意見	老師影響	其他	總數
性別	男	15.2	23.2	18.3	26.9	13.3	.6	1.9	.3	.2	.1	100.0
	女	15.0	26.4	16.2	23.6	14.7	1.4	2.1	.6		.1	100.0
專業類	經濟、管理類	14.8	26.7	15.6	26.7	13.1	.6	1.9	.4		.3	100.0
	文史哲	14.3	21.4	17.3	23.5	18.4	3.1	2.0				100.0
	外語類	19.7	21.1	15.8	23.7	17.1	1.3	1.3				100.0
	法律社會學	10.3	22.1	20.6	35.3	8.8		2.9				100.0
	理科	13.1	22.0	18.8	25.1	18.8		2.1				100.0
	工科	15.8	24.4	18.2	24.2	13.4	1.2	2.0	.5	.3		100.0
	其他	6.7	33.3	13.3	33.3	6.7			6.7			100.0
生源地	北京生源	19.0	12.9	23.4	26.9	13.3	1.7	2.0	.7			100.0
	非北京生源	13.9	28.4	15.4	24.9	14.2	.7	1.9	.4	.2	.1	100.0
家庭經濟狀況	很好	18.5	24.1	25.9	18.5	3.7	1.9	7.4				100.0
	較好	17.1	21.8	15.9	26.9	14.2	1.7	1.5	.7		.2	100.0
	一般	14.3	24.9	16.8	26.4	14.9	.7	1.6	.4	.1		100.0
	較困難	12.3	28.0	19.4	22.8	12.7	1.1	3.0	.4		.4	100.0
	很困難	27.3	21.8	25.5	10.9	5.5		5.5		3.6		100.0

四、不同大學生的就業地區與單位選擇

資料顯示，對於就業地區與單位選擇，不同大學生的差異情況是：

第一，不同性別的大學生選擇的差異不大。

第二，大學生所讀專業的不同對於擇業地域的選擇影響不大，但對於單位類型的選擇還是有影響的。其影響為：法律和社會學類的畢業生高度傾向選擇政府機關，文史哲類和理科畢業生則傾向進入事業單位，經濟管理類則選擇各種企業，工科選擇企業的相對較多，外語類選擇合資企業。

第三，不同生源地對大學生地區和單位選擇的影響是：北京生源堅決選擇不離開北京；在單位類型的選擇上，非北京生源更加關注事業單位；其他方面二者的選擇基本相同。

第四，不同家庭經濟條件的影響：對於地域的選擇，都是高度集中的，選擇北京的均超過60%，但是需要注意的是，在選擇中西部的比例中，家庭較為困難的比例相對於其他群體要高，儘管總量很小。對於單位類型而言，對於單位類型的選擇，條件好的關注的順序是：外企、國企、事業單位、政府機關，條件較差的關注的則為：國企、事業單位、外企，政府機關，差別在於是先關注收入還是先關注穩定（詳見表10-7，10-8）。

五、不同大學生的收入底線差異

在不同大學生對自己就業的初次收入底線方面，其差異在調查資料中有如下顯示：

其一，專業差異明顯。要求收入最高的是法律和社會學專業，緊隨其後的是理科專業；要求收入最低的是工科專業、外語類，經濟管理類專業的居多；

表 10-7　就業地區的首選狀況

(%)

		北京	上海	廣州、深圳	東部沿海經濟發達地區	中部其他大中城市	西部大中城市	其他	總數
性別	男	71.5	10.0	7.5	7.4	1.5	.9	1.2	100.0
	女	78.9	8.6	5.1	4.1	1.4	.3	1.6	100.0
專業類	經濟、管理類	78.6	9.3	5.7	4.1	.7	.3	1.3	100.0
	文、史、哲等	70.7	4.0	11.1	10.1		2.0	2.0	100.0
	外語類	71.8	14.1	6.4	3.8	3.8			100.0
	法律、社會學	72.5	15.9	5.8	4.3			1.4	100.0
	理科	62.7	17.1	7.3	8.3	2.1	.5	2.1	100.0
	工科	75.6	7.8	6.4	6.3	1.9	.8	1.2	100.0
	其他	46.7	13.3	13.3	20.0			6.7	100.0
來源省	北京生源	94.5	2.4	1.5	.4	.4	.4	.5	100.0
	非北京生源	69.0	11.7	7.9	7.6	1.8	.6	1.5	100.0
家庭經濟狀況	很好	61.1	9.3	13.0	9.3		1.9	5.6	100.0
	較好	75.7	10.9	5.6	4.1	1.2	.2	2.2	100.0
	一般	75.2	9.7	6.2	5.9	1.6	.3	1.1	100.0
	較困難	77.2	5.2	6.7	7.9	.7	1.5	.7	100.0
	很困難	64.8	11.1	7.4	7.4	5.6	3.7		100.0

表 10-8　單位類型的首選選擇

(%)

		政府機關	科研、學校、醫院、新聞等事業單位	大型國企	外企或合資企業	私營企業	自己創業	尚未考慮好	其他	總數
性別	男	13.1	18.8	27.7	32.4	3.5	2.4	1.6	.4	100.0
	女	14.0	20.7	26.8	34.2	1.1	1.1	1.6	.5	100.0
專業類	經濟、管理類	15.4	7.6	35.8	35.5	1.9	1.9	1.4	.4	100.0
	文史哲	17.3	56.1	8.2	13.3	2.0	1.0	2.0		100.0
	外語類	18.2	22.1	15.6	41.6		1.3	1.3		100.0
	法律、社會學	36.8	14.7	19.1	26.5			1.5	1.5	100.0
	理科	7.9	41.1	12.1	31.6	2.6	2.6	1.6	.5	100.0
	工科	11.1	20.3	28.0	33.5	3.2	1.8	1.6	.5	100.0
	其他	26.7	33.3		33.3			6.7		100.0
來源省	北京生源	14.5	12.7	31.4	36.0	2.2	1.7	.7	.7	100.0
	非北京生源	13.1	22.0	26.1	32.1	2.5	1.9	1.8	.4	100.0
家庭經濟狀況	很好	13.0	24.1	22.2	31.5	3.7	1.9	3.7		100.0
	較好	14.4	17.4	26.7	37.2	1.7	1.7	1.0		100.0
	一般	13.4	19.0	27.4	34.4	1.9	1.7	1.7	.6	100.0
	較困難	13.1	28.1	27.0	24.0	4.1	1.9	1.5	.4	100.0
	很困難	20.0	10.9	32.7	21.8	7.3	3.6	1.8	1.8	100.0

其二，家庭經濟條件影響比較明顯：條件好的整體要求的收入更高，但是同時，條件好的和條件差的可以接受的底線較低；

其三，生源地影響不大；性別差異也較小。作加權平均計算後，男性為 2.75，女性為 2.70，說明性別差異是很小的。

詳見表 10-9。

六、本調查研究結論

（一）調查結論

透過上述對於資料的統計分析，我們得到如下結論：

在有關畢業出路、對於就業形勢的判斷、擇業的價值取向等問題上，不同的群體之間存在著差異。在本次調查中，對於大學生擇業有著重大影響的因素，實際上是生源地、家庭經濟條件和專業：

1. 北京生源的學生對於就業形勢的判斷、對於就業與「考研」的選擇上更為樂觀，他們對於工作的選擇更多的是基於工作自身的分析，而外地生源更多的是要為留在北京而努力。

2. 不同專業的學生在工作類型的選擇、收入的預期上是不同的，這是與專業對口的要求相一致的一種反映。

3. 家庭的經濟條件對於學生的影響很大。家庭條件「好」與「不好」兩個極端的群體，兩極分化現象很突出。

4. 就業期望沒有性別差異。本調查顯示，對於工作與「考研」的選擇、就業形勢的判斷、對於收入的預期，不同性別畢業生的選擇是幾乎沒有差異的。此外，不同性別學生的參加面試次數、投放簡歷次數，以及最後接收到的工作錄用通知書的數量，都是幾乎無差異的。對此，我們認為，「就業期望」在畢業生的不同性別之間是相同的，

　　它反映不出人們所公認的「性別歧視」的存在。這也給了我們提出了一個更加複雜的、有待深化研究的問題。

表 10-9　收入底線差異

(%)

		1000元以下	1000-1999元	2000-2999元	3000-4999元	5000元以上	加權平均
性別	男	1.8	41.7	39.8	12.8	3.9	2.75
	女	1.6	43.8	41.0	10.5	3.2	2.70
專業類	經濟、管理類	1.4	39.9	43.9	12.4	2.3	2.74
	文、史、哲等		33.7	48.0	17.3	1.0	2.86
	外語類	3.9	36.4	50.6	7.8	1.3	2.66
	法律、社會學		29.4	44.1	14.7	11.8	3.09
	理科	1.6	29.3	40.3	22.5	6.3	3.03
	工科	2.0	48.9	36.3	9.1	3.8	2.64
	其他		33.3	53.3	13.3		2.80
來源省	北京生源	2.0	38.8	44.5	11.0	3.7	2.76
	非北京生源	1.6	44.0	39.0	12.0	3.5	2.72
家庭經濟狀況	很好	7.4	14.8	38.9	22.2	16.7	3.26
	較好	1.5	33.4	43.4	17.6	4.1	2.90
	一般	1.3	45.0	40.8	10.3	2.6	2.68
	較困難	1.9	49.4	36.0	9.0	3.7	2.63
	很困難	5.5	45.5	23.6	14.5	10.9	2.80

（二）調查分析

　　從上面的分析中能夠看出，最重要的影響因素實際上只有兩個：北京生源的影響和家庭經濟條件的影響。可以說，這兩個明顯的影響因素分別代表了制度因素和經濟因素，制度因素的作用要大過經濟因素的作用，二者的交織，構成北京市高校學生的擇業現狀。這一點也可以從學生們關注的熱點和他們的價值判斷中反映出來：首先是要留京；再來是關心工作的類型、關心收入、關心個人的職業發展；此外，他們認同市場化，同時認為政策法規還需要加強，贊同打零工，需要就業指導機構提供資訊等等，說明了他們關心的是政策和資訊兩個要素。這實際上是制度和經濟因素的反映。此外還有家庭的經濟條件，實際上這是作為一個約束變數而存在的、還是體現為經濟因素的約束。

　　上述因素的影響是造成了大學生離不開大城市、不去鄉鎮企業的現狀，他們或者「考研」，或者出國，抑或先擇業後就業、打零工等等。與國家倡導的「到西部去」、「到最需要的地方去」的方針相對照，這是有相當大的差距的。要解決現行的大學生就業問題，應當從這兩方面入手：建立健全的政策法規、免除諸多的人為制度限制、實行更加有利於人才流動的政策、建立有效的資訊傳遞機制等等。這些改善需要透過國家、企業和學校的共同努力。

　　在有關就業指導機構的問題上，本章和第十三章（？）的調查結果說明，大學生對滿意度明顯不足，而且不瞭解就業指導的大學生比例相當大。其實他們需要瞭解資訊、需要招聘渠道、需要學校的政策宣傳。為此，就業指導機構應當加強自身的職能，確實充當起聯繫政府（政策）、用人單位與學生之間的橋樑。

第十一章　大學生職業指導工作研究

第一節　中國大學生職業指導基本狀況

中國的大學生職業指導是從20世紀90年代初開始提出並進行推廣的，到現在已經近20個年頭。2003年出現大規模的大學生就業困難以後，國家教育部大力推行各大學的職業指導，職業指導在各個方面都取得了長足的發展，其機構相繼擴展，人員隊伍逐步充實，工作水平有了一定的提高。但是，無論從機構設置、職能的發展、隊伍的職業化建設，還是工作場地與經費，乃至對職業指導的研究等各個角度來看，中國現行的大學生職業指導大部分仍然處於較低的水平。

一、大學生職業指導機構設置

從中國的現行體制來看，大學生職業指導機構，包括政府所屬的職業指導管理與運作機構和各大學內設置的職業指導基層工作機構兩個類別。

（一）政府所屬的大學生職業指導管理機構

早在1991年，在原國家教委下屬，全國高等學校畢業生就業指導中心即成立。該中心的主管單位為學生司，其主要職責有六個方面：宣傳貫徹國家有關高校畢業生就業的方針、政策和法令；開展畢業生職業指導和畢業教育工作；組織交流畢業生供需資訊，指導招聘錄用工作；培訓職業指導工作人員；開展畢業生就業科學研究、經驗交流和諮詢服

務工作；調查研究畢業生就業情況和問題，為有關部門和高等學校提供反饋資訊等。90 年代末期，該中心辦了《中國大學生就業》雜誌，在近年強化職業指導工作的情況下，該刊已經由一般性的工作雜誌轉變為「工作刊」（紅刊）與「學生刊」（綠色刊）並重的狀況。

　　省一級職業指導機構的設立，則經歷了一個較長期的過程。到目前為止，中國內地各省（市、自治區）基本上都建立了職業指導服務機構，其體制則有所不同，有的隸屬於省級教育廳局，也有的隸屬於人事廳。各省級的大學生職業指導部門的主要職責，除增加了事務性服務職能外，其他職能與教育部的全國高校就業指導中心基本相似。

（二）高等院校的職業指導機構

　　按照原國家教委的要求，從 1994 年起各高校相繼成立了畢業生就業指導中心。10 多年來，隨著各高校職業指導工作的展開，職業指導機構的自身建設也有了一定的進展。就目前的情況來看，中國高校的職業指導機構可以分為學生處下屬、黨委系統下屬、獨立機構、招生－就業合一、本研分設五種模式。

　　第一種模式，是在學校行政部門系統下屬的職業指導中心模式，即在大學的學生處下屬「掛牌」，亦即職業指導部門「一套人馬兩塊牌子」。在這種模式下，學生處負責多項學生工作，在學生處中通常設一個科級辦公室，由一名副處長分管就業工作。職業指導中心負責大學生就業的政策制定、資訊服務，開展全校性的職業指導活動、講座或課程和就業情況研究等工作；各院系一般設有專職或兼職的就業輔導老師，主要負責學生的個別諮詢和推薦服務等工作。很多高校都採取了這種模式。

　　第二種模式，是黨委下屬的職業指導中心模式，在大學的黨委學生工作部系統下設置職業指導中心從事工作，即在大學的黨委下屬「掛牌」的模式。

第三種模式，是獨立的職業指導中心模式。近年來選擇按照這種模式組建職業指導機構的高校正在逐步增加，呈穩步上升趨勢，如清華大學、北京大學分別於 1998、2001 年設立獨立的學生就業中心。這種模式的優點在於，職業指導機構獲得了更多的資源和工作條件，有更大的工作自主權，能夠更有效、比較專業地從事職業指導與服務工作。

第四種模式，是招生與就業合一的模式，這是近幾年眾多高校為了表示對就業與招生的同等重視而採取的措施。這一模式加強了「招生」與「就業」兩項工作的聯繫，有利於以招生保障就業、以就業調整招生，具有適應高等教育市場化的優點。中國人民大學、北京理工大學、北京航空航太大學等院校採取了這種模式。但就所從事的職業指導工作本身來說，這一模式與學生處模式並沒有什麼區別。

第五種模式，是本、研分設的模式。有少數高校的本科生就業和研究生就業部門按行政體系分屬於不同部門，而沒有按照工作性質加以整合。

二、現行大學職業指導工作主要內容

在前面，對政府部門的職業指導機構職能已作論述，這裏就大學層次的職業指導部門工作內容進行分析。從北京市高等院校職業指導部門的情況來看，現行的主要工作可以分為以下三個方面：

其一，進行畢業生就業去向的落實，辦理簽約和畢業報到的有關手續。這是職業指導部門最基本的職能和最大量的事務性工作。

其二，就國家的就業政策與制度規定，對畢業生進行宣傳和解答（如大城市的戶口指標、用人單位的編制名額、公務員考試程式等），提供職業崗位需求的資訊、安排供需雙方見面、為用人單位招聘提供條件、組織招聘會等等。透過上述工作，幫助畢業生完成就業，這往往成為各高校職業指導的中心工作和最大量的活動內容。

其三，對大學生進行就業意向、擇業方法和職業觀方面的教育和指導，如大學生創業教育。這主要透過安排講座、專門課程、個別諮詢和專項輔導等途徑來達到。

上述內容中，尚有一些與計劃經濟體制下的「分配」、「派遣」有一定的類似。而完全面向市場就業體制的內容，已經在不少大學中萌動和有所發展，並在有的方面採取職業指導與現代高等教育體制相結合的與國際接軌做法，例如，北京大學在 2003 年開始採取一二年級不分專業的制度。

第二節　大學生職業指導存在的問題

隨著高校畢業生外部就業環境的變化，對高校職業指導工作提出了更高的要求。本專題為此，對全國 20 餘所高校的就業工作機構進行了問卷調查和深度訪談，我們認為，當前中國大學生職業指導領域主要存在以下的問題：

一、職業指導定位問題有待解決

北京市高校在職業指導方面的定位，存在著兩個相互連帶的問題：

其一，從開展指導時間的角度來看，處於基本上以畢業班學生為對象的「第四年指導」狀態，國家要求的「全程化指導」的應有局面還尚未形成。而且，對於職業指導「從何時開始」這一工作範圍定位的重要問題，各高校基本上都存在著認識上失誤和行動上滯後的問題。

應當指出，職業指導並不是畢業前「臨門一腳」的事，而是貫穿大學四年生活始終的系列性工作，需要盡早從事，以便學生能夠及早根據

自身情況調整學習計劃，適應未來的社會需要。據我們的調查，52.9%
的高校是從大四才進行職業指導，而從大一就開始對學生進行職業指導
的只有 17.6%，如表 12-1 所示。由此可以看出，現行的大學生面臨畢
業的指導，不僅從時間上來看已經太晚，而且在內容上也僅能做一些「求
職面試技巧」之類的彌補性工作，顯然不可能在提高大學生未來的工作
能力、調整就業方向、策劃創業方案、引導就業觀念等許多重要方面對
大學生有任何幫助。

　　而且，對於「職業指導應全程化，盡早開始」這一重要思想，實際
上在各高校職業指導部門還尚未達成共識。只有 58.8%的高校就業工作
機構認為職業指導應當從大一開始，其餘四成多的高校並不認同全程職
業指導的觀點。詳見下表：

表 12-1　「職業指導從何時開始」的看法

年級	實際開始（%）	認為應該開始（%）
大一	17.6%	58.8%
大二	11.8%	29.4%
大三	17.6%	11.8%
大四	52.9%	0.0%

　　其二，與「第四年指導」格局相聯繫的是，各學校職業指導部門的
工作基本上是以把大學畢業生「送出去」為中心。這說明，許多學校的
大學生職業指導工作還保留著很強的「畢業環節管理」的行政性工作痕
跡，沒有以塑造大學生、「教之以漁」、提高其就業能力為中心；反過來
看，也可以說這些部門缺乏面向就業市場、基於社會需求來塑造大學生
的現代教育理念，缺乏文明社會的人本主義教育觀和職業生涯意識，缺
乏現代社會的服務意識和競爭社會的客戶意識，缺乏「全程化指導」的
技術手段。在近年許多大學極力擴招而未認真考慮就業出路、盲目追熱

點和畢業生數量過剩、質量下降的情況下，把大學生就業工作簡單化、局限於第四年的做法，顯然不利於矯正「大學畢業生」這種教育產品與市場需求相脫節的問題，難於達到促進大學生就業的功效。

二、職業指導機構力量薄弱

在經濟發達國家，高等院校的職業指導工作經過長期的發展已經相當成熟，對於大學生就業起到了主渠道的作用，例如在美國，70%的大學畢業生是透過學校職業指導部門找到工作的。這樣的效能，是依靠正確的定位、健全的機構、完備的設施和一大批專業人才而實現的。從中國的情況來看，在市場配置資源的就業大環境已經全面形成，但在就業服務體系尚未完全形成、失業者的社會保障方面也存在著巨大缺失[1]的格局下，對於已經進行了較多的教育投資、並已經接受了數年專業定向教育的大學畢業生來說，進入就業市場和獲得工作崗位的過程對於職業指導的需求很大，更何況，中國大學生就業供給數量巨大、持續增加，就業困難，對職業指導的需求也非常巨大。但現行的大學生職業指導機構，無論是機構的設置，還是設備硬體的條件，抑或是從業人員的數量和質量，其各方面的力量都處於比較弱的狀態，與經濟發達國家的職業指導機構相比，差別更是懸殊。

（一）大學生就業機構建制與設施不健全

據國家教育部的考察，發達國家的職業指導已經相當成熟。例如，在美國加州大學的洛杉磯分校設有職業生涯中心（career center），這是美國國內規模最大、內容最全面的中心之一，該中心為學生提供多種服

---

[1]　李欣欣，〈十大深層原因造成中國「就業困難」〉，《瞭望》，2002 年 12 月 2 日。

務，包括職業諮詢、就業資訊查詢、每日就業導報、職業活動週、雇主資訊發佈會、繼續學習準備服務和學生活動中心等。從基本設施條件看，該中心擁有一座大樓，設有就業洽談室 13 個，職業資源圖書館有 1300 個座位之多，擁有 80～300 台電腦的免費查詢中心 3 個。

與職業指導的一般要求和發達國家的現實狀況相比，北京市大學的職業指導機構顯然差距非常懸殊。即使是全國最強大的北京大學、清華大學的職業指導機構，也都是只有一座二層的小樓，所從事的工作基本上也是前面所述的三個方面，缺少職能部門和設施條件的支撐，如圖書館、就業報刊、大規模洽談室等。也就是說，多種職能混於一身，主要應付日常的辦理手續等事務性工作，許多重要的職業指導與服務工作不能開展。

（二）工作人員數量少

從發達國家的情況來看，高校的職業指導部門工作人員一般都超過 30 人。例如，世界上最早的職業指導中心——成立於 1892 年的英國牛津大學就業服務中心，現有工作人員 35 名，其中專業人員 12 名；曼徹斯特大學職業指導中心有員工 50 名；利物普大學職業指導中心有 20 名工作人員、8 位指導教師[2]。又如：美國加州大學洛杉磯分校學生就業中心全日制工作人員有 10 人，兼職工作人員 40 人；美利堅大學學生就業中心工作人員 16 人[3]。顯然，中國的高等院校要搞好職業指導工作、提高工作水平的重要條件之一，就是進一步增加職業指導機構的編制人數。

北京市各高校的職業指導工作人員近年有所增加，但從總體上看仍然數量較少。據我們在 2003 年夏季對地處北京的 20 多所高等院校的調

---

[2]　資料來源：教育部，《中國大學生職業指導赴歐洲考察團考察報告》，2001。
[3]　資源來源：國家教委，《高校畢業生職業指導赴美考察團考察報告》，1996。

查，各學校的職業指導工作人員一般在 4～5 人，少數高校的編制達到
10 人左右，有些規模較小的學校或對就業工作不重視的學校工作人員
人數則少於 4 人，有的學校的工作人員甚至只有 1、2 個人。從職業指
導工作人員與畢業生數量的師生比角度來看，大多數高校的師生比接近
或達到教育部提出的 500：1 的水平。詳見下表：

表 12-2　北京部分高校就業機構編制人數暨師生比[4]

學校	編制人數	師生比
北京大學	8	1:538
清華大學	12	1:438
中國人民大學	6	1:524
北京師範大學	6	1:500
首都經濟貿易大學	4	1:420
北京工業大學	4	1:725
首都師範大學	4	1:550
中國政法大學	5	1:500
北京服裝學院	2	1:630
北京工商大學	2	1:1130
北方工業大學	2	1:720
北京印刷學院	2	1:630
北京理工大學	3	1:800

　　2003 年下半年以來，中國各高等院校的職業指導工作人員數量，
在國家要求增加的情況下已經普遍有所增加，但由於大學畢業生供給數
量迅速增加和「就業困難」的格局，其數量與提高職業指導質量、以至
開展職業生涯指導的要求來說，仍然是遠遠不足的，與發達國家高等院
校的職業指導人數相比，差距更為巨大。

---

[4]　「師生比」指每一個專職職業指導工作人員與應屆畢業生人數的比例。

　　由於專職工作人員的缺乏，不少大學聘用學生助理、離退休人員等，以彌補工作人手的不足。

　　作為職業指導的人員隊伍，不少大學在院系一級設置了專職或兼職的就業輔導員，兼職就業輔導員的日常工作多以職業指導和服務為主，其他工作一般居於次要地位。

（三）缺乏專業性工作人員

　　中國現行的高校職業指導部門，處於原有機構的延續與開展全新性工作的現實需要之間的過渡性格局。這種格局繼承了原有工作隊伍的管理資源和經驗，他們熟悉學生的情況，並擁有一定的用人單位資源，能夠較順利地完成畢業生的推薦工作，保證了就業的落實，但存在著以下的問題：原工作人員基本來自黨務、政工領域，整體學歷層次不高，難以適應開展全新工作的需要；他們長期習慣於「管」學生，短期之間難以轉變角色，難於以新的理念為學生提供輔導和諮詢服務。

　　近年來，不少年輕人進入職業指導機構工作，但其流動性較大，且仍然缺乏專業性人員的補充。在發達國家大學的職業指導部門工作人員中，有不少心理學等專業的博士擔任職業指導顧問，在應當是我們的發展方向。

（四）職業指導經費不足

　　高校職業指導服務機構的經費，經歷了一個從無到有的過程。最初各校的學生工作部門是沒有就業工作經費的，從行政性就業管理轉變到「職業指導」工作以來，有了一定的經費來源，包括行政撥款、社會贊助、培訓和有償服務的收入等。2003 年以來，各高校的就業經費都已經有一定增加，經費短缺的狀況得到較大的改善。但就總體情況而言，北京市各高校的就業工作經費還不夠充足，國家教育部提出，大學就業

指導工作經費要占學費收入的 1%，可以說所有大學的工作經費都與此標準相差甚遠。

（五）職業指導工作場地小

從硬體條件的角度看，場所和設施是關係著職業指導工作組織、業務辦理、各項活動開展的根本性物質前提。據調查，目前北京市高校職業指導活動的專用場地嚴重不足，尤其是開展個性化諮詢等活動的場所欠缺。即使是工作條件較好的幾所高校，如北大、清華這兩所全國最著名、國家給予特別支援的龍頭大學，其就業服務指導場所的面積分別達到 1000 和 700 平方米，其他高校的職業指導場所的面積則一般在 100 平方米以下。這種狀況與上述發達國家大學的水平相比，相差非常懸殊。

上述中國高等院校職業指導機構力量薄弱與功能缺失的問題，導致職業指導方面的許多工作不能開展，在一定程度上浪費了就業資訊資源，在一些專業畢業生過剩的情形也不能有效地利用和整合資源、重塑大學生和提高大學生的就業能力。

三、職業指導工作基本處於低層次

（一）職業指導的八個層次

中國現行大學生職業指導所從事的工作很多，有 30 多項的內容，它們可以概括為辦理手續、提供資訊、政策指導、技巧訓練、心理輔導、決策諮詢、生涯規劃和素質提高八大方面，它們可以排列為從低到高的八個層次：

第一層次是就業環節手續。這一層次的內容主要有出具推薦表、成績單、班主任對學生的品德鑒定、政審閱檔、簽訂三方協議書等。

　　第二層次是需求資訊提供。這一層次的工作主要包括發佈生源資訊、就業資訊網站建設、用人單位專場招聘會、大型校園供需見面會等。

　　第三層次是政策制度指導。這一般是大學生就業所涉及的國家各種規章制度的宣傳和介紹，可分為限制性政策（如戶口指標）和鼓勵性政策（如支援西部）兩類，一般透過網上發佈、講座課程、個別諮詢等形式進行。

　　第四層次是求職技巧訓練。這一層次的內容大致包括簡歷製作、面試技巧、簽約方法、類比面試、公務員考試培訓等。

　　第五層次是心理輔導測試。這一個層次主要是對畢業班學生擇業過程中的壓力進行心理輔導，也為其他年級的學生進行職業心理測試。

　　第六層次是擇業決策諮詢。這一個層次的內容大致包括採取面對面諮詢解疑、BBS 指導、簽約參謀等。

　　第七層次是職業生涯規劃。在這一較高的層次，目前主要進行學生自我定位、制定學習和生活計劃、對「考研」出國就業決策等方面的指導。

　　第八層次是綜合素質提高，包括素質拓展訓練、組織社會實踐等，這是對正常教學培養學生能力的一種補充。

（二）現行職業指導的層次狀況

　　在上述職業指導的八個層次中，前三個方面是必須做的事情，各校基本上都能夠完成，但第二、三層次，各校從事的數量和質量差異很大。第四層次是學校職業指導部門最先認識並較早開展的狹義職業指導，但目前仍有相當數量的學校尚未開展此項活動，即使已經開展此項活動的學校，一般也還沒有達到較高的水平。第五層次的心理輔導和測試是專業性很強的工作，一般由學校的心理諮詢室代為從事，各校均開展不多。第六、七、八層次，學校職業指導部門能夠從事的更少，其中第七

層次的職業生涯規劃，很多學校的職業指導部門以及各專業院系採取請社會成功人士作報告的形式來進行，或由學校專業系科的教師以選修課的形式從事，或由心理諮詢室從事。

從北京市的總體情況來看，低層次的基本服務和事務辦理方面進展較大、基本到位，高層次、個性化的指導則嚴重不足，基本上處於「層次越高、意義越大、開展水平越低」的反向關聯狀況。

與之相關，各高校在對各項職業指導工作的重要性認識上遠遠沒有到位，並呈現出對高層次職業指導工作認識不足的現象。詳見下表：

表 12-3　對職業指導工作重要性的認識與自我評價

職業指導工作專案	重要性程度 （5 分制）	自我評價 （5 分制）
收集和發佈職業需求資訊	4.9	5.0
組織校內招聘會和其他招聘活動	4.9	5.0
就業政策、制度、法規諮詢	4.8	4.8
就業協議書簽署指導	3.9	4.7
幫助解決求職、就業中的其他困難	3.9	4.6
幫助學生提高求職技能	4.2	3.9
進行職業生涯規劃指導	4.4	3.6
對學生進行就業心理輔導	4.3	2.8

四、職業指導與大學生需求的差距

中國高等院校的畢業生就業已經完成了由國家分配工作到雙向選擇、自主就業的體制轉變，自費上學、接受數年專業性教育的大學生，對學校的職業指導有很大的需求和期望。根據我們對北京市 2817 名大學生的調查，可以看出大學生對學校職業指導服務工作水平的基本評

價：職業指導工作水平不高，對大學生缺乏應有的影響，大學生對其的滿意程度不高。

（一）大學生對職業指導工作不滿意

從大學生對學校職業指導工作的總體評價資料看，表示很滿意或比較滿意的只有 25%，不太滿意或很不滿意的比例達到 21.5%，這說明，現行各高校提供的就業指導與應當具備的，對大學生「客戶」的服務水平尚有不小的距離。詳見下表。

表 12-4　大學生的滿意度

很滿意	1.8%
比較滿意	23.2%
一般	51.2%
不太滿意	14.8%
很不滿意	6.7%

調查結果顯示，只有 55.4% 的學生認為學校開展職業生涯規劃指導對其具有重要意義，說明了學校高層次職業指導工作還沒有開展或有效開展。此外，有 30.8% 的畢業生表示對於自己的職業發展目標「不明確」或是「從未考慮過」，這也反映出職業指導機構在幫助大學生樹立職業生涯意識的功能上遠遠沒有到位。詳見表 12-5 和表 12-6。

表 12-5　在職業生涯指導方面的作用

很不重要	4.6%
不重要	9.0%
一般	30.3%
重要	29.4%
很重要	26.0%

表 12-6　關於自己的職業發展目標的考慮

專案	百分比
非常明確	8.0%
比較明確	41.2%
不太明確	27.3%
不明確	2.5%
從未考慮過	1.0%

（二）大學生對職業指導工作嚴重缺乏瞭解

　　這一調查結果還顯示，北京市大學生對學校的職業指導工作總體上處於「不太瞭解」的狀態。對學校的職業指導這一重要機構及其工作僅僅「知道一點」和「根本不知道」的占調查總數的 65.7%，比例高達近 2/3；「比較瞭解」和「非常瞭解」的僅占 30% 多。這些資料反映了現行大學生職業指導工作，在大學生群體眼中處於盲區狀態，也說明對解決大學生就業問題所起的作用受到很大的限制。詳見下表。

表 12-7　對於職業指導的瞭解程度

非常瞭解	2.2%
比較瞭解	28.2%
知道一點	54.6%
根本不知道	11.0%

　　將這一結果與表 12-3 對比來看，一方面，大學生對職業指導工作處於「不太瞭解」的盲區狀態；另一方面各大學的職業指導部門對自身的工作評價卻較高，表 12-3「職業指導自我評價」中對八個專案的回答，除一項外得分均不低，其中包括兩項滿分。二者的差距相當大，反映了中國大學生職業指導部門存在著「自我評價過高」的認識誤區。

第三節　搞好大學生職業指導的對策

　　針對上述北京市大學生職業指導中存在的問題，我們認為，應當採取以下對策：

一、樹立職業指導的理念

　　要改變職業指導以「大四學生的就業環節為主」和「完成簽約手續」為中心的局面，樹立全新的思路，建立起「職業」指導的科學理念和「職業生涯」能力養成為中心的思路，解決好工作定位的問題，達到與國際的接軌。就業指導與職業指導，一字之差，有著巨大的差異，在迅速進入社會現代化、教育現代化和思維國際化的今天，應當對其「正名」。

　　職業指導是國際通行的解決大中學生學業與就業問題的學說和方法體系，是我們走向全面市場化應當樹立的重要工作範疇，其基本理念是促進人的職業生涯發展。具體來說，我們目前應當樹立「全程指導、注重服務、面向市場」幾個方面的理念。

（一）樹立促進職業生涯發展的理念

　　現代教育的理念是為了人的終生發展，大學生就業工作要與國際接軌，就必須符合國際性的職業指導理念，要從完成畢業生「出校門」的就業具體手續的工作狀態，上升到幫助大學生職業生涯發展的高層次。這不僅應當成為大學生就業工作的最基本理念，而且也構成現代教育的重要理念。具體來說，職業生涯的理念體現為：引導大學生從廣闊的視野審視個人職業問題，幫助其正確進行人生定位和規劃未來的職業生涯；幫助其正確地選擇職業，順利地走上工作崗位和較快地適應工作，為個人的職業生涯發展建造堅實的基礎。

（二）樹立全程指導的理念

要樹立對大學生「從一年級做起」、進行四年全程指導服務的理念。在大學一年級，側重進行專業與職業前景教育，將所學的專業與未來的素質要求和可能的就業出路相聯繫。大學二、三年級是學生積累專業知識和職業技能的階段，要引導學生思考和設計自己的職業生涯，結合社會需求建立自己的知識結構，進行適當的技能培養，以及調整專業、輔修專業等，以塑造適應未來就業市場和社會發展需要的「全人」。大學四年級是實現就業的關鍵性階段，要根據其特點進行就業制度政策和求職技巧方面的指導，並要對部分大學生進行教育和心理輔導，幫助其做好「從學生到社會人」的角色轉換。

進一步來說，要做好全程指導，還應當認真研究招生和就業的聯繫，在錄取學生時要考慮其專業適應性和發展潛力的問題。

（三）將管理性轉變為服務性

在高等院校中設置的職業指導機構，所從事的都是非行政化的工作，其機構的性質是類似於事業單位，本質上具有一定的公共就業服務職能。為此，要淡化和去除職業指導工作中的行政色彩，將具有居高臨下特徵的「管理」面孔轉變為以學生為中心、做學生的良師益友、熱心為學生服務的新風貌，透過快捷、可靠、優質的工作，促進大學生的就業。

二、塑造強有力的職能工作機構

（一）設置以職業指導為中心的職能部門

從職業指導規範性的角度來看，大學生就業工作機構應當設立以下職能部門：

(1)收集、保存和查閱各種基礎資料的圖書室或資料中心；

(2)整理和發佈市場需求資訊的部門，這一部門要擁有較好介面的電腦查詢系統；

(3)大學生接待、問題諮詢、辦理手續等工作的部門，這一般是日常業務量最大的部門；

(4)職業測驗、職業生涯指導和心理輔導的部門；

(5)組織供需見面會、接待用人單位的部門；

(6)進行就業市場調研和預測的部門；

(7)其他事務性、支援性的工作部門。

（二）塑造專業化人才隊伍

　　增加職業指導人員的投入，已經成為各校的事實。但是，應當注意的是，擴大隊伍要「重質不重量」，職業指導機構迫切需要的不是一般性的人員，而是與現有職業指導隊伍成員有著質的差別的專業性職業指導人才。對此應採取的措施有三個方面：其一，在職業指導部門中設立專業技術崗位，如心理諮詢師和職業指導師，延請專家層次的人來從事；其二，新增的人員要以專業人才為主，把好「入口」關；其三，對現職人員進行全員化的專業教育培訓，限期達到能夠從事專業性工作的水平。

（三）強化面向市場開拓需求的能力

　　為了促進大學生在市場體制下就業，職業指導機構必須具備「推銷員」的意識和手段。學校職業指導機構除了向用人單位卓有成效地推介專業畢業生和詳細介紹專業有關方面的情況，還要致力於搜尋社會的崗位需求。這應當成為職業指導機構的工作目標之一。

　　以市場為導向的就業工作，必然導致招生體制與就業工作的接軌。職業指導部門應當參與招生計劃的制訂，先期調節不同專業的供需狀況，以利於未來的畢業生順利進入就業市場。進而，在教育培養環節，職業指導機構還要給予一定的關注，要使各年級的學生能夠基於未來就業市場的目標而調整自己的學業和培養自己的綜合素質。

（四）強化職業指導基層組織建設

　　職業指導的功能發揮依賴基層組織的建設。從一般意義上講，要運用好大學生所在各院系的資源，強化院系層次的職業指導組織，使其能夠發揮深入管理和拓展社會需求的優勢。上海復旦大學的模式值得北京市大學的借鑒，該校除設立了學校和院系兩級管理體系，並將具體工作進一步向班級滲透，形成「三層面運作」的格局，這保證了每個畢業生都能快速獲得最新崗位需求的資訊，享受校、系兩級職業指導組織的服務。詳見下圖。

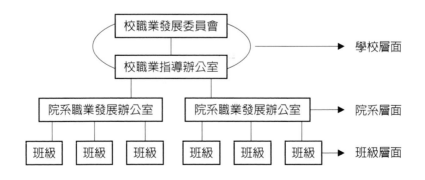

圖 12-1　職業指導三層面模式

三、提升就業服務與職業指導的工作水平

（一）達到職業指導日常工作的規範化

　　首先，要重新構建職業指導部門的機構，在此前提下，進行科學的崗位職務分析。進一步的工作是，依據職務分析的結果進行細緻的工作任務分工。最後，要實行責任到人、掛牌上崗的管理制度。透過上述措施，達到職業指導工作內容的規範化。

　　進而，要建立職業指導的流程化管理，從新生一入學開始，職業指導就要介入工作，按照大學生能力與心理發展特點分階段地安排工作內容，把職業指導貫穿於整個大學教育過程。這可以說是職業指導工作環節的規範化。

（二）強化職業指導基本工作

　　要努力強化現行職業指導所從事的各項基本工作，使諸如簽約、辦理手續等日常性工作，大大提升其工作水平。這一任務要在短期內完成，從而為進一步開展其他工作提供一個良好的平臺。

（三）建立需求預測制度和工作調研制度

　　其一，透過對就業市場的預測，幫助畢業生正確把握就業方向，也為職業指導機構調整工作內容提供客觀依據。其二，要建立職業指導工作調研的制度，對大學生就業工作情況、職業指導機構運作情況和各有關方面情況進行調研。透過上述調研，總結成功經驗，發現存在的問題，為改進工作和提升工作水平找到依據。這是兩個亟需建立的重要制度。

（四）大力開展中高層次的職業指導

　　各大學要根據自身的情況，大力開展中高層次的職業指導與相關服務。對於就業壓力小、工作基礎好、學生需求高的名牌大學來說，更應當成為中心工作之一。對於一般大學來說，努力從事中高層次的職業指導工作也大有必要，這對迅速進行理念更新和高水準地配置工作資源，都大有幫助，實際上這種努力大大有利於職業指導機構自身的發展。

四、滿足大學生及單位「客戶」的服務需求

（一）建立高效靈敏的資訊系統

　　完善職業指導資訊系統，為畢業生擇業和用人單位招聘提供可靠、快捷的資訊服務，是滿足大學畢業生和用人單位雙重「客戶」需求的重要物質條件，也為所有在校大學生思考和設計職業生涯所需要。近年來，國內許多高校在校園網的基礎上逐步建立了畢業生資訊服務系統，2003 年春季中國遭遇非典的肆虐，在特殊環境下完成大學生就業工作的任務，為強化大學就業資訊系統的建設提供了極好的機遇。

　　目前，各高校的職業指導工作已經廣泛建立和運用了電腦系統，但其資訊傳遞和網路功能還不完善，各校水平參差不齊，沒有達到所期望的水平，例如還不能完成招聘單位與應聘畢業生的互動交流以至實現網上簽約。為此，要加強硬體建設，建立全方位的職業指導資訊系統，配備專業電腦技術人員，從而大大提高職業指導工作的現代化水平。

（二）設立職業指導教育培訓部門

　　在各高校的職業指導機構中，應當設立職業指導教研室，開設職業科學知識和應用的課程，進行職業生涯規劃能力培養，進行擇業技能實

際操練培訓等等。此外，還應當進行提高大學生綜合素質的教育培訓活動。上述教育培訓，有利於大學生職業生涯設計能力和擇業技能的養成，有利於大學生專業知識技能的完善及調整，也有利於大學生擇業心理與行為的合理化，從多方面促進大學生的就業。這實際上是對大學生就業進行主動引導的工作，它有利於從根本上滿足大學生的需求。

（三）進行就業狀況統計和跟蹤調查

其一，對大學畢業生就業狀態進行統計。透過對畢業生就業的行業、單位流向統計，結合畢業生本身的結構進行分析，把握社會的職業崗位需求和職業指導工作方向，尋找工作規律，提高就業服務指導工作的有效性。其二，對未能簽約就業的畢業生進行調查，透過對其結構、原因和個人情況與需要的分析，研究存在的問題與原因，找到解決問題的線索。其三，對已畢業的學生進行跟蹤調查，對他們的工作狀況、個人發展狀況，對職業指導工作的意見和要求，以及對大學教育內容的意見和要求，做出詳細分析，以全方位地思考和安排職業指導工作。

（四）建立職業指導工作評價系統

對職業指導工作進行考核評價，是強化職業指導工作、滿足大學生和用人單位需求的重要手段。為此，要建立一套對職業指導工作全面考核和評價的體系。在評價內容方面，除國家對各大學的一次就業率和學校內部的工作考核外，主要評價內容應當是對大學生職業指導對象的服務效果評價，和他們對職業指導機構的「工作滿意度」調查。「工作滿意度」調查的內容主要有服務專案、服務水平和服務態度等方面。進一步，還應當發展出對大學生職業生涯塑造效能等方面的指標。透過上述評價和跟進的措施，達到有效促進大學生就業的功效，高水準地完成大學生職業指導的職責。

第十二章　大學生職業規劃指導課程研究

第一節　大學生職業規劃指導課程研究總況

一、本研究的背景

　　大學生（包括本科生、研究生和高職生）的職業生涯規劃和就業指導，是各高等院校的重要工作。近年來大學生就業問題越來越突出，大學生就業指導和職業生涯問題正成為人們關注的熱點問題之一。

　　隨著中國高校擴招進程的加速，大學畢業生的規模急劇擴大，在2003年擴招後第一年的畢業生數量猛增後，2004、2005年畢業生數量進一步增加，大學畢業生與社會需求之間的供求「天秤」發生了較嚴重的傾斜。而且，大學生就業體制也已經由「國家分配」全面轉變為市場經濟體制下的「自主擇業」。在這一格局下，一方面，社會上「大學生難找工作」的反響巨大；另一方面，由於缺乏科學、明晰的職業生涯規劃指導，一些大學生在就業後有著較高的流動（其中不乏盲動），企業對聘用大學生也產生了猶疑，進一步加劇了大學生難找工作的問題。

　　上述格局反映出，幫助大學生做好職業生涯規劃設計，使其選擇一份兼顧社會需要和個人意願的職業，以減少其在就業選擇時的盲目性並增強他們在工作中的競爭力，是極為重要的。為此，搞好大學生職業指導的課程建設，特別是定位於解決大學生職業生涯規劃及兼顧就業環節指導的課程，就成為非常緊迫的大事。

　　本課題自從開題以來，進行了連續數年的大學生（含本科生與研究生）職業生涯規劃與就業指導課程的教學，同時對大學生並進行了多項

大學生求職意向、職業的社會評價的問卷調查和大學生職業素質的測評。這些研究和教學實踐活動，使我們獲得大量有關大學生職業指導與課程建設問題的第一手資料，也直接對諸多本科生、研究生的職業意識進行輔導幫助，對其職業生涯解析規劃，起了很好的職業指導效果。

在上述研究與教學工作的基礎上，2004～2005　年，我們進行了大學生職業生涯規劃指導課程教學情況和作用的調查研究。

二、本研究主要內容

（一）調查問卷結構

根據本次研究的目的，我們設計了「北京市大學生職業指導與課程調查」的問卷，問卷由六大部分組成，共計 37 道題目。

第一部分為「個人基本情況」，有 8 個問題，包括用於瞭解大學生的性別、年齡、所在學校、年級、專業、原戶籍、（讀研究生者）原所在大學是否為重點高校和父母的職業八個方面。

第二部分為「報考專業時的選擇」，有 4 個問題，包括大學生就讀的是第幾志願、高考／「考研」選填專業時的考慮內容、誰決定所報的專業、報考專業時對自身和專業的瞭解程度四個方面。

第三部分為「所在專業情況」，有 4 個問題，包括大學生所在專業的教育水平、對所學專業的喜歡程度、所在專業最近的就業出路情況和對本專業的瞭解程度四個方面。

第四部分為「你對職業選擇的考慮」，有 4 個問題，包括畢業後意願中的就業地區、就業的月薪、期望的職位、喜歡的職業四個方面。

第五部分為「你看待的學校就業指導」，有 8 個問題，包括大學生對就業知識和資訊的瞭解、職業指導的開始時間、所在學校的職業指導

工作開展情況、應當開展哪些就業工作與職業指導工作、對自己職業生涯和思想有重大影響的人、就業的資訊來源、對就業職業現象的看法、在職業生涯方面存在的困難和個人的想法八個方面。

第六部分為「職業生涯與就業指導課程」，有 9 個問題，包括所在學校開設職業生涯課程的情況、其他學校是否開設職業生涯課程、學習職業課程的用途、學習職業指導課的收穫、職業生涯與就業指導課前掌握情況、職業生涯課後對相關專案的掌握程度、收穫大的內容、還需加強的內容、對職業課程的評價九個方面。

本次調查研究自 2004 年 11 月開始，2005 年 10 月結束。問卷發放總數為 230 份，回收答卷 150 份，其中 8 份為無效答卷，有效回收問卷計 142 份。本次調查的樣本，對研究北京市高等院校的就業指導課程情況具有一定的代表性。

（二）調查樣本及分佈

1.樣本的年級狀況

此次問卷調查樣本為中國人民大學 2004 至 2005 學年修職業規劃指導課程的兩個班學生，其中本科生為 60 課時的「職業生涯設計與就業指導」課程，是國內大學開設本科生就業指導課程中課時最長的課堂；研究生為 32 課時的「就業與職業生涯」，也是國內研究生教育中首創性的課程。包括本科生中的大一、大二、大三學生，研究生中的研一、研二學生[1]。從樣本參測人群學歷結構的分值差異，可以有效地分析他們的職業規劃情況。在該樣本中，所在的學歷層次本科為二、三年級學生，研究生以研一的學生為主，這非常清楚地反映了大學生就讀年級人群面臨的巨大就業壓力和對於職業指導有「提前規劃」的需求特徵。

---

[1] 調查學校中國人民大學研究生學制已經改為二年制。

表 12-1　調查對象的年級構成情況

年級	頻數	百分比
大一	3	2.11
大二	80	56.34
大三	25	17.61
大四	2	1.41
研一	29	20.42
研二	2	1.41
未回答	1	0.70
合計	141	100.00

2. 樣本的性別狀況

表 12-2　調查對象的性別構成狀況

	頻數	占總數的百分比	累計百分比
男生	49	34.5	34.5
女生	93	65.5	100
合計	142	100	

　　參加本次調查的人群中，男生約占 34.5%，女生 65.4%。根據這一樣本結構，可以看出性別比例以女生居多，其數量達到男生的近 2 倍。這反映出在大學生的職業生涯規劃中，女性學生比男性學生更需要引導的問題，這一特徵應當引起職業指導人員以至學校方面的關注。

3. 樣本的專業特徵

　　本次調查的專業分佈的特點，是以經濟、管理類專業為樣本主體。這一特徵符合目前中國人民大學的專業分佈情況，也在一定程度上能夠反映北京市和全國高等院校經濟、管理類專業受到重視和迅速增長的格局。

表 12-3 調查對象專業構成狀況[2]

	頻數	占總數百分比	累計百分比
管理類	39	29.77	29.77
經濟類	42	32.06	61.83
文、史、哲	6	4.58	66.41
語言	6	4.58	70.99
政治	14	10.68	81.67
法律	2	1.52	83.19
社會學、人口學	6	4.58	87.77
理科	9	6.87	94.64
工科	3	2.29	96.93
其他	4	3.07	100.00
合計	131	100.00	

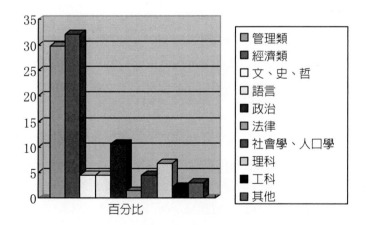

圖 12-1 調查對象的專業構成狀況

---

[2] 未填寫專業的有 11 人。

第二節　問卷調查結果一：對職業課程的需要

一、大學生對專業情況瞭解不足

　　報考大學和讀某個專業，是人生的重大選擇。人們在這個問題上應當「知己知彼」。在本次調查的大學生中，有 55.4%就讀的專業是報考時的第一志願，18.09%的大學生為第二志願，26.51%的學生則是報考其他志願和未報所就學的專業而被調劑過來的，即四分之一的大學生就讀專業屬於非自願選擇的。在參加高考填報志願時考慮的諸多因素中，「學校比較理想」排列在第一位，達 59.15%；居於在第二位的考慮因素是「專業比較理想」，占到 25.71%；其他回答占到 15.14%。在問到「由誰決定自己所報專業」問題的回答中，自己作主的占 54.08%，家長做主的占 32.52%，其他回答占到 13.4%。這一資料更加反映了大學生就讀專業的非自願選擇的問題。這一問題對於大學生的一次就業和其職業生涯的長期發展，都會導致重大的不良影響。

　　從調查的情況來看，大學生在報考專業時對「個人的能力、素質、性格、愛好、對所報專業的學科水平情況、所報專業的就業出路情況」6 個專案的瞭解程度方面，很瞭解個人性格、愛好的占 22.58%，瞭解較多所報專業水平情況的占 38.02%，瞭解所報專業就業出路的占 21.4%。其他占到 18.08%。這一調查資料表明，大學生在選擇專業時對能影響其抉擇的諸因素瞭解程度還不夠。而且，學生在報考專業時大多根據自己的性格愛好或按照父母的意願來選擇自己的專業，對其他方面的情況瞭解相對較少。這反映了現在的在校大學生前期的升學決策還是很不成熟的，由此也就要求高等院校對入了校的大學生們進行與學業緊密相關的職業生涯發展方面的系統教育。

二、七成多的大學生需要職業生涯指導

（一）七成多的大學生對就業和職業缺乏瞭解

調查結果顯示，目前的大學生對就業知識、職業理念、擇業方法和市場訊息都缺乏瞭解。問卷調查的資料顯示，73.28%的學生表示對上述問題處於「較不瞭解」或「說不清楚」的狀態，僅有 26.72%的學生對之「較為瞭解」，從此可以看出多數同學在職業理念和知識方面還是處於比較迷茫的狀態。也就是說，七成以上的大學生需要職業生涯指導的教育。

那麼，從大學生的角度來看，究竟什麼時候開展接受職業生涯和就業指導才符合他們的需求呢？42.95%的大學生認為應該從大二開始，26.89%認為應該從大一開始，20.12%的學生認為應該從大三開始，大四及其他的學生認為在早些或者不需要的占 10.04%。顯然，大學生具有盡早進行職業生涯指導的要求。

（二）大學生對職業指導有多方面需求

對於「所在學校的職業指導工作開展情況」這一問題，本調查問卷從 8 個專案來衡量[3]，包括：就業簽約環節、手續的幫助；社會需求資訊的收集和幫助；大學生就業有關政策、制度的指導；求職信、面試等技巧的指導；職業意願、求職心理測量與輔導；職業選擇的諮詢和幫助；職業生涯規劃教育與幫助；職業能力與綜合素質的培養。調查結果顯示，學生們回答「搞了一些」的占絕大多數，就各個細化專案而言，其比例最低的占到 38.07%，最高的占到 50.70%。其次，是「搞得較多」的回答。第三位的是「略搞一點」，占到 11.23%。這樣的資料一方面

---

[3]　它們對應於第十一章所述的職業指導八個層次。

說明了無論是學校就業中心、還是社會層面，其有關服務機構提供的服務體系並不完善；另一方面也說明職業生涯指導課程需不斷加強和拓展。

對問卷中大學生認為「學校的就業指導機構應當開展哪些就業服務和指導工作」問題的回答顯示，排在需求第一位的是提供社會職業需求的資訊，占總數的 36.61%。第二位是幫助學生提高綜合素質與就業競爭力，占總數的 32.39%。再之後分別是進行就業知識的教育和諮詢服務、幫助提高求職技能、幫助解決簽約與就業手續、進行職業心理輔導等，這些回答共占到 31%。

（三）學校機構對職業生涯的影響小

在對學生職業知識、職業生涯設計和職業選擇的影響因素方面，問卷表明，首要的因素是父母、校友和同學，占 49.57%；居於第二位的是老師、專家，占 30.28%；其餘影響因素所占比重較低，共占到 20.15%。關於學生擇業的就業資訊，最多來自互聯網和報刊雜誌，二者占總數的 36.23%；第二位是社會各類招聘會，占總數的 27.94%；第三位是學校就業指導機構，占總數的 20.78%；所占比重最低的是老師、專家及其他方面，總計占到 15.05%。

可見，目前的職業指導存在嚴重空缺和不足，現實的就業指導狀況與大學生對職業指導的期望值差距還很大。就影響就業的諸多因素而言，學校和社會的就業指導機構還應當有重點地開展一些就業指導服務；此外，專家、老師對大學生們在職業知識、職業生涯設計和職業選擇等方面的影響也是巨大的，在眾多因素中處於前列，應引起社會、學校的普遍關注。

三、大學生在就業和職業生涯方面存在困難

對於大學生在就業、擇業和職業生涯方面「存在的困難」和「需要的幫助」，本問卷採用了開放式的問題。從大學生們做出回答的問卷情況來看，對這個問題的回答與意見都比較多，也比較分散。

就大學生回答較多的就業、擇業的主要「困難」而言，最普遍的問題是資訊不足、溝通不暢、指導缺位，其數量總共占到總問卷的 37.27%。其主要表現是從社會上得到工作的資訊不足、不瞭解社會的就業形勢、不知道透過什麼渠道來瞭解這些資訊，以及缺乏必要的就業指導。

排在第二位的「困難」是，大學生自己認為還不能充分瞭解自己的長處，不知道自己到底適合什麼樣的工作。這種回答占總問卷的 21.88%。

排在第三位的「困難」是，大學生認為自己的技能和經驗不足，會在就業中造成困難。選擇這一答案的占總問卷的 17.92%。

除這三大方面外，較集中的「困難」還有：缺乏有效指導，就業方向迷茫，理想與現實相差甚遠；較差的專業在就業中存在相當的困難；制定的職業生涯規劃，仍然不能確定是否最適合自己；在目標的定位和自我認識方面存在困難；專業知識的實踐機會太少；性格不適合專業，不知如何是好；在就業心理、求職技巧方面缺乏等等。這些回答共占總問卷的 23.93%。

四、大學生對社會就業問題的心裏話

本調查設計了大學生「在社會就業、職業現象及其管理方面的心裏話」的開放式問題。對這一問題的回答，大學生們有著很多不同的、甚至相反的看法，但仍有共同點可尋。

在做出回答的 142 份問卷中，排名第一位即大學生取得最多共識的是「認為目前就業困難」，其比例占到總數的 25.55%，反映了大學生對就業形勢比較清醒的認識。位於第二位的是「認為大學生就業需要更有制度、更有規範」，占到總數的 22.85%；位於第三位的是對就業不合理現象的關注，如：就業地區分佈不均衡、男女機會不平等，所占比例為 19.9%。位於第二位和第三位的看法具有共同點，是中國市場就業體制尚不完善的折射反映，二者相加占總數的 40% 以上的比例，說明加強就業市場規範化建設的緊迫性和重要性。

對就業資訊的關注也在大學生的心裏話中有一定的集中度，認為應該規範就業資訊渠道、應減少資訊的不對稱等。這方面的問卷共占到總數的 9.02%。

此外，一些答卷提及到以下方面的意見：勞動力市場混亂，管理的透明度不高，應切實加以改善；對於目前的就業市場樂觀，有新的職業出現，可能會有更多選擇的機會；個人對職業和就業比較迷茫；在擇業上目光短淺，對冷門專業就業不抱信心；大學生的實踐能力差、經驗不足，就業能力不強；高學歷意味著好的機會、好的工作等；也有的人存在應該「出國鍍金、還是『考研』」的猶疑等等。這些內容總共占 11.46%。

還有一些問卷可以說是大學生們個人「觀點」的體現，這體現了他們的思想火花，主要有：目前的就業市場缺乏效率；社會和企業過於重視外語水平；對「能力」與「成績」哪個更重要有所疑問；應該盡早定位，準確定位；應改變就業觀念；職業與所學專業不匹配；應該先就業再擇業；高級人才缺乏，職業能力沒得到鍛煉等等。這部分的比例也有 11.22%。

第三節　問卷調查結果二：學習職業課程的效果

一、對該課程的總體評價相當滿意

從總體上看，大學生對本課程的設置和老師的講課相當滿意。八成以上的大學生認為，任課老師是職業生涯方面的教授，專家講課既有理論又有實踐，既通俗易懂又訊息量豐富，既有經典理論又有許多時下流行說法的精彩講述，透過本課程的學習，使同學們對該領域有了較全面的瞭解，更清晰的認識了自己、認識了就業市場，並逐步認識到職業生涯與就業指導課程對大學生職業生涯的重大指導意義。

在 142 份問卷中，有 61.4% 被調查者填寫的開放性問題的回答認為「該項課程的開設是很有必要的」，並且他們「在一學期的學習過程中有了很大收穫，總體上來說上這門課程的感覺很好，很有實際意義」。24.8% 的被調查者的回答認為：「該課程對將來求職很有幫助，他們學到了很多有用的知識，對於求職有很強的實用性。」對該課程和教學滿意的兩部分答卷相加，高達 86.2%，說明本研究中的實驗課程相當成功。

本調查為了充分瞭解同學的進一步需求、以進行該課程的教學建設，設置了「你認為，該課程還需要強化哪些內容」的開放式問題。占 8.4% 的問卷對此做出回答，有些認為這門課程應該再生動一些，多一些現場操作與實踐，如：類比招聘、撰寫求職信，簡歷等的指導；另外一些則認為「課時太短，開設時間太晚，開設內容不夠全等」。以上種種表述，反映了大學生對此職業指導課程具有極大的期望，並反映出大學生群體的個性化差異與要求，實際上還反映出目前我們的職業指導工作總體上有著很大的缺撼。因為本課程對本科生已經開設了 60 課時，對應當有相當清晰的專業方向的研究生也開始 32 小時之多，而同學們還需求很多，這說明現行職業指導工作與大學生的需求相對而言嚴重不足。

　　占 4%的被調查者認為：該課程的內容寬泛、冗長，有 1 名調查對象感覺課程有些複雜。這些回答值得我們在進行該課程建設的研究以至於大學生職業指導工作的方針、策略方面進行思考。

　　有 2 份問卷未對此題作答，占 1.4%。

二、上職業生涯與就業指導課的收穫

（一）學習職業課程收穫的資料

　　對大學生「上職業指導課程的收穫」的問題，問卷的回答是比較集中的。詳見表 12-5。

表 12-5　職業生涯與就業指導課後收穫統計

	頻數	占總數的百分比	累積百分比
第一位：認為增強了實用技巧	67	47.5	47.5
第二位：認識自我擺正了目標	42	29.7	77.2
第三位：獲得理論知識提升自我	17	11.9	89.1
其他	16	10.9	100

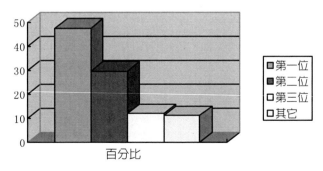

圖 12-2　職業生涯與就業指導課後收穫統計

具體來看，大學生上職業生涯與就業指導課後的收穫是：

1.正確的職業定位

排在調查結果第一位的是，認為透過上職業生涯與就業指導課以後，使自己有了更好的定位。這種定位有大有小，大到在「如何擇業」的思路方面，使自己有了更好的定位；小至如何寫求職信、如何面試的具體方法，使大學生具體定位到「如何現實性地求職」上。做出此回答的共有 67 份問卷，占總問卷數的 47.5%。

2.瞭解職業自我

排在第二位的是認為上完此課後，瞭解了職業現實、尤其是瞭解了個人的情況，這有利於擺正擇業目標和有針對性地提高就業技巧。這實際上是提高了大學生的職業性成熟度，起到了幫助大學生完成「職業發展現實期」[4]的進程、加快大學生職業社會化的作用。做出此回答的共有 42 份問卷，占總問卷數的 29.7%

3.拓展職業知識

排在第三位的是透過上課獲取了專家的意見，對就業的各方面情況都有所瞭解，明白了職業生涯的一些基本理論，做出此回答的共有 17 份問卷，占總問卷的 11.9%。

上述三方面「課程收穫」的總和達到 89.1%。

---

[4] 參看本書第六章金茲伯格的職業發展理論。

4.其他收穫

其他 16 份問卷（占 10.9%）的幾個比較集中的觀點是：透過上職業生涯課，對自己的職業生涯有了初步的概念；學會理性分析，開始尋找自我定位，學會主動思考人生規劃；明白從現在開始應該規劃人生的發展；瞭解了就業的形勢、職業制度、求職技巧、求職心理、職業知識；對擇業的瞭解更多，對擇業時考慮的因素認識更深；有了危機感，從而鞭策自己努力；也有的回答是樹立了「先就業、再擇業」的觀念等。這16 份零散的回答中，有一些內容也屬於前面三個方面的收穫。

總之，從問卷回答的資料和具體內容情況來看，可以得出這樣的結論：職業生涯和就業指導這門課對同學們的幫助意義重大，透過該課程的學習，大大地緩解了大學生對就業的焦慮，使其瞭解就業時所需要的知識和技巧，同時也深刻認識到職業規劃的重要性和學習職業生涯規劃的方法。

（二）課程收穫的內容闡述

1.如夢初醒──初識自己

有 11.9%的問卷在對於「職業課上收穫較大的方面」的回答中說到，職業生涯與就業指導課為他們打開了一扇理性規劃未來的窗子，一改以往在慣性、迷茫中行走的自己，使他們明白應該及早開始自己的職業生涯規劃。

2.「理論與實踐」──啓迪與幫助雙收的喜悅

有 32.5%的問卷的回答是：一方面使大學生增進了自身的瞭解，更全面和理性地認識了自身的優勢和劣勢，找到合適自己的職業定位，並從現在出發來科學地規劃自己的職業生涯，從各方面完善自己。另一方

面透過專業性的職業指導，能科學合理的設計自己的職業生涯，包括：
從課堂上瞭解了職業生涯的一般理論、知道職業生涯規劃的重要性、理
解了職業生涯規劃應該「從現在開始做起」、懂得職業生涯設計的思想
和方法等。

3. 授之以漁──習得人生規劃的根本

有占到 11.8% 的問卷中回答，透過該課程的學習，掌握了面試方面
的具體事宜和方法、技巧。大學生普遍認為，與其說該課程教會了他們
哪些知識，不如說教會了他們去理性的思考──如何對待就業，如何對
待自己的職業生涯戰略規劃！

4.「解惑」及時雨──一堂遲到了多年的課

有占到 10.9% 的問卷中說到職業生涯與就業指導課好像一場及時
雨，洗滌了學生們的種種疑惑，不同程度上提升了學生們的就業心理預
期，使學生們掌握了合理規劃職業生涯的基本方法，對大學生來說，是
「一堂遲到了多年的課」！

5. 妙筆點睛──解決普遍和關鍵性的問題

有占到 9.9% 的問卷回答，透過該門課程的學習，更多地瞭解了現
在社會上的就業形勢、理性地對未來的工作選擇進行了規劃，針對需要
全面及時提升整體素質和競爭能力，課程的實用性強，幫助同學們解決
了不少職業生涯和就業選擇方面的問題。

（三）職業課程作用綜述

從總體上看，七成以上的大學生普遍認為，職業生涯與就業指導課
使他們更客觀地瞭解了自己，強化了大學生職業生涯規劃的理論知識，

瞭解如何科學有效地做出自己的職業生涯規劃,在實際操作中對求職更有信心。在就業過程中,對各種知識和技巧也有了較好的把握。

　　總的來說,職業生涯與就業指導課無論是對目前大學生自身的認識和完善及科學職業觀的樹立,還是對日後的工作選擇方向與學習的內容,都將起到不可估量的指導作用。

三、職業課程需要強化的內容

(一)增加實證,學以致用

　　有占到24.8%的問卷提到,要求在授課過程中多一些實際案例的分析,使理論與實踐有效結合,在學以致用方面達到更好的效果。

　　有22.7%的問卷提出,應進一步加強製作簡歷、面試等重要環節的講解,並針對具體工作領域的情況加以分析和個別的就業指導。

(二)形勢分析,知己知彼

　　有19.8%的問卷提出,增加針對個人情況的職業生涯與求職就業指導分析,並提出應多傳遞一些關於社會就業形勢的詳盡分析和就業崗位具體資訊的需求。

(三)低年開始,事預則立

　　有9.9%的問卷提出,學校就業指導機構應從低年級開始就對大學生進行職業生涯的指導,讓大學生及早意識到職業生涯規劃的重要性,並在往後的學習中,有意識地為自己所期望的職業方向做積累。

(四)態度決定,精英魅力

　　8.4%的問卷提出,應端正大學生的思想認識,如職業不分高低貴賤等,並邀請各行業的精英,以開辦演講、座談交流等形式來激勵大學生。

（五）其他方面

此外，還有 14.4%的問卷涉及個人職業生涯規劃和求職中的具體問題，如希望增加職業心理學的知識、增加職業選擇方面的測試、對學生進行個性化規劃等等。

四、學習職業課程前後的對比

表 12-6　職業生涯與就業指導課前狀況

單位：%

上課前狀況	很清楚	比較瞭解	一般	略知一些	不知道
A. 職業的一般知識	2.81	21.83	35.92	35.92	3.52
B. 職業生涯與發展的理念	1.41	14.08	37.32	27.46	19.72
C. 社會就業形勢.	3.52	36.61	35.21	19.7	4.93
D. 大學生需求資訊	3.52	22.53	38.73	29.58	5.63
E. 個人職業能力、職業適應性	6.34	20.42	45.77	20.42	7.04
F. 個人價值觀、職業意願	11.97	41.55	21.06	18.31	2.11
G. 求職信、面試方法技巧	2.11	4.93	39.43	36.62	16.9
H. 職業生涯設計的思想與方法	2.11	5.63	28.87	34.5	28.87

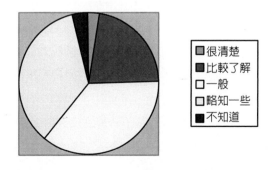

圖 12-3　職業生涯指導課前的狀況

表 12-7　職業生涯與就業指導課後狀況單位%

上課後狀況	很清楚	比較瞭解	一般	略知一些	不知道
A. 職業的一般知識	15	55.42	25	2.85	0
B. 職業生涯與發展的理念	16.42	52.86	27.14	3.57	0
C. 社會就業形勢.	19.29	56.42	20	3.57	0.7
D. 大學生需求資訊	1	49.29	38.57	1.42	0.7
E. 個人職業能力、職業適應性	20.71	60	15	3.57	0.7
F. 個人價值觀、職業意願	35	52.86	11.43	0.7	0
G. 求職信、面試方法技巧	16.43	46.43	30	6.43	0.7
H. 職業生涯設計的思想與方法	12.14	49.29	32.14	4.29	1.42

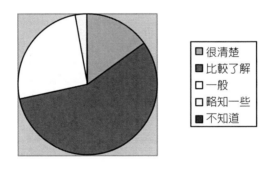

圖 12-3　職業生涯指導課後的狀況

　　對上職業生涯規劃與就業指導課程前後情況的調查結果，如表 12-6
和 12-7 所示，大學生對職業指導各個專案的理解和掌握有全面的提升。

　　在「職業的一般知識」方面，課前對這一專案有所瞭解和清楚的比
例為 24.64%，課後對此專案瞭解和清楚的比例增加到 70.4%。課後比
課前增長了 45.75%。而對此專案完全不知道的學生由原來的 3.52%下
降為 0。

　　對於「個人職業能力、職業適應性」專案，課前對該專案瞭解和清楚的占 26.76%，課後對此專案瞭解和清楚的比例為 80.71%，這個專案課後比課前增長了 53.95%。而對此專案完全不知道的學生則由原來的 7.04%下降為 0.7%。

　　在「求職信、面試方法技巧」方面，課前對該專案瞭解和清楚的占 7.04%，課後對其瞭解和清楚的比例為 62.86%，這個專案課後比課前增長了 55.82%；而對次專案完全不知道的學生由原來的 16.9%下降為 0.7%。

　　在「職業生涯與發展的理念」方面，對該專案瞭解和清楚的課後比課前增長了 53.79%，而對其完全不知道的學生課後比課前下降了 19.72%。

　　在「社會就業形勢」方面，對該專案瞭解和清楚的比例課後比課前增長了 28.58%，而對此專案完全不瞭解的學生課後比課前下降了 4.23%；對大學生需求的資訊則增長了 24.24%，對此專案不知道的則下降了 4.97%。

　　在「個人價值觀、職業意願」方面，對該專案瞭解和清楚的課後比課前增長了 34.34%，而對此專案完全不知道的學生下降了 2.11%。

　　在「職業生涯設計的思想與方法」方面，對該專案瞭解和清楚的課後比課前增長了 53.69%，而對此專案完全不知道的學生下降了 28.18%。

　　總之，透過該門課程的學習，使大學生由「學生角色」向未來社會的「工作者」角色發生了轉變，對其自我評價和社會定位起了重大指導作用。進而，在學習職業生涯規劃與職業指導課程的基礎上，將能夠幫助大學生科學正確地確定個人的職業發展目標。而且，在對大學生進行職業生涯課程教育的基礎上，將更有助於各高等院校的職業指導抓住工作重點、提高工作績效。此外，本方法還能用於評估學校職業指導工作的狀況。

第四節　本調查研究結論

綜上對本次調查主要資料的結果，以及從選修就業與職業指導課程的大學生對該課課後的其他反饋，我們對北京市大學生職業指導領域存在的問題有了更進一步瞭解；透過對本課程試驗教學效果進行的深入分析，我們對大學生在職業課程方面的需求也有了進一步把握。現對本調查結論總結如下：

一、大學生對職業生涯處於迷茫狀態

在校大學生對於自身的職業生涯發展於規劃處於迷茫的狀態。例如，對於能力與成績、外語水平、出國、「考研」、工作等問題依舊是同學們所疑惑的。此外，對未來的陌生與惶恐也是普遍的，諸如：專業對口與否？從性格、意願等自身因素考慮自己適合什麼樣的工作？自己應該如何選擇？諸多問題希望能得到幫助，因此，在此期間對大學生進行職業生涯規劃與就業指導是必須的。

二、就業和職業市場存在不合理現象

大學生普遍認識到，在當今社會就業和職業市場中，存在著諸多不規範、不合理的現象。不過，大學生們也認識到，在中國，這些不規範與不合理的問題正在逐步改變，大學生就業的總體發展趨勢仍然是樂觀的。

三、大學生渴求職業生涯方面的幫助

　　大學生期望對社會就業形勢和就業渠道方面獲得大量實用資訊，以幫助自己選擇適合的職業。而且，大學生希望學校和老師能夠有針對性地對他們提供幫助，例如：提供一定的資源平臺，提供在求職心理、技巧等方面的幫助。此外，大學生渴求實踐的機會和實際鍛煉的願望也很強烈。

四、對職業生涯規劃指導課程滿意

　　絕大多數聽課的大學生對於該課程的設置、課程內容和授課方式都是比較滿意的，並且認為，該課程的開設對於同學們素質的培養和未來求職都有很大的益處。

　　同時，有少數同學認為，應當再增加一些案例和實用性內容的比重（如面試、求職信），該課程的氣氛應該再活躍一些，在內容上避免冗長複雜，以利於同學們對課程的理解和掌握。

五、職業生涯規劃指導課程作用顯著

　　本次調查結果表明，職業生涯規劃與職業指導課程對於大學生的職業生涯發展很重要，本實驗課程的效果顯著。經過本課程實驗教學一個學期的系統學習後，大學生對「一般知識」、「職業生涯發展理念」、「個人職業能力、職業適應性」等方面的掌握程度得到了明顯提高，其中提高最明顯的三項是「職業生涯與發展理念」、「求職面試方法技巧」和「職業生涯設計的思想與方法」。這充分說明，課程在這幾個方面的作用是顯著的，而這幾個方面恰恰也是職業生涯規劃與就業指導課程的精髓所在。

六、職業生涯規劃指導課程有巨大的拓展空間

　　從大學生們的答卷中可以看出，職業生涯和就業指導課程不僅很有必要，而且也有巨大的拓展空間，例如社會就業需求資訊、提高求職技巧、幫助提高綜合素質與就業競爭力等專案，都是大學生非常期望的，也是課程設計時應該進一步增添和完善的重要內容。

附件一

專訪：制度完善是解決就業難題的良方

　　2004 年全國普通高校將有 280 萬大學生畢業，就業形勢不容樂觀。大學生就業再一次成為全社會關注的熱點。有關專家認為，盡快改善大學生就業環境，對促進大學生就業將會起到根本性的作用，完善相關制度是解決大學生就業難題的一劑良方。為此，本刊記者趙月華對中國人民大學勞動人事學院教授、中國人民大學就業問題研究所副所長姚裕群進行了專訪。

本刊記者：大學生就業一直為社會所關注，人們也為如何解決大學生就業的難題提出了許多思路。你認為影響大學生就業的問題主要有哪些方面？

姚裕群：影響大學生就業的因素很多，從體制到社會觀念以及大學生本人的能力、價值觀等，都會大學生就業產生影響。我認為在大學生就業制度一些方面的不足，或者說大學生就業制度改革的滯後性影響最廣泛也最大。

記　者：對大學生就業具有重要影響的制度主要有哪些制度？

姚裕群：我這裏歸納為六個方面，包括職業指導制度、學歷證書制度、單位用人制度、教育培養制度、學生創業制度和社會文化制度，存在著影響大學生順利就業的不足之處。

記　者：您能否對這六個方面的制度詳細進行分析？第一項所說到的
　　　　是職業指導制度，目前我們在這方面的不足在哪裡？

姚裕群：首先，應當樹立「職業指導」即職業生涯指導的理念。目前中
　　　　國大部分高校都設立了畢業生就業指導中心或就業指導處，他
　　　　們對大學生進行相應的就業指導，但這個「就業指導」還是有
　　　　一定局限的、狹義上的指導。其內容大多局限在求職技巧、政
　　　　策宣傳等方面；對象也僅僅是針對高年級學生，甚至只是針對
　　　　大四畢業生；在時間上來說，也只是一年半載。這種就業指導
　　　　制度的局限性，對於大學生求職來說影響還是比較大的。現在
　　　　教育部倡導「全程指導」，即廣義的就業指導制度，實質上就
　　　　是職業指導的制度。我們應當對此「正名」，使用內涵更加豐
　　　　富，知識結構更加全面、系統的「職業指導」概念。我認為，
　　　　高校的職業指導應該包括職業生涯規劃、職業素質教育、職業
　　　　能力培養、職業道德培養和職業心理輔導等，當然也包括現在
　　　　我們所進行的就業政策指導和擇業環節指導內容。大學生的就
　　　　業指導工作絕不只是一個簡單的求職、找工作的過程，也絕不
　　　　應當只停留在學生畢業這一個環節，而應該貫穿大學生在校期
　　　　間的整個學習過程。要樹立「職業生涯」教育的理念，我們的
　　　　高等教育活動要建立和完善對大學生未來職業生涯所需的知
　　　　識結構，對職業能力的塑造，對職業素質的提高和職業道德的
　　　　養成，起到重要的作用。

　　　　　　經濟發達國家的職業指導制度一般都比較完善，比如美
　　　　國、日本、德國等，它們的中學和大學職業指導不僅全面、豐
　　　　富，指導人員也具有相當高的專業素質。中國高校的就業指導
　　　　制度的起步相對來說比較晚，特別是針對大學生的職業生涯教
　　　　育尤其滯後，急需解決。

記　者：你所說的高等教育學歷證書制度方面的不足又有哪些？我知
　　　　道現在不管是大學生也好，用人單位也好，求職招聘往往都依
　　　　賴著這一紙文書。

姚裕群：學歷證書制度的不足之處，就是將學歷與職業能力等同和混為
　　　　一談。高等教育中的學歷證書制度注重了對知識的教育，但缺
　　　　乏有針對性的職業能力教育。大學生畢業後所獲得的學歷證書
　　　　並不能代表他就具有了相應的職業能力，學生透過了學校相關
　　　　知識的考核，是一所學校自身的一種評價，在社會所需要的職
　　　　業能力的評價方面一定意義上還是空白。因此畢業生進入社會
　　　　進行求職肯定要面臨一種新的評價方式，那就是從職業能力的
　　　　角度進行評價。比如美國的 MBA，事實上它也是一種職業能
　　　　力的教育而非專業知識證書，是針對經濟管理領域的職業工作
　　　　實際能力進行培訓的再教育。我們的現在 MBA 卻進入了學歷
　　　　證書教育制度的誤區，一些不具備相關經驗和職業能力的人在
　　　　接受這種教育，目的無非就是獲得一張證書。

　　　　　　因此，要改革高等教育中的學歷證書制度，將教育與職業對
　　　　接起來，這樣培養的學生才是初步具備特定職業能力的應用人
　　　　才。前幾年中國大力發展高職，目的也是在於此。中國高等教育
　　　　正在進入大眾化教育的階段，必須將教育內容實用化和職業化。

記　者：大學生手持學歷證書到社會上求職，要面對用人單位的職業能
　　　　力評價，但有時這種評價又是不公平、不公正的，並不能真正
　　　　的起到選擇合適人才的作用。對於目前企業用人制度您又如何
　　　　評價呢？

姚裕群：這裏談第三個制度。企業用人制度方面同樣也存著影響大學生
　　　　求職的障礙。這種障礙主要是對大學生招聘與錄用時存在著不

公平、不公正、不透明、不科學的問題，也就是我們平常所說的「走後門」的現象。這一問題在中國的國有單位比較明顯。一方面國有單位依然是用人的大戶，每年吸收了大部分畢業生；另一方面國有企業的改革、事業單位的人事制度改革現在還未完成，用人制度也還存在著一定的計劃經濟痕跡，對人才的評價存著不客觀的現象。在著名的外企和一些制度健全的民營企業，由於有著成熟的人才評價體系，在招聘錄用上就比較客觀和公平。

記　者：說到國有企業的用人制度，不能不提人才的檔案管理制度。因為許多國有企業的人才管理比較刻板，對人才流動的懲罰方式主要也往往透過扣押檔案來進行，存在著不公平評價以致修改檔案等現象，並採取不開放的管理方式。當然這種檔案管理方式不僅存在於國有企業，其他性質的用人單位也同樣如此。這是不是也會影響人才求職的積極性？

姚裕群：檔案管理制度是企業用人制度中引申出的一個問題，這是我們應當進行反思的。建立個人檔案是必要的，它是一個人經歷的真實記錄。但目前我們的檔案管理制度在內容和方式上存在著不科學、不合理的現象。在內容上，我們過於注重建立個人的政治檔案，忽視了建立個人經濟檔案的內容，它沒有將一個人的職業能力、職業業績、職業證書、職業資格等充分地記錄在檔中，這樣在評價一個人時不能從他的經歷進行客觀的評價。在形式上，現在我們採取的是封閉式的管理，對個人而言，如果不是涉及商業秘密和國家所規定必須保密的內容，應該採取開放的管理方式，只有這樣，才能杜絕在檔案中對個人的鑒定存在不公平、不公正的現象。在規範化的人力資源管理制度下，如許多外企的做法，要進行考核面談，對個人的考核結果

需要本人簽字認可才能歸檔，如果對主管領導的考核存在異議，可以向上一級主管申訴，採取制度化的方法解決。對於個人，一些檔案的內容也是可以公開查閱的。從這點看，將檔案管理神秘化是不符合現代市場經濟原則的，其負面效應必然會導致降低用人單位對人才的吸引力。

記　者：在評價我們的學歷證書制度時，我們應該回過頭來反思我們的教育制度中存在的不足。目前我們的高等教育體制改革也正在逐步的深入，這裏改革的內容包括招生制度、培養制度、就業制度等等，您認為在教育制度方面我們應該注意什麼，才能使我們培養的人才更符合社會的需求？

姚裕群：先談招生問題，前幾年我們連續進行大規模擴招，大學畢業生供給肯定連續大量增加。但將大學生就業困難的問題都歸疚於擴招，是一種不合理的看法。我們不能否定擴招的積極意義與合理性的同時，必須重視擴招中的盲目性等問題。我認為，擴招不是將所有專業全盤放大去擴招，要區分什麼專業的需求較大、需要擴招，什麼專業的社會需求較少、不能擴招，過剩專業的社會需求下降，還應當減少招生。許多高校在擴招時沒有考慮到畢業生就業的問題，有些學校擴招是為了擴大自身規模而不顧辦學培養條件和專業畢業生的社會需求盲目擴招，甚至是為了多收學費而擴招，如此「規模導向」、「金錢導向」的擴招就必然引發其畢業生的就業困難問題。因此改革我們的教育制度也正是基於此，使我們高等教育培養的人才是社會所需求的。其次培養方面我在前面已談到了，要以職業能力教育和職業生涯教育為目標，這樣培養出來的人才能為社會所接受，他們也才能盡快地適應社會、創造價值、獲得發展，學校也才能夠辦好。

記　者：現在每年有幾百萬大學生面臨畢業，大學生們不能都等著國家和社會為他們創造崗位，他們當中有一部分人也有能力為他人創造崗位，也就是我們所說的創業。您如何評價目前我們給大學生提供的創業政策，我們應該建立什麼樣的創業制度呢？

姚裕群：自主創業是大學畢業生的一種出路。但目前我們的創業制度存在著門檻過高的問題。在美國用 1 美元就可以註冊一個公司，而現在我們註冊一個公司最低要 10 萬元，這對剛畢業生的大學生來說確實是無法企及的。高門檻必然會讓一部分有創業欲望和能力的學生望而卻步。因此我認為我們的創業制度應該降低進入的門檻，而應該把注意力放在對公司合法經營的管理與監控上，使他們在國家允許的法律和經濟範圍裏合法經營。其次在於對畢業生的經濟支援不夠。畢業生進行創業時由於進入的門檻高，同時又沒有合適的擔保，資金的缺乏是最大的困難。建議實行面向大學畢業生的小額風險資金制度。如果在我們的創業制度中建立這種小額風險資金，相信會有更多有能力的畢業生投身到創業中去。最後一點與我們的教育內容有關係，那就是創業教育，創業教育的缺位又制約了大學生創業意識的形成和創業能力的培養，因此，建立一個合理的創業制度體系，必須要有一個完善而合理的教育制度去配合。

記　者：在前面你還提到了文化制度上的不足，它具體的內容是什麼呢？

姚裕群：這裏的「社會文化制度」顯然不是指按行業部門統計劃分的「文化」（如出版、博物館事業）性工作的職業，而是指職業領域的社會意識環境和氛圍。計劃經濟是一種行政文化，市場經濟則應當是職業文化。在市場經濟體制下，所謂的職業文化所包

含的內容是廣義的職業道德，包括專業水平、職守情操、公平理念、競爭意識、守法習慣和誠信精神。中國現行職業文化制度遠遠不足，體現在許多求職者、就業者、招聘單位、用人單位在公平、守法、自立、誠信等方面大大缺乏。這種職業中的文化制度的完善是建立在我們的教育思想、社會的主流價值觀和個人的文化修養與社會意識上的。顯然我們在對大學生進行知識傳輸的同時，忽視了對職業文化的培養。

　　上面所說的涉及大學生就業六大制度的建立與完善不可能是一蹴可幾的，它必定是以漸進的方式向良性的方向發展。關鍵在於我們應該認識到這些問題，不能迴避，並應積極地採取措施，以有益於大學生就業中存在問題的解決。

（原載《中國大學生就業》雜誌，2004 年 5 期）

附件二

高校就業指導機構調查問卷

尊敬的大學生就業工作領導同志：

您好！為深入瞭解我國大學生的就業工作狀況，進一步搞好大學生就業指導工作，我們特進行這項調查。懇請您在百忙之中協助填寫本問卷，在此我們對您表示衷心的感謝！

本問卷的填寫方法是：1.在＿＿＿＿＿＿＿上直接填寫答案內容；2.在備選答案的選項上打「✓」；3.在（）裏填寫答案的排序結果。

「大學生職業指導問題研究」課題組

A. 基本情況

A1 學校全稱：＿＿＿＿＿＿＿＿＿＿＿＿＿＿＿＿＿＿＿＿＿＿

A2 學校所在地：＿＿＿＿＿＿省（市）＿＿＿＿＿＿市

A3 在校本科生人數＿＿＿＿＿＿人；大專生人數＿＿＿＿＿＿人

A4 今年本科畢業生人數＿＿＿人；大專畢業生人數＿＿＿人

A5 校近 3 年本科生的就業情況：

	本科畢業生數量	一次就業率（%）	對各年就業情況的基本感覺		
			比較容易	有些困難	比較困難
2000 年情況					
2001 年情況					
2002 年情況					

A6 對貴校 2003 年畢業生就業情況的總體估計（與 2002 年相比）：

＿＿＿＿＿＿

1.很樂觀　2.比較樂觀　3.不太樂觀　4.很不樂觀　5.很難估計

A7 與去年同期相比，截止目前，今年入校招聘畢業生的單位數量和需求數量是？＿＿＿＿

　　1.都增加了　2.都減少了　3.單位增加，要人減少

　　4.單位減少，要人增加

A8 與去年同期相比，截止目前，今年畢業生的求職簽約情況是？

　　＿＿＿＿＿＿

　　1.好於去年　2.差不多　3.少於去年

A9 你們認為部分畢業生存在就業困難的主要原因是什麼：

　　（請選擇，並按重要性排序，將序號1、2、3……填入括弧中）

　　（　　）A.學生本身眼高手低，擇業觀念有待轉變

　　（　　）B.用人單位虛擡職位要求，人才高消費

　　（　　）C.學校專業設置不合理，教學內容與社會需求脫節

　　（　　）D.人才市場供大於求，競爭激烈

　　（　　）E.就業服務工作不到位，供求資訊不通暢

　　（　　）F.其他（請注明）＿＿＿＿＿＿＿＿＿＿＿＿＿＿＿＿＿

A10貴校就業較好的專業有：（請填寫專業名，並按好的程度排序）

　　1 ＿＿＿＿＿＿＿＿＿＿＿＿　　2 ＿＿＿＿＿＿＿＿＿＿＿＿＿

　　3 ＿＿＿＿＿＿＿＿＿＿＿＿　　4 ＿＿＿＿＿＿＿＿＿＿＿＿＿

A11貴校就業較困難的專業有：（請填寫專業名，並按困難程度排序）

　　1.＿＿＿＿＿＿＿＿＿＿＿＿　　2.＿＿＿＿＿＿＿＿＿＿＿＿＿

　　3.＿＿＿＿＿＿＿＿＿＿＿＿　　4.＿＿＿＿＿＿＿＿＿＿＿＿＿

B. 就業服務指導情況

　B1 貴校設立了專門的就業服務指導機構嗎？＿＿＿＿1.設立了　2.沒有

　B2 就業服務指導機構的專職工作人員人數：＿＿＿＿＿＿＿＿人

B3 下列各項就業指導工作的重要性如何？（請在各選項對應數位上打✓）

	很重要————————————▶很不重要				
A. 收集和發佈職業需求資訊	5	4	3	2	1
B. 組織校內招聘會和其他招聘活動	5	4	3	2	1
C. 就業政策、制度、法規諮詢	5	4	3	2	1
D. 幫助學生提高求職技能	5	4	3	2	1
E. 進行職業生涯規劃指導	5	4	3	2	1
F. 就業協議書簽署指導	5	4	3	2	1
G. 幫助解決求職、就業中的其他困難	5	4	3	2	1
H. 對學生進行就業心理輔導	5	4	3	2	1
I. 其他	5	4	3	2	1

B4 貴校的就業指導機構對上述就業指導工作做得如何？

	經常做————————————▶從不做				
A. 收集和發佈職業需求資訊	5	4	3	2	1
B. 組織校內招聘會和其他招聘活動	5	4	3	2	1
C. 就業政策、制度、法規諮詢	5	4	3	2	1
D. 幫助學生提高求職技能	5	4	3	2	1
E. 進行職業生涯規劃指導	5	4	3	2	1
F. 就業協議書簽署指導	5	4	3	2	1
G. 幫助解決求職、就業中的其他困難	5	4	3	2	1
H. 對學生進行就業心理輔導	5	4	3	2	1
I. 其他	5	4	3	2	1

B5　貴校的就業指導工作設有下列哪些場所？

_____、_____、_____、_____

1.資料資訊室　2.諮詢室　3.接待室　4.學生活動室　5.其他_____

B6　貴校有開設就業指導課程嗎？_____

如已經開設，一門課是多少課時_____

1.開設了　2.沒開過

B7　貴校安排就業指導講座嗎？_____

1.沒安排　2.每學期1-2次　3.每學期3-5次　4.每學期5次以上

B8　貴校建立就業指導網站了嗎？_____

1.建立了　2.沒有

B9　你對貴校的就業指導機構工作滿意嗎？

1.很滿意　2.比較滿意　3.一般　4.不太滿意　5.很不滿意

B10你們認為，就業指導機構應當從什麼時候開始對畢業生進行指

導：_____

1.大一　2.大二　3.大三　4.大四

B11貴校的就業指導機構實際上是從什麼時候開始指導的：_____

1.大一　2.大二　3.大三　4.大四

B12你們認為，在貴校搞好就業指導工作的困難是什麼：

（請按重要程度排出1、2、3……的順序，填寫在括弧內，沒有

的不填）

（　　）A.國家缺乏配套政策

（　　）B.學校領導不重視

（　　）C.資金不足

（　　）D.技術設施不夠

（　　）E.工作人員能力不足

（　　）F.其他（請注明）_____

B12你認為改進貴校就業指導工作的措施有哪些？（簡要填寫）

1.＿＿＿＿＿＿＿＿＿＿＿＿＿＿＿＿＿＿＿＿＿＿＿

2.＿＿＿＿＿＿＿＿＿＿＿＿＿＿＿＿＿＿＿＿＿＿＿

3.＿＿＿＿＿＿＿＿＿＿＿＿＿＿＿＿＿＿＿＿＿＿＿

C.「就業協議書」的簽署情況

C1　你認為學校有必要參與就業協議書的簽署嗎？

1.起到監督，限制的作用，有利於規範畢業生就業

2.無作用，只是履行手續，協議書純粹是畢業生與用人單位的事情

C2　簽署就業協定時，用人單位方面需上級主管部門蓋章。校方需畢業生所在院系和學校畢業辦公室簽字蓋章。你認為這種各級部門分頭管理的效果好嗎？

1.很好，可以相互牽制，減少糾紛

2.只是履行手續上的需要，無其他作用

3.手續太麻煩，應力求簡化

C3　你認為由校方參與的三方協定可能成為雙向選擇之後的雙方協定（僅由用人單位和畢業生參與）嗎？

1.完全不可能，學校仍需參與

2.只要就業政策更完善，完全可以實現

C4　貴校畢業生每年簽署協議書中有畢業生單方擅自違約的嗎？

1.基本上沒有，雙方都會履行

2.很少

3.有增加趨勢

C5　貴校在畢業生與用人單位簽協定前作過有關「簽約注意事項」的指導嗎？

1.每年學校都會集中指導

2.對即簽約的畢業生單獨強調

　　　　3.只負責發放協議書，從未指導

C6　你認為就業協議書的內容是否過於簡單？

　　　　1.比較合適，能起到作用

　　　　2.太簡單，應增加部分條款

　　　　3.無所謂、協議書作用不大

C7　是否曾遇到過畢業生與用人單位簽訂無效就業協定的情況？

　　　　1.從未發生，學校會事先對簽訂協定作指導

　　　　2.發生過無效協定

C8　隨著中國政治經濟形勢的變化及就業制度的市場化，你認為就業協議書的發展趨勢如何？

　　　　1.現行的就業協議書很好，可以持續存在。

　　　　2.逐漸取消，被勞動合同取代

　　　　3.不管市場經濟如何發展，就業協議書作用不能取消，但需完善其內容，補充條款。

C9　畢業生單方要求解除就業協定，學校還受理嗎？

　　　　1.受理

　　　　2.不受理

受訪者個人基本情況：

　　姓名_____年齡____工作部門_____職務_____

謝謝合作！

填寫時間_____

調查員簽名_____

附件三

北京市高校畢業生就業意願調查

親愛的同學：

報考大學時您就憧憬過未來的工作吧？而現在，畢業求職已在您的眼前了。

近年來，大學生就業形勢不斷變化，已成為社會關注的熱點問題。為了摸清情況、開展研究、探討大學生的就業機制，以及如何完善各項就業政策與就業服務，我們特做此次調查。希望能得到您的支援。請把您真實的情況與想法告訴我們，問卷為不記名填寫，我們承諾，對您個人的資訊嚴格保密，調查資料僅用於研究目的。

答題方式：1.在備選答案的選項上打「✓」，除註明多選者外，均為單選；

2.在「　」上填寫答案。

對您的合作與付出我們深表感謝。

大學生就業與職業指導研究課題組

1. 您的性別：A.男 B.女

2. 您的所在學校：

3. 您所學的專業名稱：＿＿＿＿＿＿＿＿＿＿＿＿＿＿＿＿＿＿

4. 您所學專業屬於：A.經濟、管理類　B.文、史、哲等　C.外語類
   D.法律、社會學　E.理科　F.工科　G.醫科 H.農、林、牧　I.其他

5. 您來自於（入學前戶籍地）：＿＿＿＿＿省份（直轄市）

6. 您來自於（入學前戶籍地）：A.大城市　B.中、小城市　C.縣、鎮 D.鄉村

7. 您在班級裏的學習成績排名：A.前 10%　B.11～30%　C. 31～70% D.最後 30%

8. 您是否擔任過學生幹部：A.校、院／系級學生幹部　B.班級學生幹部 C.沒做過.

9. 您是否參加了今年的「考研」：A.參加了　B.未參加（跳答 11 題）

10. 您參加今年的「考研」，是否有本科畢業就業困難方面的原因：
    A.主要是　B.有一些　C.沒有

11. 如果讓您在讀研和一份理想的工作中間作出選擇，您會選擇：
    A.繼續讀研　B. 接受這份工作　C.現在還不好說

12. 您本科畢業後的打算：首選_____；次選_____　。
    A.求職工作　B.國內讀研究所　C.出國　D.其他（自填）_____
    （有就業意願的接答 12 題；無就業意願的跳答 25 題）

13. 如求職工作，您對就業地區的選擇是：首選_____；次選_____　。
    A.北京　B.上海　C.廣州、深圳　D.東部沿海經濟發達地區
    E.中部其他大中城市　F.西部大中城市　G.其他（自填）_____

14. 如求職較為困難，您對去小城鎮及鄉鎮單位（地區）就業能否接受？
    A.樂於接受　B.實在沒有其他機會時可以接受　C.堅決不接受

15. 您希望就職的單位是：首選_____；次選_____　。
    A.政府機關　B.科研、學校、醫院、新聞等事業單位　C.大型國企（如銀行、保險、民航、電信、電力、石化等）　D.外企或合資企業
    E.私營企業　F.自己創業　G.尚未考慮好　H.其他（自填）_____

16. 您求職的月收入期望值底線是：
    A.1000 元以下　B.1000～1999 元　C.2000～2999 元　D.3000～4999 元
    E.5000 元以上

17.您是否有明確的個人職業定位和職業發展目標？

　　A.非常明確　　B.比較明確　　C.不太明確　　D.不明確　　E.從未考慮過

18.對您個人而言，選擇職業時哪些因素影響較大（請選三項，並排

　　序）：_____、_____、_____

　　A.單位類型及規模　　B.就業地區選擇　　C.工資水平及福利

　　D.有利於個人的發展與晉升　　E.對工作本身的興趣　　F.工作穩定性

　　G.工作的環境與舒適性　　H.父母意見　　I.老師影響　　J.其他：_____

19.依您的求職經驗，您認為用人單位看重下列因素的程度：（請在各選

　　項對應數位上打✔）

	很重要───────→很不重要				
A.學習成績	5	4	3	2	1
B.學校、老師的推薦	5	4	3	2	1
C.所學專業是否對口	5	4	3	2	1
D.學歷層次	5	4	3	2	1
D.是否為當地生源	5	4	3	2	1
E.是否擔任學生幹部	5	4	3	2	1
F.是否有相關工作實踐經歷	5	4	3	2	1
G.性別	5	4	3	2	1
H.相貌與身高	5	4	3	2	1
I.政治條件	5	4	3	2	1
J.與用人單位的社會、人情關係	5	4	3	2	1
K.面試時的綜合表現	5	4	3	2	1
L.其他：_____	5	4	3	2	1

20.在求職過程中，您最希望瞭解用人單位的哪些資訊？（多選，限選

　　三項）

　　A.單位性質和規模　　B.主要業務和發展前景　　C.薪酬福利水平

　　D.具體工作部門與職位資訊　　E.企業文化　　F.單位內部管理水平

　　G.企業用人標準　　H.員工培訓制度　　I.其他

21. 就您的經驗，請對下列獲取就業資訊的渠道做出評價：（請在各選項對應數位上打✔）

	很重要————————→很不重要				
A. 報紙、雜誌、廣播、電視	5	4	3	2	1
B. 互聯網	5	4	3	2	1
C. 校園招聘資訊	5	4	3	2	1
D. 社會上的招聘會	5	4	3	2	1
E. 各地人才、職介服務機構	5	4	3	2	1
F. 親戚、朋友介紹	5	4	3	2	1
G. 老師的介紹與推薦	5	4	3	2	1
H. 直接登門或電話求詢	5	4	3	2	1
I. 其他	5	4	3	2	1

22. 您對下列說法的看法：（請在各選項對應數位上打✔）

	完全贊成————————→堅決反對				
A. 大學生就業求職應與一般勞動者一樣完全市場化	5	4	3	2	1
B. 大學生就業求職應該受到國家政策更多照顧	5	4	3	2	1
C. 大學生畢業求職可「先就業，後擇業」	5	4	3	2	1
D. 大學畢業生也可以市場打工，以「靈活」方式就業	5	4	3	2	1
E. 戶籍制度對大學生就業求職已沒有阻礙	5	4	3	2	1
F. 大學生求職過程中，女生比男生就業求職難	5	4	3	2	1

23.截止目前，您的求職狀態是：

A.已簽約　　B.已有單位表示有意接收，尚未簽約

C.尚沒有找到單位願意接收

24.（已簽約同學回答）您對所簽單位的滿意度是：

A.非常滿意　B.基本滿意　C.一般　D.不太滿意　E.很不滿意

25.（未簽約同學回答）如到畢業分配期截止時，還沒有找到令您滿意的單位簽約，您是：

A.降低條件，隨便找一家單位先簽了　B.保留檔案戶口，不著急繼續找

C.打工去，慢慢找　D.不找了，自己創業　E.其他

26.截止目前，您大約投出____份求職簡歷；接到了____家單位的面試邀請；參加過____家單位的正式面試；有____家單位同意接收您。

27.您對學校的學生分配就業指導機構的工作內容瞭解嗎？

A.非常瞭解　B.比較瞭解　C.知道一點　D.根本不知道

28.您認為學校的學生分配就業指導機構應當給予同學哪些幫助？

（請在各選項對應數位上打✓）

	很重要————————➔很不重要				
A. 收集和發佈職業需求資訊	5	4	3	2	1
B. 組織校內招聘會和其他招聘活動	5	4	3	2	1
C. 就業政策、制度、法規諮詢	5	4	3	2	1
D. 幫助學生提高求職技能	5	4	3	2	1
E. 進行職業生涯規劃指導	5	4	3	2	1
F. 就業協議書簽署指導	5	4	3	2	1
G. 幫助解決求職、就業中的其他困難	5	4	3	2	1
H. 對學生進行就業心理輔導	5	4	3	2	1
I. 其他	5	4	3	2	1

29.您對學校的就業指導機構的工作滿意嗎？

A.很滿意　B.比較滿意　C.一般　D.不太滿意　E.很不滿意

30.您希望學校從幾年級開始對學生進行就業指導？

　　A.大一　　B.大二　　C.大三　　D.大四

31.您瞭解就業協定的內容和作用嗎？

　　A.非常瞭解　　B.瞭解一些　　C.瞭解一點　　D.完全不瞭解

32.您認為有必要簽訂就業協定嗎？

　　A.非常必要　　B.有點必要　　C.無所謂　　D.完全沒有必要

33.如果和一家企業簽約後，又有一家您更滿意的企業要您，您會如何做？

　　A.先與第一家企業協商解除協定，再同第二家企業簽約

　　B.先同第二家企業簽約，然後通知第一家企業，不惜違約

　　C.放棄第二家企業，不改初衷

34.您的家庭經濟狀況：

　　A.很好　　B.較好　　C.一般　　D.較困難　　E.很困難

35.您在校期間，正常情況下的月平均消費支出水平為：

　　A.300 元以下　　B.300～500 元　　C.500～1000 元　　D.1000～2000 元

　　E.2000 元以上

問卷到此結束，再次感謝您的合作！

調查員簽名：＿＿＿＿＿＿＿＿＿

訪問時間：＿＿＿＿＿＿＿＿＿

訪問地點：＿＿＿＿＿＿＿＿＿

附件四

個人職業生涯設計方案（實例）

設計人：中國人民大學資訊資源管理學院

政務資訊管理專業 02 級本科

黃×× 學號：21551035

一、個人情況分析

（一）興趣分析

　　作為一個資訊管理專業的學生，老實說，我不怎麼喜歡電腦，只能算是不喜歡，也不討厭。但是陰錯陽差之下，我最終進入了這個專業。對於大學生來說，不喜歡自己所學的專業幾乎算得上是最痛苦的事情，但我的情況還不算最糟糕，因為我還沒到討厭它的程度，不時還能從中找到些許的樂趣。然而，我喜歡經濟類的學科，特別是金融學。對金融學情有獨鍾是很早以前的事了，當初覺得金融很重要但是沒有得到應有的重視，有點為它打抱不平，現在情況可不一樣了。進入大學，我有機會接觸到金融學的許多課程，對它有了一定的瞭解，發現自己並不是由於一時衝動，而是確實對它有著濃厚的興趣。

（二）性格分析

優點：

1.適應能力強

　　與一般的女孩子不一樣，從小我就是一個喜歡變化的人，喜歡變化的環境、喜歡變化的人、喜歡變化的事物；當然我也喜歡安逸，但是最讓我不能忍受的就是一成不變的工作與生活。瞭解我的人往往都很佩服我驚人的對環境的適應能力。我上的是一所全封閉式的省重點中學，那是我的第一次離家的經歷，正當許多同學還在為不能適應新的環境、新的生活方式而苦惱的時候，我已經能以一種愉快的心情和充沛的精力投入到新的學習和工作當中了，並且作為班幹部幫助其他同學走出沮喪。在期末的時候，老師在評語上寫下了「適應能力強」的評價。

2.吃苦耐勞

　　我是一個獨生子女，但是並不是一個嬌氣的獨生子女。我的父母從小便對我管教嚴格，很注重培養我的獨立能力。我自認為我很能吃苦，只要我想做的事或是不得不做的事，我都會不怕艱辛，爭取做到最好。

3.事認真執著，完美主義

　　我是一個特別認真與執著的人，因此常常有人說我苛求。我就是有那麼一點完美主義的嗜好。每一件事情，我都是沒有最好只有更好，因此從小學到現在，我都是班裏的佼佼者，但是時間也常常很緊張，常常要擠出一點時間來娛樂娛樂。對於這一點，我不知道這到底算是優點還是缺點。

4.心理素質好，自信、樂觀

我從來不會出現平時成績好，但是考試總是由於緊張而發揮失常的狀況，我有我自己一套很有效的心理調節的方法，而且自信總是滿滿的。

5.有條理、計劃性強

我很喜歡做計劃，我有一個專門的日程本，上面做有各種時間跨度的計劃，如學期計劃、月計劃、週計劃、每天的計劃以及財務計劃等，重要的、緊急的事排在前面，無關緊要的事排在後面，我自己覺得這樣做起事來比較有條理。

缺點：

1. 性子比較急躁，缺乏耐心
2. 有時膽子較小，缺乏勇氣

（三）素質能力分析

能力	文字能力	學習能力	理解能力	人際交往能力	領導組織能力	語言表達能力
等級	優	優	優	中	中	差

（四）專業背景分析

記得三年前我填報高考志願的時候，因為憑著對金融學的強烈興趣，我毫不猶豫地把金融學放在了填報專業的第一位，但是因為當時金融業在社會的各行各業中屬於十分熱門的專業，因此當年的金融學專業錄取分數非常之高，我不得不與它失之交臂。遺憾之下，進入了放在填

報專業第二位的資訊管理與資訊系統專業（政務方向）。在大學的三年裏，我們專業課設置與電腦專業的基礎專業課基本一致，但難度相對低些。因為一級學科為管理學，所以我們還學習了大量有關於管理的課程，比如管理學、組織行為學等等，學院的培養目標就是把我們塑造成為資訊產業中懂技術的管理人員，特別是面向政府部門，並輸送到各個行政部門的資訊中心或是資訊辦公室，成為推動中國資訊化步伐的生力軍。這就與電腦專業的學生有了區別，他們是懂管理的技術人員，這也就是我們的特色所在。雖然處於人大良好的人文氣氛之中，但是由於涉及電腦的許多方面，因此還是比較偏向於理工，這就使我在學習的過程中培養了良好的邏輯能力和獨立解決問題的能力。同時，在很多課程上，如資料庫的設計，網站的設計，管理學中一種產品的推廣方案及對中國眾多的大學網站進行調查評估的過程中，都需要以團隊為單位來完成，因此，與此同時，我也培養了良好的與人合作與溝通的能力。在這一點上，又要比純理工學科的學生享有較大的優勢。

（五）個人情況評估

由於喜歡變化，因此不適合在國家機關及事業單位工作，而金融業瞬息萬變，比較符合我的性格，而且又是我的興趣所在。

與金融專業本科生相比的優勢：因為具備管理學的背景，容易採用宏觀的眼光看問題，而注重細節的金融專業本科生往往習慣於以微觀的模式來觀察事物，在很多情況下，從整體把握市場情形更加的重要。

與金融專業本科生相比的劣勢：缺乏金融學的相關知識，缺乏金融學的職業素養。但這些都是可以通過攻讀金融學碩士生階段培養獲得。

與其他學校本科生相比的優勢：因為人大這個以文科為重的大學培養了我良好的人文素質，這正是其他理工院校的學生所缺乏的。

結論：從事金融業的工作對我來說應該是最好的選擇。

二、社會需求分析

隨著中國整個金融市場的開放，金融業近年來一直是市場關注的熱點，其從業者薪酬水平在各行業對比中始終屬於領先水平，這在一定程度上說明了金融業人才的緊缺。據統計，20.6%的公司認為證券投資人員是最為缺少的人才，而 14.7%的公司認為投資銀行人才是最為缺乏的人才。現階段中國的金融業還普遍處於不規範的時期，一切都待改進，可見其在中國的前景是樂觀的，金融行業對於金融學專業的人才需求在未來仍然會是驚人的。另外，中國金融市場在未來的全面開放，將吸引更多的外資金融機構進軍中國，必然為中國金融業帶來新的巨大的需求。

三、職業規劃（以考上金融學碩士生為前提）

（一）近期規劃

時間：現在→本科畢業
主要任務：「考研」、畢業論文、商務英語、商務秘書

從現在到大四上學期最重要的任務就是準備 2006 年的碩士生統一考試，爭取、把握住繼高考之後的第二次掌握人生命運的機會，從而能夠攻讀我最喜歡的金融學專業的碩士研究，並以後從事這一行業。因為是跨專業，所以不可避免會有很大的障礙，因為金融學屬於應用性專業，需要很強的專業技能，而且專業知識門類繁多，非常的細瑣，最大的困難還是我的專業與金融的基礎學科幾乎沒有聯繫，比如我們專業沒有設置有關西方經濟學的課程，不像其他專業，如工商管理專業就開設了西方經濟學的課程，這樣的跨專業就相對容易一些。但是也並不是沒

有可能性的。首先，我高中是學理科的，其中數學屬於我的強項，而學習金融學專業碩士考試的相關科目，如西方經濟學、財務管理等課程需要具備一種對數字以及對圖表的敏感，而我並不缺乏這種敏感，且在全國碩士生統一考試中數學為必考科目，這也是對我有利的條件之一。另一方面，在大二的時候，我就旁聽了一些金融學專業的課程，對一些課程也有了一個大致的初步的概念，再深入學起來就不會覺得那樣吃力了。

大四下學期，「考研」的相關事項都已經結束。這時候最重要的任務便是畢業論文的寫作。除此之外，利用業餘時間學習商務英語，爭取拿到劍橋商務英語高級證書。另外也瞭解一下商務秘書的相關課程，學習秘書的課程並不是為了畢業後從事秘書的行業，而是為了提高自身的職場素質，曾有學者極力提倡秘書課程應該成為大學本科的必修課程。因為秘書課程的設置包括工作中的方方面面，如怎樣開展客戶服務，應該具備怎樣的工作禮儀、辦公事務的處理技巧以及怎樣巧妙的處理你與上司的關係等等，這無疑會極大的提高我的計劃能力，事務處理能力與人際溝通能力。

（二）中期規劃

時間：研究生階段

主要任務：知識積累為主階段——即知識積累為主，經驗積累為輔

在這一階段中，我應該充分利用各種資源大量閱讀國內外的專業書籍，從而積累大量的專業理論知識，為以後的工作實踐做理論上的準備。同時也應該關注專業領域的前沿問題，跟上國際的步伐、時代的步伐。在這一階段，不僅僅是像本科時單純的接受性學習，而應該具備一種深入研究的習慣，更多地加入自己的思考，有自己的意見與觀點。在

研究生階段，我認為過多的實踐並不一定都是有益的。這個時代的研究生有著太多功利的思想，認為在研究生階段以一個月能掙多少錢、能獲得多少經驗為成功與否的指標，而往往忽略了理論知識的積累。我認為理論雖然不能直接用於以後的工作中，但是，它卻可以成為實際工作的指導以及為實際工作指出正確的方向。此外，同時學習相關的會計學知識以及對經濟學進行進一步深入的學習，以拓寬知識面。但是也有必要參與適量的社會實踐，一方面為了更為紮實地掌握理論知識，另一方面為即將走出校園、走向社會作鋪墊。

（三）遠期規劃

時間：研究生畢業→……
主要任務：知識積累與經驗積累並重的階段

　　這一階段是我職業生涯的開端，在近期和中期規劃中，主要目的是為以後的職業生涯做知識的積累。而在這一階段中，閱歷的積累上升到了與知識的積累同樣重要的階段。

1. 研究生畢業以後，迫在眉睫的就是面臨就業的選擇。從事的行業已經大體上確定為金融業，所要考慮的首先就是我選擇進入什麼樣的金融機構。在當前中國的金融業中存在著名目繁多的金融機構，如商業銀行、投資銀行、證券公司、理財公司、資產管理公司等等。

按照我的情況而言，這些金融機構大體上可以粗分為兩類：一類是以商業銀行為代表的制度化公司。在這些公司當中，按照慣例辦事，有固定流程的情況比較多，有的純粹就是一些事務性的工作。而對於喜歡變化與挑戰的我來說，也許並不是很適合。另一類是投資銀行、證券公司、理財公司、資產管理公司等等。由於其中的某些還是中國新出現的金融機構的形式，不少還是才從國外引入的金融機構，它們在中國的金融行業中還屬於新興領域，因此並沒有形成太成熟的體制或是還沒有完全的本土化，因此沒有太多制度化的束縛，而且業務往往多種多樣，更具有靈活性，對我來說會有較大的發展空間。雖然這類企業的穩定性不夠強，也許以後會經常遇見倒閉以及頻繁的跳槽，但是因為它相對自由而對我有更大的吸引力。其次，我要考慮的第二點就是選擇進入大公司或小公司。大公司對於大多數的就業者都有著不可抗拒的吸引力，響亮的品牌、良好的福利、較強的穩定性與穩定的薪酬水平是大公司的閃亮點，因此大都對大公司趨之若鶩。然而據一些大公司的員工分享他們的職業生涯歷程反映，大公司下層員工的分工往往十分精細，身處大公司中幾年甚至十幾年從始至終都負責一個細小環節，你能做到的最高成就，可能就是這個環節的主管，可能根本沒有機會接觸工作當中的其他環節，不僅閱歷單一，而且久而久之就會失去了接觸新事物的敏感，從而逐漸失去在人才市場當中的競爭力。另一方面，大企業，特別是國有企業中人際關係複雜，論資排輩風氣盛行，對於人際交往能力還不夠水平的我來說，無疑是一個巨大的挑戰。相反地，小公司因為人員設置較少，因此一個人可能要同時處理各個方面的事情，會遇到各種各樣的情況，這在一定程度上能增強一個人的事物處理能力以及靈活性，同時能夠獲得豐富的閱歷。另一方面，因為人員設置較少，因此人際關係較大公司簡單，相對更看重

個人的能力。而且，小公司能給新人提供較多的鍛鍊機會。選擇小公司的另一個好處，就是避免了畢業就業時湧向大公司的大批競爭者，這是其次。其實在有的時候，人人想要的東西可能對別人是一個好東西，但並不一定適合你。在職業生涯設計與規劃這門選修課上老師給我們做了許多的心理測試，讓我們用科學的方法更好的瞭解自己到底屬於哪一類人，到底適合做什麼樣的工作。老師教會我：適合的才是好的。在這個階段，還要利用週末或是假期的時間繼續學習會計學，並爭取拿到註冊會計師的證書。

目標：具備能獨當一面的能力

2. 五年後，爭取跳槽到知名的國外的跨國金融機構。在過去幾年的工作當中，已經積累了較多的經驗，而這正是外企在招聘時所看重和強調的，而且具備豐富的經驗更有機會直接進入外企的中層。進入外企並不是看重其良好的工作環境、較高的薪酬，主要是為了學習。這個階段的學習分為兩個方面：首先是借鑒外企先進的管理制度的設計，機構的組織以及良好的員工激勵體制，學習一個企業大致的工作流程。此外在外企裏文化習慣與思維方式的不同，也可以給我提供另外一種觀察和解決問題的視角。另一方面的學習是爭取外企的培訓專案，不管是公費還是自費也好，最好能出國繼續深造，放開眼界、拓寬視野，學習國外的新鮮事物，抓住新的商機，為以後的創業階段作準備，同時還能增強自己的英語應用能力和與人溝通的能力。

目標：留學深造、進一步獲得經驗

3. 在外企工作八年以後，辭職創業。初步構想是成立一個自己的理財諮詢公司，當然，這種構想還會隨著以後的環境而做出調整。這可能會是一個很艱難的選擇，特別是對於一個女性，不可避免的會遇到許多的困難。創業之初的危機局面，旁人的不理解，一定會給我

帶來巨大的壓力。但是，我的理想是有自己的事業，不是為別人而活著，而是為自己而活，即使作為一個女性，我仍然渴望能夠讓別人認同我，實現自我的價值，做一個對他人和社會有用的人。

目標：擁有自己的公司

總述：眾所周知，剛走出象牙塔的畢業生想要創造一份自己的事業是非常困難的，因為缺少經驗，因為不成熟而要走許多彎路，體味常人無法想象的艱難經歷。其實在我的職業生涯設計中從畢業的前十三年都是在為這一個理想做準備。畢業初走進小公司是為了為五年後走進知名外企的中層做準備，而走進外企中層無非是為了為八年後擁有自己的公司做準備。不管路再艱難，也不管我要付出多少汗水與淚水，至少我為我的理想而努力過，也就不枉此生了。感謝老師給我一個機會讓我思考我的職業生涯，也思考我未來的路。

中國人民大學資訊資源管理學院

政務資訊管理專業 02 級本科

黃晶心　學號：21551035

2005-3-3

附件五

中國人民大學畢業生就業意向調查

一、就業意向調查的基本情況

中國人民大學作為中國最著名的以文科為主的高等院校,對大學生的就業問題相當關注,我校的就業狀況在一定程度上也反映北京市的高校文科、尤其是發展迅速並隱含著相當大就業問題的經濟管理專業畢業生的就業狀況。面臨近年出現的畢業生高峰和就業壓力高峰,2002 年以來,中國人民大學學生就業指導中心每年都開展一次畢業生就業意向調查,以作為我校有針對性地開展好職業指導的依據。該調查採取抽樣調查的方式,在全校畢業生中進行。從調查對象的角度看,每次人數都在 500～600 人之間,占畢業生總數的 10～12%;抽樣涵蓋了各學歷層次,個人狀況包括已婚和未婚、中共黨員和非黨員、學習成績優秀和一般,年齡從 17 歲到 31 歲之間,其中 21～25 歲的占 50%左右,性別比例為 50%。對照我校畢業生的實際情況來看,本抽樣的資料具有代表性。

每年調查結束後,學生就業指導中心都組織專家撰寫就業意向調查報告。在前 4 次就業意向調查報告的基礎上,學生就業指導中心綜合調查資料,對自 2002 年以來的我校畢業生擇業意向的發展變化做出總體分析。

調查分析依據 2002～2005 年以來的就業意向調查報告中的資料,這些資料具有較高的代表性和準確度,但每年的調查樣本都會不同,為了便於年度間的比較,我們對調查資料做出一定的口徑調整。

下面是對我校 2003～2006 年畢業生就業意向的調查結果進行分析闡述。

二、畢業去向總體趨勢

從總體上看，中國人民大學的畢業生在畢業出路的選擇問題上以「就業」為主，創業熱持續升溫，升學比例在經歷較長時期的攀升後回落，出國的比例經過緩慢下降後在 2006 年驟降。詳見下表。

表 1　畢業去向選擇

	2003 年調查%	2004 年調查%	2005 年調查%	2006 年調查%
「考研」、「考博」、讀第二學位	23.25%	25.79%	28.76%	19.16%
出國留學	26.54%	24.52%	23.04%	11.88%
參加正式工作	31.61%	37.34%	38.48%	56.28%
個人創業或打工	4.79%	5.78%	8.39%	10.80%
不就業	0.78%	1.35%	1.33%	1.35%
（空白）	13.33%	5.22%	0.00%	0.54%
總計	100.00%	100.00%	100.00%	100.00%

2003 至 2005 年的畢業生選擇「升學」的比率持續上升，自 23.25% 上升到 28.76%，增長了 5.51 個百分點，但 2006 年畢業生選擇繼續讀研／博的比例下降幅度較大（從 28.76%→19.16%）。選擇「出國」的比例自 2003 年以來一直下降，但前三年下降幅度不大，2006 年與前 3 年相較，也出現較大的下降（從 23.04%→11.88%），而選擇「求職就業」（包括創業、打工）的比例則明顯上升（從 46.87%→67.08%）。在前三年，

儘管求職就業是大多數同學的首選，但比例未突破 50%，在 2006 年求職就業成為了絕大多數同學的畢業選擇，比例上升到 67.08%，上升了近 20 個百分點。這是今年我校畢業生畢業選擇出現的重大變化，出現這種情況與目前就業市場對勞動力的要求密切相關。一方面，升學依然是許多畢業生的選擇，但是「考研」競爭日益激烈，擴招也趨於飽和；同時，也應該看到越來越多的用人單位注重對應聘者綜合素質的考察，而不僅僅看重學歷或是否曾出國留學；近年來職場上碩士、博士就業，甚至歸國學人的就業也遭遇壓力，這必然成為畢業生選擇「考研」或出國更為慎重的原因。另一方面，就業市場一直存在的對「有工作經驗」的偏好，使得越來越多的大學生畢業後選擇盡早進入勞動力市場，參加工作或個人創業打工等，積累工作經驗，從而為以後的職業發展謀求優勢。

　　從選擇考研學生的考研動機與目的調查資料可以看到，2006 年 90% 以上的畢業生是為提高就業能力、獲得更好的就業機會、今後有更好的出路而「考研」的，真正是為學術興趣而讀研究所的人在減少中（見表 2）。這種情況下，就業市場的變化必然會強烈反映到學生的畢業選擇上。

表 2　打算「考研」、「考博」、第二學位的目的

	2003 年調查%	2004 年調查%	2005 年調查%	2006 年調查%
有志於學術研究	26.58%	20.14%	31.94%	9.15%
提高在未來就業競爭中的實力	20.12%	19.57%	33.80%	63.38%
當前就業困難，工作不理想，先上學再說	29.04%	51.30%	25.46%	12.68%
改變專業，以便今後有更好出路	14.26%	4.93%	8.80%	8.45%
其他	5.65%	4.06%	0.00%	0.70%
（空白）	4.35%	0.00%	0.00%	5.63%
總計	100.00%	100.00%	100.00%	100.00%

　　再看選擇就業學生的動機（見表3）。自2003年以來，他們當中有45.00%左右的學生想先積累工作經驗，以後有機會繼續深造；而認為自己學歷已夠，可以找到一份理想工作的人在2006年大大增加，比例從前三年的15.00%左右增加為2006年的34.35%，此種情況大概是今年「考研熱」降溫的一個心理原因，這也表明更多的畢業生把就業求職作為自己第一位的畢業選擇。

表3　選擇就業的原因

	2003年調查%	2004年調查%	2005年調查%	2006年調查%
先積累工作經驗，再選擇適合自己的學習領域繼續深造	48.58%	47.91%	46.02%	42.89%
家庭經濟條件不允許繼續學習	15.52%	20.29%	19.89%	14.44%
學習成績不理想，不適合繼續學業	11.83%	14.76%	16.76%	6.56%
覺得自己學歷足夠找到一個理想工作	17.47%	15.14%	17.33%	34.35%
其他	6.60%	1.90%	0.00%	1.75%
總計	100.00%	100.00%	100.00%	100.00%

三、就業心態趨穩

　　就大學畢業生在就業方面的心態而言，在經歷了幾年的求職焦躁期後，心態趨於穩定，求職信心增強，反映了其就業心理的成熟。

　　2003至2005年，對就業求職感到「著急」的畢業生人數都超過或接近心態「穩定」的畢業生人數。與前三年的調查資料相比，2006年畢業生的求職心態有明顯改善，有更多的人適應了就業市場的壓力，以平穩的心態去應對就業競爭。資料顯示：2006年回答就業心態非常著

急和著急的比例分別是 8.85%和 28.17%，比前幾年分別下降了 8 和 5 個左右的百分點，而心態穩定的人占了 53.92%，上升了 14.15 個百分點，大大超出了就業心態比較焦躁的人數比例（見表 4）。這種變化與近幾年的畢業生就業形勢是密切相關的。從全國的角度來看，2003 年是中國高校擴招後大學生畢業的第一年，大學畢業生人數大幅增長，加之非典發生在北京，各大媒體對畢業生就業問題極為關注，畢業生就業有很大的壓力，也造成其很大的心理壓力，出現了焦躁的就業心態。從我校情況來看，我校自 2002 年開始實行研究生二年學制，在 2004 年我校 2001、2002 級研究生同時畢業，不僅碩士研究生的畢業生供給人數劇增，而且對本科生也造成很大的擠壓，使得畢業生們的就業壓力大為增加，就業心態也顯示出急躁。在經歷過這兩次大的考驗後，我校畢業生就業質量、就業率並未降低，這使得我校畢業生就業信心增強，就業心態變得穩定起來。再看畢業生的求職信心的情況（見表 5），回答很有信心和比較有信心的比例一共達到 71.63%，比去年上升了 5.44 個百分點。

表 4　就業過程中的心態

	2003 年調查%	2004 年調查%	2005 年調查%	2006 年調查%
非常著急	19.54%	15.85%	17.05%	8.85%
著急	30.23%	28.15%	33.52%	28.17%
心態穩定，慢慢等機會	36.89%	47.36%	39.77%	53.92%
無所謂	13.34%	8.64%	9.66%	9.05%
總計	100.00%	100.00%	100.00%	100.00%

表 5　找到滿意工作的信心

	2005 年調查%	2006 年調查%
很有信心	11.93%	15.69%
比較有信心	54.26%	55.94%
信心不足	25.00%	21.13%
沒有信心	7.39%	5.84%
缺失	1.42%	1.41%
總計	100.00%	100.00%

　　上述資料反映出了 2006 年我校畢業生的心態變化，是我校畢業指導工作的一大好消息。心態平穩、信心充足，無疑是一種積極的心態。這種沉著應對、冷靜分析的心態，對加強畢業生就業的競爭力是十分有益的。

四、就業選擇高度集中

　　從大學生對就業選擇的預期情況看，就業選擇集中現象依存，單位類型選擇重點依然突出，但存在「異軍突起」的現象。

（一）就業地區選擇：高度集中的北京情結

　　對於畢業後在哪裡就業，多數畢業生（55.00%左右）的第一選擇是北京，這說明我校畢業生就業地區選擇的北京情結依然存在，但自 2003 年以來，選擇北京就業學生的比例有所下降。選擇上海、廣州、深圳及東部沿海地區就業的學生比例在逐步上升，自 2003 年的 16.10%上升到 2006 年的 31.20%。選擇北京與東部發達城市的學生合計占了全體有就業意願畢業生的 80.00%左右，這表明我校畢業生就業地區選擇仍然集中，就業地的東部情結、發達地區情結在增強。大部分選擇留京的學生是認為在北京更有發展機會，北京有更好的經濟、文化氛圍。而選擇到

中西部、西南地區就業的學生比例自 2004 年有較大增長後一直比較穩定，保持在 6%左右的低水平。

表 6　就業的首選地區

	2003 年調查%	2004 年調查%	2005 年調查%	2006 年調查%
北京	60.61%	55.78%	53.13%	56.01%
廣州、上海、深圳等經濟發達城市	16.10%	24.28%	27.84%	31.20%
中西部、西南地區	1.56%	6.53%	7.67%	5.63%
回生源省市	13.42%	9.61%	11.08%	7.16%
空白	8.31%	3.80%	0.28%	0.00%
總計	100.00%	100.00%	100.00%	100.00%

就業地區選擇的這樣高度集中可能會加劇大學生就業困難的局面，這是我校就業指導部門應給予特別關注的方面。最近中央政府出臺了一系列促進大學生到中西部和基層單位就業的鼓勵性政策，對我校畢業生就業選擇將會有所影響。

（二）就業單位類型選擇：黨政機關、國家事業單位是重點

在就業單位類型方面，黨政機關、國家事業單位一直是重點選擇的對象，但有所降溫，外企、民企異軍突起，遽然升溫。

自 2003 年以來，黨政機關、國家事業單位就業一直是我校畢業生就業的重點選擇，選擇在這些部門就業的畢業生比例保持在 45%以上，儘管在 2006 年這一選擇有所降溫，但比例仍達 34.45%，在畢業生就業選擇中位居第二。與黨政機關和教學科研單位降溫相比，外企和民營企業升溫。表 7 中的資料顯示，黨政機關的選擇率由去年 39.77%下降為今年的 18.51%，下降了 21.26 個百分點，降幅超過 50%；教學科研單

位從 19.03%下降到 7.97%，降幅也超過 50%。另一方面，外資企業選擇率由 11.65%上升到今年的 38.30%，翻了二翻；民營企業的選擇率由 1.70%上升到 6.94，也是翻了二翻多。

表 7　就業單位類型選擇意向

	2003 年調查%	2004 年調查%	2005 年調查%	2006 年調查%
黨政機關	32.01%	35.21%	39.77%	18.51%
國家事業單位	13.35%	12.45%	16.48%	15.94%
教學、科研單位	13.85%	14.86%	19.03%	7.97%
國有企業	7.78%	10.26%	11.36%	12.34%
外資企業	28.83%	24.37%	11.65%	38.30%
民營企業	4.18%	2.85%	1.70%	6.94%
總計	100.00%	100.00%	100.00%	100.00%

在選擇就業單位時考慮的主要因素重要性排列如表 8 所示，薪酬水平位列第一，個人發展機會位列第二，工作穩定程度和職位聲望隨其後。這表明了大學生們的職業觀具有如下特點，即：以個人發展為目標，以經濟利益為導向，以工作穩定為保障。

表 8　選擇就業單位時考慮的主要因素

	2003 年調查%	2004 年調查%	2005 年調查%	2006 年調查%
薪酬水平	21.11%	20.59%	27.57%	30.15%
工作穩定程度	6.11%	13.00%	15.17%	18.15%
地區吸引力	26.46%	24.04%	15.61%	9.95%
個人發展機會	21.95%	25.00%	24.36%	22.97%
職位的聲望社會地位	8.30%	8.59%	10.08%	13.33%
單位的知名度	16.07%	8.78%	7.20%	5.44%
總計	100.00%	100.00%	100.00%	100.00%

　　對薪酬的追求是人們工作的基本動力，這是具有普遍意義的判斷。對大學畢業生而言，對薪酬的預期卻是關係著他們能否順利走進就業市場的重要影響因素。從表 9 中的資料來看，我校畢業生對工資薪酬的預期總體上是比較高的，自 2003 年以來，約 45%的畢業生薪酬預期在 4000 元以上。從總的趨勢來看，我校畢業生的薪酬預期在逐步降低，但與有關的職場薪酬資訊的有關研究（如北京大學教育科學研究所調查等）比較，我校畢業生的預期顯然是偏高的，畢業生的這種預期將會受到就業市場的檢驗。

表 9　對就業一年後薪酬的預期

預期薪酬（元）	2003 年調查%	2004 年調查%	2005 年調查%	2006 年調查%
1500〜2000	6.41%	10.93%	9.67%	7.42%
2000〜3000	10.88%	18.53%	15.09%	14.07%
3000〜4000	32.08%	28.05%	31.60%	29.67%
4000〜6000	50.63%	30.24%	33.41%	34.02%
6000 以上	－	12.25%	10.23%	14.83%
總計	100.00%	100.00%	100.00%	100.00%

五、「就業困難」的癥結在哪里

　　表 10 中的資料告訴我們，畢業生們在準備就業的過程中，遇到最多的困難是哪些。居首位的是招聘資訊獲取困難，渠道少；其次是個人心理方面的問題，如自我評價模糊（反映了畢業生對個人就業素質的認知不清楚）、就業心理準備不足等；還有對就業政策和形勢的瞭解，以及「考研」、上課和求職在時間上的衝突等。

表 10　在準備就業過程中遇到的困難

	2004 年 調查%	2005 年 調查%	2006 年 調查%
獲取招聘資訊的渠道太少	27.53%	26.58%	21.21%
本學期學院安排課程太多,可能與找工作相衝突		15.37%	7.58%
想「考研」又想找工作,兩者衝突	15.65%		12.40%
自我評價模糊	23.58%	23.85%	18.04%
就業心理準備不充分	18.36%	19.40%	17.08%
個人綜合素質欠缺,不適合用人單位需求			9.78%
對就業政策、形勢瞭解不足	14.88%	14.80%	13.91%
總計	100.00%	100.00%	100.00%

註:各年的調查表專案有一定的不同。

　　這些就業困難的問題不是某個人造成的,要解決這些難題也不是靠哪一方面的努力就能實現的。在解決就業問題的過程中,學校的學生就業指導機構將發揮重要作用,在拓寬就業資訊渠道、就業求職心理輔導、就業政策和就業形勢介紹等方面加強工作,幫助畢業生們克服就業道路上的各種困難,使其能夠順利實現就業。

六、就業指導:市場化就業不可或缺的環節

　　面對市場化的就業,面對初次面對就業市場而缺乏準備的大學生,就業指導已是不可或缺的高校就業工作和就業手段。就業指導服務作用如何,我們對 2003 年以來的調查資料進行了分析,認為學校就業指導服務工作是學生獲取就業資訊的主要渠道,就業指導工作獲得了越來越多的學生的好評。

（一）學校就業指導服務是學生獲取就業資訊的主要渠道

調查顯示，學校是畢業生就業資訊的最主要來源。自 2003 年以來，就業網站、學校的 BBS、還有學院直接對畢業生公佈的招聘資訊，一直占 70%以上。這和發達國家學校就業指導機構的作用狀況是類似的。2006 年的調查資料表明，社會上的就業網站和招聘會的作用也在加強。

表 11　主要的招聘資訊渠道

	2003 年調查%	2004 年調查%	2005 年調查%	2006 年調查%
社會上的就業網站	10.12%	9.89%	13.91%	20.04%
學校 BBS 或就業網站	24.57%	22.34%	23.18%	25.66%
學院公佈的招聘資訊	20.14%	22.83%	22.81%	18.92%
同學朋友介紹推薦	20.07%	20.14%	21.18%	13.91%
招聘會	25.10%	24.80%	18.92%	21.47%
總計	100.00%	100.00%	100.00%	100.00%

（二）對學校就業指導中心提供的就業服務工作的整體評價越來越高

自 2003 年以來，我校大多數畢業生對就業指導中心的工作感覺是比較有用的（平均值在 55%以上）。而且，這個比例在逐年增長，從 2003 年的 50%多增長到 2006 年的 80%多。同時，認為就業指導中心提供的指導服務沒有作用的學生比例在逐年下降，從 2003 年的 43%下降到 2006 年的 18%。學生們認為就業指導中心提供了比較有用和非常有用的服務，肯定了我們的工作。這是令我們感到欣慰的。

我們也看到，目前仍然有 18.1%的學生認為我們提供的服務基本或根本沒有起到作用，這是我們應當注意改進的，以便使更多的學生從我們的工作中得到幫助（見表 12）。我們知道，學生對就業指導的需求是

普遍的、多方面的，從招聘資訊的提供、招聘活動的組織，到就業政策就業形勢的宣講、就業心理的輔導等等，還有許多要做的。我們將繼續努力，把我校的就業指導工作進一步做細做好。

表 12　就業中心提供指導服務的作用

	2003 年調查%	2004 年調查%	2005 年調查%	2006 年調查%
對就業非常有用	13.67%	14.36%	16.29%	19.90%
對就業比較有用	42.56%	45.32%	46.00%	62.02%
對就業基本沒有什麼幫助	28.62%	25.27%	26.00%	14.99%
對就業根本沒有幫助	15.15%	15.05%	11.71%	3.10%
總計	100.00%	100.00%	100.00%	100.00%

後　記

　　人類的發展有著長久的「知識就是力量」的理念。近年來知識經濟在全球的發展，又給我們帶來了「知識就是財富」的新思想，上大學是人們普遍的意願。現在，中國大陸出現了「大學生就業難」問題，既有「大學」方面的原因，也有「大學生」方面的原因，還有「就業」方面的原因。也就是說，有高校持續擴招並速度過快、大學生缺乏職業生涯規劃和就業意願存在誤區、社會的「大就業」（指總體的就業）環境壓力大等等多方面的原因，需要進行多方面的研究，採取多方面的對策。

　　推動兩岸文化交流是一件很重要的事，在大陸做了多年專任記者的台北海洋技術學院教師彭思舟先生安排促進兩岸交流的著作出版，是一件很好的事。在此，我對邀我寫作並推動本著作出版的彭思舟先生表示衷心的感謝，對大力支持本教材出版的臺灣秀威出版公司的總經理宋政坤先生和編輯林世玲女士、詹靚秋女士表示衷心的感謝，對廣西行政學院講師、我的博士生陸義敏為本書做的校對修訂工作表示衷心的感謝，並對參加與本著作有關課題研究的同仁、助手、各成員和進行有關工作的學生們表示衷心的感謝。

　　本著作由我主筆。參加與本著作寫作相關的課題研究寫作和提供稿件的有：北京市就業指導中心主任任占忠先生，我的博士後、西南財經大學講師唐代盛，中國人民大學就業指導中心主任文書鋒、李軍、周蓉與莫海兵，國有資產管理監督委員會經理研究中心主任田平，嘉應學院講師胡解旺，北京大學就業指導中心主任方偉，清華大學就業指導中心副主任李偉，我的同事、中國人民大學勞動人事學院副教授唐鑛、中國人民大學研究生院孟林，北京工商大學就業指導中心副主任姜濤等，首

都經濟貿易大學副教授吳珠華，北京大學數學學院吳迪，我的學生高慶波、鄔聖文、趙海林、伍倩、伍曉燕、楊業芳、姚清、姜嬿等。唐代盛、鄔聖文、高慶波除參加了研究課題的重要部分寫作，也對我的寫作給予了很多幫助。此外，田小鵬、孫雪淩、巫強、鮑鈺良等也參加了課題調查、資料處理和寫作等工作。

姚裕群

國家圖書館出版品預行編目

中國大學生的就業與職業問題 / 姚裕群著. --
一版. -- 臺北市：秀威資訊科技, 2008.05
　面；　公分. -- (社會科學類；AF0080)

　ISBN 978-986-221-015-4(平裝)

1. 就業輔導　2. 職業問題　3. 大學生　4. 中
國

542.75　　　　　　　　　　97007509

社會科學類　　AF0080

中國大學生的就業與職業問題

作　　者 / 姚裕群
主　　編 / 彭思舟
發 行 人 / 宋政坤
執行編輯 / 詹靚秋
圖文排版 / 張慧雯
封面設計 / 蔣緒慧
數位轉譯 / 徐真玉　沈裕閔
圖書銷售 / 林怡君
法律顧問 / 毛國樑　律師
發行印製 / 秀威資訊科技股份有限公司
　　　　　台北市內湖區瑞光路 583 巷 25 號 1 樓
　　　　　電話：02-2657-9211　　　傳真：02-2657-9106
　　　　　E-mail：service@showwe.com.tw
經 銷 商 / 紅螞蟻圖書有限公司
　　　　　台北市內湖區舊宗路二段 121 巷 28、32 號 4 樓
　　　　　電話：02-2795-3656　　　傳真：02-2795-4100
　　　　　http://www.e-redant.com

2008 年 5 月 BOD 一版
定價：450 元

讀　者　回　函　卡

感謝您購買本書，為提升服務品質，煩請填寫以下問卷，收到您的寶貴意見後，我們會仔細收藏記錄並回贈紀念品，謝謝！

1.您購買的書名：_____

2.您從何得知本書的消息？

　　□網路書店　□部落格　□資料庫搜尋　□書訊　□電子報　□書店

　　□平面媒體　□ 朋友推薦　□網站推薦　□其他_____

3.您對本書的評價：(請填代號　1.非常滿意 2.滿意 3.尚可 4.再改進)

　　封面設計____　版面編排____　內容____　文/譯筆____　價格____

4.讀完書後您覺得：

　　□很有收獲　□有收獲　□收獲不多　□沒收獲

5.您會推薦本書給朋友嗎？

　　□會　□不會，為什麼？_____

6.其他寶貴的意見：_____

　　_____

　　_____

　　_____

讀者基本資料

姓名：_____　年齡：_____　性別：□女 □男

聯絡電話：_____　E-mail：_____

地址：_____

學歷：□高中(含)以下　　□高中　　□專科學校　　□大學

　　　□研究所(含)以上 □其他_____

職業：□製造業 □金融業 □資訊業 □軍警 □傳播業 □自由業

　　　□服務業 □公務員 □教職　　□學生 □其他_____

To：114

台北市內湖區瑞光路 583 巷 25 號 1 樓

秀威資訊科技股份有限公司　　　收

寄件人姓名：

寄件人地址：□□□

秀威與 BOD

BOD（Books On Demand）是數位出版的大趨勢，秀威資訊率先運用 POD 數位印刷設備來生產書籍，並提供作者全程數位出版服務，致使書籍產銷零庫存，知識傳承不絕版，目前已開闢以下書系：

一、BOD 學術著作—專業論述的閱讀延伸
二、BOD 個人著作—分享生命的心路歷程
三、BOD 旅遊著作—個人深度旅遊文學創作
四、BOD 大陸學者—大陸專業學者學術出版
五、POD 獨家經銷—數位產製的代發行書籍

BOD 秀威網路書店：www.showwe.com.tw
政府出版品網路書店：www.govbooks.com.tw

永不絕版的故事‧自己寫‧永不休止的音符‧自己唱